SIDNEY BITTENCOURT

Prefácios
José Antônio Destri Lobo
Flávio Amaral Garcia

PARCERIA PÚBLICO-PRIVADA PASSO A PASSO

COMENTÁRIOS À LEI Nº 11.079/04, QUE INSTITUI NORMAS GERAIS PARA LICITAÇÃO E CONTRATAÇÃO DE PPP NA ADMINISTRAÇÃO PÚBLICA, ALTERADA PELAS LEIS Nº 12.024/09, 12.409/11, 12.766/12, 13.043/14, 13.097/15, 13.137/15 E 13.529/17

4ª edição revista, ampliada e atualizada

Belo Horizonte

FÓRUM
CONHECIMENTO JURÍDICO

2020

© 2007 Temas & Ideias Editora
2009 1ª reimpressão
© 2011 2ª edição Editora Fórum Ltda.
© 2016 3ª edição Editora Ágora21
© 2020 4ª edição Editora Fórum Ltda.

É proibida a reprodução total ou parcial desta obra, por qualquer meio eletrônico, inclusive por processos xerográficos, sem autorização expressa do Editor.

Conselho Editorial

Adilson Abreu Dallari
Alécia Paolucci Nogueira Bicalho
Alexandre Coutinho Pagliarini
André Ramos Tavares
Carlos Ayres Britto
Carlos Mário da Silva Velloso
Cármen Lúcia Antunes Rocha
Cesar Augusto Guimarães Pereira
Clovis Beznos
Cristiana Fortini
Dinorá Adelaide Musetti Grotti
Diogo de Figueiredo Moreira Neto (*in memoriam*)
Egon Bockmann Moreira
Emerson Gabardo
Fabrício Motta
Fernando Rossi
Flávio Henrique Unes Pereira

Floriano de Azevedo Marques Neto
Gustavo Justino de Oliveira
Inês Virgínia Prado Soares
Jorge Ulisses Jacoby Fernandes
Juarez Freitas
Luciano Ferraz
Lúcio Delfino
Marcia Carla Pereira Ribeiro
Márcio Cammarosano
Marcos Ehrhardt Jr.
Maria Sylvia Zanella Di Pietro
Ney José de Freitas
Oswaldo Othon de Pontes Saraiva Filho
Paulo Modesto
Romeu Felipe Bacellar Filho
Sérgio Guerra
Walber de Moura Agra

FÓRUM
CONHECIMENTO JURÍDICO

Luís Cláudio Rodrigues Ferreira
Presidente e Editor

Coordenação editorial: Leonardo Eustáquio Siqueira Araújo
Aline Sobreira de Oliveira

Av. Afonso Pena, 2770 – 15º andar – Savassi – CEP 30130-012
Belo Horizonte – Minas Gerais – Tel.: (31) 2121.4900 / 2121.4949
www.editoraforum.com.br – editoraforum@editoraforum.com.br

Técnica. Empenho. Zelo. Esses foram alguns dos cuidados aplicados na edição desta obra. No entanto, podem ocorrer erros de impressão, digitação ou mesmo restar alguma dúvida conceitual. Caso se constate algo assim, solicitamos a gentileza de nos comunicar através do *e-mail* editorial@editoraforum.com.br para que possamos esclarecer, no que couber. A sua contribuição é muito importante para mantermos a excelência editorial. A Editora Fórum agradece a sua contribuição.

Dados Internacionais de Catalogação na Publicação (CIP) de acordo com a AACR2

B624p   Bittencourt, Sidney
Parceria público-privada passo a passo: comentários à Lei nº 11.079/04, que institui normas gerais para licitação e contratação de PPP na Administração Pública, alterada pelas Leis nº 12.024/09, 12.409/11, 12.766/12, 13.043/14, 13.097/15.13.137/15 e 13.529/17 / Sidney Bittencourt. 4. ed. – Belo Horizonte: Fórum, 2020.

242p.; 14,5cm x 21,5cm
ISBN: 978-85-450-0721-0

11. Direito Administrativo. 2. Direito Público. 3. Contratos públicos. I. Título.

CDD 341.3
CDU 342.9

Elaborado por Daniela Lopes Duarte - CRB-6/3500

Informação bibliográfica deste livro, conforme a NBR 6023:2018 da Associação Brasileira de Normas Técnicas (ABNT):

BITTENCOURT, Sidney. *Parceria público-privada passo a passo*: comentários à Lei nº 11.079/04, que institui normas gerais para licitação e contratação de PPP na Administração Pública, alterada pelas Leis nº 12.024/09, 12.409/11, 12.766/12, 13.043/14, 13.097/15.13.137/15 e 13.529/17. 4. ed. Belo Horizonte: Fórum, 2020. 242p. ISBN 978-85-450-0721-0.

Este trabalho é dedicado a pessoas de suma importância na minha formação:

Tios Zilmar e Zélio Bittencourt, profissionais do direito de excelente cepa, que, mesmo sem sentirem, deram alento aos caminhos que hoje sigo.

Tio Zander Bittencourt, homem de fibra, exemplo de vida íntegra.

Madrinha Zuleika Bittencourt, mulher completa, de quem guardo lembranças só minhas.

Saudades de todos...

Precisamos encorajar a troca social e material entre iguais, pois esta é a matéria-prima da confiança e a confiança é o alicerce da virtude.
(Matt Ridley. *As origens da virtude*)

SUMÁRIO

PREFÁCIO I
Flávio Amaral Garcia 15

PREFÁCIO À PRIMEIRA EDIÇÃO
José Antônio Destri Lobo 19

APRESENTAÇÃO 21

COMENTÁRIOS À LEI Nº 11.079, DE 30 DE
DEZEMBRO DE 2004 31

Artigo 1º	Institui normas gerais para licitação e contratação de Parceria Público-Privada 35	
Par. único	Âmbito de aplicação da Lei 35	

Artigo 2º	Definição de Parceria Público-Privada 47	
§1º	Definição de Concessão patrocinada 47	
§2º	Definição de Concessão administrativa 47	
§3º	Indicação de que a concessão comum não constitui Parceria Público-Privada 47	
§4º	Vedações para a celebração de contrato de Parceria Público-Privada 47	

Artigo 3º	Regência legal das concessões administrativas 60	
§1º	Regência legal das concessões patrocinadas 60	
§2º	Regência legal das concessões comuns 60	
§3º	Regência legal dos contratos administrativos que não caracterizem concessão comum, patrocinada ou administrativa 60	

Artigo 4º	Diretrizes para a contratação de Parceria Público-Privada 76	

Artigo 5º	Cláusulas dos contratos de Parceria Público-Privada	87
§1º	Aplicação de cláusulas contratuais de atualização automática	88
§2º	Hipóteses de previsão adicional nos contratos de Parceria Público-Privada	88
Art. 5º-A	Considerações para fins do inciso I do § 2º do art. 5º	88
Artigo 6º	A contraprestação da Administração Pública nos contratos de Parceria Público-Privada	113
§1º	Previsão de pagamento ao parceiro privado de remuneração variável vinculada ao seu desempenho	113
§2º	Previsão de aporte de recursos em favor do parceiro privado para a realização de obras e aquisição de bens reversíveis	113
§3º	Possibilidade de exclusão do valor do aporte de recursos	113
§4º	Computação em tributos da parcela excluída nos termos do §3º	113
§5º	Não recebimento de indenização pelas parcelas de investimentos vinculados a bens reversíveis ainda não amortizadas ou depreciadas na extinção do contrato	114
§6º	Computação na determinação do lucro líquido para fins de apuração do lucro real	114
§7º	Definições no caso de aplicação do disposto no §6º	114
§8º	Procedimentos nos contratos de concessão em que a concessionária já tenha iniciado a prestação dos serviços públicos nas datas referidas no §6º	114
§9º	Computação da parcela excluída nos termos do inciso III do §3º	114
§10	Procedimentos no caso de aplicação do §9º	114
§11	Procedimentos no caso de extinção da concessão antes do advento do termo contratual	114
§12	Procedimentos aplicáveis às receitas auferidas pelo parceiro privado nos termos do §6º	115
Artigo 7º	Contraprestação precedida de disponibilização do serviço objeto do contrato	124
§1º	A contraprestação relativa a parcela fruível do serviço objeto do contrato de parceria público-privada	124

§2º	O aporte de recursos de que trata o §2º do art. 6º, quando realizado durante a fase dos investimentos a cargo do parceiro privado	124
Artigo 8º	Garantias das obrigações pecuniárias contraídas pela Administração	127
Artigo 9º	Constituição da Sociedade de Propósito Específico – SPE	135
§1º	Condicionante da transferência do controle da SPE	135
§2º	Possibilidade de a SPE assumir a forma de companhia aberta	135
§3º	Governança corporativa e contabilidade da SPE	135
§4º	Vedação de a Administração ser titular da maioria do capital votante das sociedades	135
§5º	Não aplicação da vedação à aquisição da maioria do capital votante da SPE por instituição financeira controlada pelo Poder Público	135
Artigo 10	Licitação para a contratação de Parceria Público-Privada	149
§1º	Premissas e metodologia de cálculo utilizadas	150
§2º	Assinatura do contrato em exercício diverso daquele em que for publicado o edital	150
§3º	Pagamento das concessões patrocinadas em que mais de 70% da remuneração do parceiro privado for paga pela Administração	151
Artigo 11	Conteúdo do instrumento convocatório da licitação	169
Artigo 12	Regência legal da licitação	181
§1º	Regras para os lances de viva voz	181
§2º	Apreciação de propostas técnicas	181
Artigo 13	Previsão de inversão da ordem das fases de habilitação e julgamento	186
Artigo 14	Instituição do órgão gestor de Parcerias Público-Privadas federais	189
§1º	Composição do órgão gestor	189

§2º	Reuniões do órgão gestor	189
§3º	Deliberação do órgão gestor	189
§4º	Desempenho de funções do órgão gestor	190
§5º	Remessa pelo órgão gestor de relatórios de desempenho	190
§6º	Disponibilidade dos relatórios ao público	190
Art. 14-A	Permissão para que a Câmara dos Deputados e o Senado Federal, por meio de atos das respectivas Mesas, disponham sobre a matéria de que trata o art. 14	190
Artigo 15	Avaliação dos editais de licitação pelo órgão gestor	194
Par. único	Envio de relatórios circunstanciados ao órgão gestor	194
Artigo 16	Participação da União, seus fundos especiais, suas autarquias, fundações públicas e suas empresas estatais dependentes em Fundo Garantidor de Parcerias Público-Privadas	196
§1º	Natureza privada e patrimônio próprio do Fundo Garantidor do patrimônio dos cotistas	196
§2º	Formação do patrimônio do Fundo Garantidor	196
§3º	Avaliação dos bens e direitos transferidos ao Fundo Garantidor	196
§4º	Integralização das cotas	196
§5º	Forma que o Fundo Garantidor responderá por suas obrigações	196
§6º	Realização da Integralização com bens independentemente de licitação	196
§7º	Aporte de bens de uso especial ou de uso comum no Fundo Garantidor	196
§8º	A capitalização do Fundo Garantidor, quando realizada por meio de recursos orçamentários	196
Artigo 17	Representação judicial e extrajudicial do Fundo Garantidor	201
§1º	Aprovação do estatuto e o regulamento do Fundo Garantidor	201
§2º	Representação da União na assembleia dos cotistas	201
§3º	Deliberação pela instituição financeira sobre a gestão e alienação dos bens e direitos do Fundo Garantidor	201

Artigo 18	Deliberação pelo estatuto e regulamento do Fundo Garantidor sobre a política de concessão de garantias	203
§1º	Modalidades de garantia	203
§2º	Prestação de contragarantias por parte do Fundo Garantidor	203
§3º	Quitação pelo parceiro público de cada parcela de débito garantido	203
§4º	Prestação de garantia mediante contratação de instrumentos disponíveis em mercado	203
§5º	Acionamento do Fundo Garantidor pelo parceiro privado	203
§6º	A quitação de débito pelo Fundo Garantidor importando na sub-rogação nos direitos do parceiro privado	204
§7º	Possibilidade de constrição judicial e alienação de bens e direitos do Fundo Garantidor	204
§8º	Uso da parcela da cota da União para prestar garantia	204
§9º	Obrigação de honrar faturas aceitas e não pagas pelo parceiro público	204
§10	Proibição de pagar faturas rejeitadas expressamente por ato motivado	204
§11	Informação sobre qualquer fatura rejeitada e sobre os motivos da rejeição	204
§12	Ausência de aceite ou rejeição expressa de fatura por parte do parceiro público	204
§13	Responsabilização do agente público pelos danos que causar	204
Artigo 19	Não pagamento pelo Fundo Garantidor de rendimentos	211
Artigo 20	Condição para a dissolução do Fundo Garantidor	213
Par. único	Distribuição do patrimônio, no caso de dissolução do Fundo Garantidor	213
Artigo 21	Constituição de patrimônio de afetação	214
Par. único	Forma de constituição do patrimônio de afetação	214

Artigo 22	Condição para a União poder contratar Parceria Público-Privada	216
Artigo 23	Autorização para a União conceder incentivo às aplicações em fundos de investimento	217
Artigo 24	Diretrizes para a concessão de crédito destinado ao financiamento de contratos de Parcerias Público-Privadas	219
Artigo 25	Edição pela STN de normas gerais sobre consolidação das contas públicas aplicáveis aos contratos de Parceria Público-Privada	221
Artigo 26	Nova redação dada ao inciso I do §1º do art. 56 da Lei nº 8.666/93	224
Artigo 27	Limite para as operações de crédito das empresas públicas ou sociedades de economia mista controladas pela União	226
§1º	Limite das operações de crédito feitas por entidades fechadas de previdência, empresas públicas ou sociedades de economia mista controladas pela União	226
§2º	Entendimento do que seria fonte de recursos financeiros	226
Artigo 28	Vedação de concessão de garantia e transferência voluntária por parte da União aos Estados, DF e Municípios	228
§1º	Envio prévio de informações ao Senado e à Secretaria do Tesouro Nacional por parte dos Estados, DF e Municípios	228
§2º	Computação das despesas derivadas de contratos de parceria	228
Artigo 29	Penalidades aplicáveis	233
Artigo 30	Vigência do diploma	234
REFERÊNCIAS		235

PREFÁCIO I

Foi com enorme orgulho e satisfação que recebi o convite do amigo e professor, Sidney Bittencourt, para elaborar o prefácio da sua consagrada obra *Parceria público-privada passo a passo*. Não é sempre que o discípulo tem a oportunidade de prefaciar a obra de um dos seus mestres. A regra é exatamente o contrário. Mas o seu profundo conhecimento nos temas afetos ao Direito Administrativo não lhe retirou a humildade capaz o bastante de fazer tal convite.

Posso afirmar que a minha vida acadêmica foi impulsionada pela oportunidade que me foi aberta pelo Professor Sidney Bittencourt, no Centro de Estudos de Aperfeiçoamento Profissional (CEAP). Ali tive a oportunidade de ministrar cursos específicos de Licitações e Contratos que contribuíram enormemente para a minha vida profissional. Foi um local de aprendizado e fraterno convívio.

A obra tem uma enorme importância no cenário acadêmico e para os profissionais do setor público e do setor privado que militam nesta área.

As parcerias público-privadas traduzem um novo formato de contratações públicas e se inserem no contexto do Direito Administrativo do século XXI, mais voltado aos resultados e ao atendimento das finalidades públicas, pela busca do consenso, da participação democrática dos usuários e de um diálogo mais franco e aberto com o setor privado.

A nova legislação introduziu uma série de importantes inovações na sistemática das contratações públicas.

Uma dessas novidades é a questão envolvendo a repartição de riscos. Trata-se de uma importante inovação, já que o dimensionamento, a avaliação e o compartilhamento de riscos se mostraram insuficientes, tanto no regime de contratação da Lei nº 8.666/1993 (no qual a Administração assumia-os de forma integral), como no da Lei nº 8.987/1995 (no qual esse risco era assumido primordialmente pelo concessionário).

A repartição de riscos, evidentemente, atrai a iniciativa privada, pois cria um ambiente de segurança jurídica que proporciona o desenvolvimento de projetos que, embora não sejam autossustentáveis, demandam vultosos investimentos dos particulares.

Aliás, a segurança jurídica é um valor fundamental nessa forma de contratação, uma vez que o contratado, previamente, possui a garantia de que não ocorrerá a inadimplência do Poder Público. Esse sistema de garantias, trazidos pela Lei nº 11.079/2004, por certo, também representa um forte atrativo para a celebração de parcerias com a iniciativa privada, ainda que a doutrina pátria não seja uniforme acerca da sua constitucionalidade.

O Estado, por sua vez, tem a vantagem de poder alavancar projetos de grande envergadura sem empenhar a integralidade dos recursos necessários, utilizando-se das parcerias público-privadas para a realização de empreendimentos de infraestrutura. Isso possibilita a implementação de políticas públicas quando a capacidade de endividamento está no limite e, com isso, sem lastro econômico para contrair novas dívidas.

É, portanto, uma engenharia contratual que pode ser um importante instrumento propulsor do desenvolvimento nacional, que se apresenta como um dos objetivos fundamentais da República Federativa do Brasil (artigo 3º, inc. II, da CF).

As PPPs vêm ganhando cada vez mais espaço e, às vésperas da elaboração deste prefácio, os veículos de comunicação noticiam a celebração de uma PPP cujo objeto é a revitalização da zona portuária do Município do Rio de Janeiro (parte integrante da Operação Urbana Consorciada denominada "Porto Maravilha"), na qual o concessionário, vencedor da licitação (formada por um consórcio de empresas), ficará responsável não só pela execução das obras desse projeto, como também, pela manutenção dos serviços públicos municipais em toda a área, numa parceria que monta o valor de R$ 7,3 bilhões, por 15 anos de concessão. Um grande avanço para aquela localidade que, por longos anos, espera investimentos públicos que lhe confiram nova vida.

Atento a esse contexto de desenvolvimento proporcionado pelas parcerias público-privadas, o autor desenvolveu uma obra extremamente importante para o conhecimento do assunto, no qual comenta cada um dos artigos com a didática e a profundidade que lhe são peculiares.

Mas engana-se quem pensa que se trata de um texto meramente explicativo da norma. Ao revés, o autor apresenta a sua visão crítica em relação a determinados aspectos da legislação, mas que se revela absolutamente coerente com a sua linha de pensamento, já exposta em obras anteriores.

Enfim, essa sistematização exige a vivência acadêmica e profissional que poucos, como Sidney Bittencourt, condensam. E mais não há a se dizer com palavras, que, em excesso, cumpririam o único efeito de retardar o contato do leitor com a valorosa obra.

Flávio Amaral Garcia
Procurador do Estado do Rio de Janeiro. Mestre em Direito Empresarial. Professor dos cursos de pós-graduação da FGV, da UERJ e da UFF.

PREFÁCIO À PRIMEIRA EDIÇÃO

Surpreso com o honroso convite a mim formulado por Sidney Bittencourt, professor e amigo há mais de 30 anos, para prefaciar a obra que trata de licitação e contrato de parceria público-privada, fiquei a imaginar como poderia contribuir para que esta página inicial provocasse, quando lida, uma motivação para o conteúdo "passo a passo" que desmistifica e torna exequível o entendimento do texto da Lei nº 11.079, de 30 de dezembro de 2004.

Outro desafio que tive pela frente foi o de expor, como um técnico em análise de planejamento, assunto de cunho legal.

O desafio provocou-me lembranças de que o sucesso de iniciativas de âmbito governamental, em muitas ocasiões, não é alcançado, muito menos pelas omissões e falhas de suas políticas, diretrizes e projetos, e muito mais pela inabilidade e imperfeições no seu conduzir, onde aflora o incorreto cumprimento das prescrições jurídicas que necessariamente devem proteger tanto as partes do Estado quanto os outros figurantes do processo.

No presente caso as parcerias público-privadas revestem-se de um clima todo especial, pois é uma forma ousada de procurar atingir o cidadão, beneficiando-o; todavia, com a complexidade da junção das iniciativas do Estado e daqueles que em união devem atender ao bem comum.

Podemos afirmar, ao fazer e provocar a correta condução deste processo, que se tornará possível com as lições, ensinamentos e conteúdo desta, mais uma obra do mestre Sidney Bittencourt.

A apresentação "passo a passo" já é inequívoca daquele que vê na compreensão do texto o sucesso de sua correta aplicabilidade. Aí estão a simplicidade de sua forma e a garantia de mais uma vitória. Estas linhas podem parecer uma simples retórica; mas, se nos reportarmos ao conteúdo e significado do assunto, o otimismo toma conta de nosso ser no que se refere ao livro em questão, contra o pragmatismo do assunto que se acerca. Senão vejamos:

Quanto ao interesse do Estado:

Os Estados buscam no aparato institucional público, onde se encontram as suas leis, um planejamento econômico que possa conduzir com competência um processo que atinja e beneficie toda a população, concentrando esforços na produção de ideias com inovação permanente; e é justamente aí que se incluem os aspectos institucionais, tecnológicos e culturais em matéria administrativa. Trabalha na fronteira do conhecimento que, certamente, fortalece a capacidade inovadora, inspirada também na visão prospectiva, já que os desafios a que se propõe vencer estão neles contidos.

Quanto ao interesse dos que se candidatam à concessão de serviços ou obras públicas:

A estes participantes é apresentado um duplo desafio: integrar-se a um planejamento, externo em definição por ter origem supra empresa; mas, que contém em comum o objetivo maior de atender sua missão de realização técnica e econômica. Entretanto, saber que provoca para a sociedade, à qual se liga por laços legais, o seu sucesso, alavanca dentro do que lhe compete o desenvolvimento proposto.

À guisa de conclusão, sem nenhum excesso de otimismo, pode-se afirmar que este desafio a que se propôs com uma iniciativa voltada por autoridades do Estado ao bem comum de seus cidadãos, com certeza, encontrará nos interesses empresariais a âncora necessária da desmistificação e da insegurança que a desconfiança de insucessos anteriores, registrados em iniciativas similares, até então apresentaram e que agora não mais acontecerão, se forem observadas as lições e o caminho seguro nas linhas da obra em apreço.

Ao mestre Sidney Bittencourt, os agradecimentos de um entusiasta do planejamento governamental e observador que, ansiosamente, espera identificar os resultados favoráveis das áreas que lhe são familiares quanto aos aspectos envolvidos, como administração, economia e engenharia.

José Antônio Destri Lobo
Professor, Contador e Engenheiro.

APRESENTAÇÃO

A escassez de recursos necessários para o desenvolvimento eficiente dos serviços a serem prestados à comunidade e o constante surgimento de inovações procedimentais e tecnológicas impulsionaram o Estado a desenvolver mecanismos que reduzissem a sua ação monopolista, o que determinou uma maior aproximação com a iniciativa privada.

Dessa forma, diante de um enorme déficit fiscal, viu-se o Brasil, na última década, envolvido numa transição importante: do Estado-empresário para o Estado-regulador, acentuando-se as várias formas de parcerias com os entes privados.

Nesse contexto, veio à tona, em 1995, a Lei Geral de Concessões dos Serviços Públicos (Lei nº 8.985), seguida das delimitações de marcos regulatórios, com o surgimento das Agências Regulatórias que se fizeram necessárias em virtude do processo de privatização desenvolvido em grande escala, de modo a dotar o Estado de um sistema eficaz de controle.

Sem dúvida, essa transformação de Estado provedor para Estado regulador determinou uma forte modificação na cultura burocrática do país.

Não obstante, enormes gargalos de infraestrutura persistiram: rodovias em péssimo estado; malha ferroviária extremamente precária; portos deficientes; saneamento público insuficiente etc.[1]

Destarte, na busca da alavancagem do desenvolvimento, grassou no país a ideia das *Parcerias Público-Privadas* (*PPPs*), que, já tendo sido utilizadas inclusive no Brasil no século XIX,

---

[1] É consensual o ponto de vista de que o país necessita de investimentos consideráveis para superar suas deficiências na infraestrutura. O nível de endividamento do setor público, a desvinculação de receitas e a política tributária do país, entre outros fatores, tornaram inexequíveis a execução de projetos com financiamento exclusivo de recursos públicos, o que provocou a deterioração acelerada da infraestrutura brasileira (Cf. MESQUITA, Arlan Mendes; MARTINS, Ricardo S. Desafios logísticos às redes de negócios no Brasil: o que podem as Parcerias Público-Privadas (PPPs)?. *Revista de Administração Pública*, Rio de Janeiro, v. 42, n. 4, jul.-ago. 2008.

tomaram nova força nos tempos modernos, inicialmente na Inglaterra, nos idos de 1990,[2][3][4] espraiando-se, enfim, pelo mundo, consignando, como o próprio nome indica, uma parceria entre o Estado e a iniciativa privada objetivando a implantação (ou gestão), no todo ou em parte, de serviços, empreendimentos e atividades de interesse público, na qual o financiamento e a responsabilidade pelo investimento e exploração seriam do parceiro privado, mediante uma contraprestação da Administração Pública garantidora do empreendimento.

Por conseguinte, o alicerce para a adoção da PPP reside na ideia de que projetos importantes para o país – que, por falta de recursos públicos, seriam postergados – poderão vir a ser desenvolvidos com a participação da iniciativa privada, que aceitaria neles investir sob a garantia concedida pelo Poder Público.

Sobre essa insuficiência de recursos, assevera Flávio Amaral Garcia:

> (...) se deve, dentre vários fatores, as despesas de pessoal (os entes públicos gastam o limite de quase 60% dos seus gastos com pessoal, o que reduz bastante a capacidade de investimentos), à vinculação de receita de grande

---

[2] Sob a administração de John Major, no início dos anos 1990, foi lançado o embrião do programa de parceria inglês, com base em projetos desenvolvidos sob um instrumento denominado Iniciativa para o Investimento Privado (em inglês, PFI, de *Private Finance Initiative*). Nessa modalidade de associação público-privada, o setor público assume a responsabilidade pela provisão de parte dos serviços. Os objetivos do PFI foram corrigidos e adaptados ao longo do tempo, de forma que, em 1996, no governo de Tony Blair, o *Private Finance Initiative* foi rebatizado de *Public Private Partnership* ou, em português, Parceria Público-Privada (PPP). O Programa de Parceria do Reino Unido, consoante registram Bárbara Brito e Antônio Silveira (Cf. Parceria público-privada: entendendo o modelo. *Revista do Servidor Público*, Brasília, n. 1, v. 56, p. 7-21, jan.-mar. 2005), tinha por objetivo mudar a forma de contratação de obras e serviços públicos, saindo da maneira tradicional de aquisição de ativos para uma lógica de compra de serviços. A busca por alternativas de financiamento permanecia no centro da questão, mas o objetivo maior passou a ser a eficiência na contratação de serviços públicos (Cf. A parceria público-privada: PPP no Brasil. Disponível em: http://www.viajus.com.br/viajus.php?pagina=artigos&id=1669. Acesso em: 14 maio. 2010).

[3] No Reino Unido, estudos indicam uma economia percentual de 10% a 17% em termos de gastos públicos na comparação entre os contratos de PPP e os acordos tradicionais, em função, sobretudo, da vinculação dos pagamentos ao desempenho dos particulares. Além disso, 75% a 88% dos contratos de PPP foram concluídos dentro dos prazos e orçamentos previstos contra 30% dos projetos realizados com contratações de obras no modelo convencional (Cf. BRITO, Bárbara Monteiro Barbosa de; SILVEIRA, Antônio Henrique Pinheiro. Parceria público-privada: compreendendo o modelo brasileiro. *Revista do Serviço Público*, Rio de Janeiro, p. 7-21).

[4] Em países de língua espanhola esse tipo de parceria é conhecido como Asociación Público-Privada (APP).

parte do orçamento público (já possuem uma destinação carimbada) e aos pagamentos das dívidas, principalmente pelos Estados, em relação à União.[5]

Marcos Juruena comenta a matéria com propriedade:

Como é sabido, o Estado é um grande prestador de serviços, podendo fazê-lo de forma centralizada ou descentralizada. O problema da gestão centralizada é a carência de recursos, forçando a busca do capital privado. Este nem sempre julga os negócios de interesse público atrativos o suficiente para motivarem a alocação de capitais. Exemplos típicos destas situações são as administrações e locações de escolas e hospitais públicos, presídios, prédios ocupados pela burocracia estatal, sem falar em obras de infraestrutura de serviços públicos, notadamente rodovias e ferrovias de menor movimento. (...) Verificou-se que as fórmulas tradicionais não se prestavam mais a solucionar problemas. Foi preciso, pois, buscar um novo modelo, que demonstrasse que não são apenas os beneficiários diretos do contrato que vão colher os frutos dos investimentos públicos e/ou privados sobre um determinado segmento econômico.[6]

Em consequência, tem-se com as PPPs uma nova sistemática de contratação de entidades privadas ou consórcios formados por elas, com o objetivo de executar atividades ou empreendimentos de interesse público em acordos de longo prazo.[7]

Diferentemente do que ocorre nas privatizações, que envolvem alienação de ativos, nas PPPs o Poder Público apenas concede o direito à entidade privada de prover um serviço ou um empreendimento público, por período determinado.[8]

---

[5] *Licitações & contratos administrativos*: casos e polêmicas. 3. ed. Rio de Janeiro: Lumen Juris, 2010.

[6] *Direito administrativo das parcerias*. Rio de Janeiro: Lumen Juris, 2004.

[7] No âmbito da administração federal direta, a primeira licitação de Parceria Público-Privada foi a denominada "PPP do Pontal", em Pernambuco, que consignava uma concessão patrocinada com o objetivo de conjugar o serviço público de irrigação à atividade econômica de produção agrícola, integrando a população local a um projeto de desenvolvimento regional. O contrato, com o prazo de vigência de 25 anos, teve estimado o valor de R$ 208 milhões. Segundo as regras previstas, findado o contrato, as terras e infraestrutura de uso comum reverterão ao patrimônio público, que poderá optar entre instaurar nova licitação ou alienar o perímetro, caso o mesmo se apresente autossustentável. Consoante Isaac Averbuch, técnico da Unidade de PPP do Ministério do Planejamento, a receita a ser obtida pela entrega de água seria insuficiente para cobrir os investimentos, uma vez que a tarifa de água permite o pagamento da operação e sua manutenção, mas não os investimentos, por serem extremamente elevados.

[8] Sobre o paralelo entre as PPPs e a privatização, o comentário de Luís Paulo Rosenberg: "Estão certos os intervencionistas encastelados no governo quando denunciam o projeto de PPP como um novo surto privatista, a transferir domínio do setor público para o privado. Errados estão quando dão o passo seguinte, patrioticamente se opondo a essa nova

Apesar da grande euforia inicial na edição do diploma legal das PPPs, na 2ª edição deste trabalho lamentamos a implementação de poucos projetos: "Na prática, a ferramenta, muito elogiada por todos, permanece apenas como a grande promessa de alavancagem de vários projetos de infraestrutura que o País necessita".

Entrementes, com o passar do tempo, avista-se uma significativa melhoria na implementação de projetos de PPP. Como bem anotou Bruno Pereira,[9] nem mesmo os robustos fatores adversos recorrentes no País (como instabilidade política, crise fiscal, desafios macroeconômicos e investigações envolvendo enormes casos de corrupção, notadamente a denominada "Operação Lava-Jato") foram suficientes para reduzir a dinâmica do mercado de PPPs, uma vez que, desde a publicação da Lei nº 11.179/04, alcançou-se expressiva marca de contratos assinados de concessões administrativas e patrocinadas, número que tende a seguir crescendo, principalmente em função da movimentação dos projetos municipais.

Com otimismo e renovada esperança, vislumbra-se que os próximos anos serão bastante ativos quanto a hodiernos projetos de PPPs, com grandes chances de novas empresas desenvolverem projetos no Brasil, principalmente diante das mudanças que se avizinham no cenário fiscal, considerando as medidas anunciadas pelo Ministro da Economia Paulo Guedes.

Vide que, no governo passado, de Michel Temer, ainda que combalido com as notícias de corrupção, a primeira medida anunciada foi a que visava estabelecer o Programa de Parceria de Investimentos – PPI, com o objetivo de destravar a efetivação das concessões e das PPPs, prometendo "retirar entraves burocráticos e excessos de interferência do Estado".

Tal proposta, como bem observou Jorge Hori,[10] veio à tona com um novo viés ideológico, substituindo o anterior (alimentado pelos governos do PT, com visão antilucro, buscando a participação

---

investida contra o poder do Estado. Coitados, não percebem que o governo FHC deteriorou de tal forma as finanças públicas que sequer temos escolha: é PPP ou PPPerecer!" (O governo e o impasse das PPP. *Gazeta Mercantil*, Rio de Janeiro, 25 out. 2004).

[9] PEREIRA, Bruno. Situação e perspectivas das PPPs para 2016. *Revista Brasil Construção*, n. 10, fev. 2016.

[10] Disponível em http://www.jornaldacidadeonline.com.br/noticias/2798/temer-adota-novo-vies-ideologico-para-destravar-ppi. Acesso em: 5 jun. 2016.

do empreendedor-investidor privado com inteira subordinação à gestão pública, visando fins sociais acima dos econômicos e com lucros contidos) por uma ótica contemporânea, que aceita que a concessão é um negócio econômico, com objetivo de lucro, ainda que subordinado aos interesses gerais.

No fim das contas, o que se constata é que a implementação de uma PPP sempre demandará, em maior ou menor grau, a aplicação de escassos recursos públicos, de alocação difícil, em função das restrições orçamentárias, especialmente nos estados e municípios, sendo esse um fator determinante para que ainda permaneçam no campo da expectativa.[11]

Fica claro, portanto, que, quanto menor for a exigência de utilização de dinheiro público em um projeto de PPP, maiores serão as chances de sua concretização. Logo, a busca de alternativas nesse sentido deve ser um trabalho constante para todos os envolvidos nessa seara.[12]

Impende frisar que a doutrina jurídica oscila bastante quanto à importância – e mesmo a juridicidade – desse modelo de concessão. Celso Antônio Bandeira de Mello, por exemplo, tem opinião crítica:

> Trata-se de instituto controvertido, forjado na Inglaterra, e acolhido entusiasticamente pelo banco Mundial e pelo Fundo Monetário Nacional no cardápio de recomendações aos subdesenvolvidos.[13] A "parceria

---

[11] Como também atinou *Lucas Martins da Rocha* (As alternativas para o desenvolvimento das PPPs no Brasil. *Valor Econômico*, 14 abr. 2010).

[12] Essa foi a tônica nas diversas palestras do Seminário "PPP Américas – As parcerias público-privadas no Brasil e na América Latina: Desafios e Perspectivas", organizado pelo Banco Interamericano de Desenvolvimento (BID) – Fundo Multilateral de Investimento (FOMIM), ocorrido em 11 a 13 de maio de 2010, em Salvador – Bahia, e, mais recentemente, em maio de 2019, na terceira edição do evento "Exame Fórum PPPs e Concessões", **no qual** especialistas, empresários e autoridades públicas debateram as tendências e oportunidades de negócios em concessões de serviços públicos e Parcerias Público-Privadas no Brasil. No evento, que reuniu, entre outras autoridades, diversos governadores, o ministro da Infraestrutura Tarcísio Gomes de Freitas, o secretário especial do Programa de Parcerias de Investimentos, Adalberto Vasconcelos, e o então presidente do BNDES, Joaquim Levy, ocorreram rodadas de conversas com exposições sobre os projetos de PPPs, parcerias, concessões e desestatizações.

[13] Realmente, muitas são as iniciativas em favor das PPPs por parte de agências multilaterais como o Banco Mundial (BIRD) e o Banco Interamericano de Desenvolvimento (BID). No Seminário PPP Américas, ocorrido em Salvador, em maio de 2010, um dos painéis tratou exatamente dessa particularidade. Os palestrantes, com diversos argumentos, defenderam que essas agências, em função da redução da atividade financiadora dos bancos comerciais e do difícil acesso aos títulos de mercado, constituem uma grande fonte de financiamento, provendo fundos e apoio institucional para o desenvolvimento das PPPs, assumindo, nesse particular, papel de fundamental importância para a melhoria da capacidade institucional, legal e do marco regulatório dos países.

público-privada", que foi jucundamente auspiciada pelo partido governista — outrora comprometido com os interesses da classe trabalhadora, e hoje ponta de lança das aspirações dos banqueiros —, constitui-se na *crème de la crème* do neoliberalismo, pelo seu apaixonado desvelo na proteção do grande capital e das empresas financeiras. Nem mesmo o Governo do Sr. Fernando Cardoso, em despeito de sua álacre submissão aos ditames do FMI, ousou patrociná-la, talvez por uma questão de decoro.[14]

Na mesma linha, Kiyoshi Harada:

> Essa mistureira generalizada, entre o interesse público e o interesse privado, acaba desorganizando os dois setores ao mesmo tempo. De um lado, afasta do mercado da livre concorrência os setores empresariais ou empresários não afinados com a filosofia dos detentores temporários do poder político. Isso representa, sem sombra de dúvida, uma extrapolação do poder regulatório do Estado no campo da atividade econômica (art. 174 da CF). De outro lado, mina as bases da administração pública, delegando tarefas próprias do Poder Público, a serem desempenhadas por meio de seu quadro permanente de servidores públicos em sentido estrito.[15]

Além de discordar da essência do diploma, Bandeira de Mello também tece severas críticas às inconstitucionalidades por ele avistadas no diploma:

> A Lei 11.079 padece de insanáveis inconstitucionalidades, apesar das alterações que o Senado aportou ao projeto oriundo da Câmara, para minimizar um pouco o caráter escandalosamente lesivo aos interesses públicos que caracterizava a iniciativa do Executivo. (...) Não nos recordamos de alguma outra lei que conseguisse reunir uma tal quantidade e variedade de inconstitucionalidades, maiormente se se considera que tem apenas 30 artigos.[16]

Certo é, contudo, que a grande maioria vê as PPPs com bons olhos. Celso Spitzcovsky, por exemplo, explicita:

> Cada vez menos a Administração apresenta condições de atender sozinha às demandas que se multiplicam nos mais diversos setores, exigindo fortes investimentos para a realização de projetos de enorme

---

[14] BANDEIRA DE MELO, Celso Antônio. *Curso de Direito Administrativo*. 27. ed. São Paulo: Malheiros, 2007.
[15] HARADA, Kiyoshi. Parcerias Público-Privadas (PPPs). Disponível em: http://jusvi.com/artigos/2287. Acesso em: 17 maio 2010.
[16] *Ibidem*.

envergadura, como a construção de hidroelétricas, a melhoria da malha rodoviária, a construção de novas penitenciárias, estações de metrô, hospitais e escolas. Nesse contexto, a solução encontrada foi procurar atrair recursos privados em condições mais favoráveis para fazer frente a esses projetos, garantindo, também, a credibilidade necessária para os compromissos contraídos pela Administração com terceiros.[17]

Também enaltecendo a criação das PPPs no Brasil, a palavra abalizada de Flávio Amaral Garcia, após esposar fatores voltados para a insuficiência de recursos públicos que considera determinantes para a busca de novos modelos:

> (...) é inegável a inadequação dos formatos jurídicos existentes para a partilha de riscos. Note-se que nos contratos regidos pela Lei nº 8.666/93 bem como pela lei de concessão, não há sequer a definição de risco. Há, portanto, um avanço na lei nº 11.079/04 (...).[18]

Luciano Ferraz é outro que enaltece a criação das PPPs, ressalvando, como Amaral Garcia, os possíveis riscos, que demandarão da Administração Pública um redobrado zelo na implementação dos projetos, cabendo-lhe intenso papel de mediação dos interesses dos parceiros privados e dos cidadãos-usuários, crescendo, em muito, a importância da ação estatal no escorreito planejamento dos arranjos e no controle efetivo da execução dos contratos de PPP:

> Não há como negar a relevância do projeto das PPP. A retomada e a manutenção do ciclo de crescimento econômico dependem de investimentos nacionais e estrangeiros que se alocam no setor privado. As vantagens da adoção do modelo de PPP são: a) ganho de eficiência do setor privado no desempenho de serviços e atividades públicas; b) melhoria da qualidade desses serviços e atividades públicas, em face da vinculação a metas de desempenho; c) captação de ativos e investimentos nacionais e estrangeiros longevos e não especulativos; d) geração de emprego e renda. Contudo, o projeto das PPP não deixa de oferecer riscos: a) choque de interesses entre o setor privado envolvido nas PPP e a sociedade destinatária dos serviços e atividades; b) planejamento inadequado dos arranjos (ausência de planejamento tradicionalmente acompanha a Administração Pública brasileira); c) insuficiência dos

---

[17] SPITZCOVSKY, Celso. *Direito administrativo*. 10. ed. São Paulo: Método. 2008.
[18] GARCIA, Flávio. *Licitações & contratos administrativos*: casos e polêmicas. 3. ed. Rio de janeiro: Lumen Juris, 2010.

mecanismos formais de controle (Poder Legislativo, Ministério Público, Controles Internos e Tribunais de Contas); d) risco acentuado de aumento do endividamento público.[19]

Edite Mesquita Hupsel também destaca a relevância dessas parcerias:

> A importância da utilização das PPPs com vistas a melhorar a qualidade dos serviços públicos e a desobstruir "gargalos" em infraestrutura e, também, para a necessidade de maior controle de endividamento público com estas parcerias, para que as futuras gerações não venham a pagar contas altas em demasia e os futuros governantes não se quedem "atados" em suas opções políticas de governo em face ao excessivo comprometimento de orçamentos futuro.[20]

No mesmo passo, Lucas Rocha Furtado apenas ressalva que o modelo "não é a panaceia para a solução dos problemas de desenvolvimento econômico":

> O objetivo do Estado é o bem-estar de sua população. O objetivo do setor empresarial, em qualquer local do planeta, é a perspectiva de lucro. Não obstante sejam distintos, não são os interesses do Estado e das empresas inconciliáveis. Há situações em que os propósitos do setor público e do setor privado podem convergir. A PPP busca identificar esses pontos de interesse e harmonizá-los de modo a que os investimentos, os riscos e as responsabilidades dos empreendimentos possam ser distribuídos de modo a satisfazer tanto os interesses privados, relacionados à obtenção de lucro, quanto os interesses públicos, consistentes na execução de obras de infraestrutura ou de saneamento básico, bem como na fruição desses empreendimentos por parte da população.[21]

Após destacar que o grande salto das parcerias é a simplificação dos mecanismos de execução dos projetos para o Poder Público, pois, "em vez de ter de controlar vários fornecedores nas mais diferentes etapas do projeto e da obra, o governo passa a ter apenas um fornecedor, que fica responsável por todo o processo",

---

[19] FERRAZ, Luciano. Parcerias público-privadas: sistemática legal e dinâmica de efetivação. *Revista da Procuradoria-Geral do Município de Belo Horizonte – RPGMBH*, Belo Horizonte, ano 1, n. 1, p. 209-217, jan.-jun. 2008.
[20] HUPSEL, Edite Mesquita. *Parcerias Público-Privadas*. Curitiba: Juruá, 2014. p. 18.
[21] FURTADO, Lucas Rocha, *Curso de Direito Administrativo*. 5. ed. Belo Horizonte: Fórum, 2016. p. 529.

Bruno Pereira ressalta as vantagens da captação de capital privado em época de crise e aperto fiscal:

> Em cenário de bonança as parcerias já são boas. Mas em cenário de crise, são praticamente a única alternativa para o governo conseguir viabilizar projetos.²²

A nosso ver, é incontroverso que as PPPs configuram ótima solução para a resolução de problemas de toda ordem com que o Estado continuamente se depara, notadamente de infraestrutura, consignando uma interessante alternativa para o contorno dos efeitos das diversas crises que assolam o país, constituindo ferramentas viabilizadoras de projetos.

As PPPs são, indiscutivelmente, trunfos importantes para o crescimento e o desenvolvimento, porquanto, não raro se encontrando sem recursos suficientes para os investimentos necessários, o Estado necessita cada vez mais da colaboração dos entes privados.

No caso dessas parcerias, verifica-se significativa via de mão dupla: com a colaboração dos parceiros privados, o Estado se fortalece, o país se desenvolve, a sociedade se beneficia, cresce, progride, e o setor privado aufere benefícios, com possibilidades sempre maiores de lucro, seu intuito principal.²³ ²⁴

---

²² Disponível em: http://anptrilhos.org.br/ppps-ganham-mais-importancia-em-periodo-de-crise/. Acesso em: 7 jun. 2016.

²³ A propósito, *vide*, a título de curiosidade, excerto da exposição de motivos constante do Decreto-Lei nº 86/2003, relativo à sistemática das PPPs em Portugal: "(...) A similitude entre determinadas prosseguidas por entidades privadas e as subjacentes à prestação de certos serviços públicos, tem levado à conclusão de que também nos serviços públicos é possível tirar proveito da tradicional melhor capacidade de gestão do sector privado, melhorando a qualidade do serviço prestado e gerando poupanças consideráveis na utilização de recursos públicos. Uma das formas, internacionalmente consagrada e testada, de obtenção pelo Estado de tais competências de gestão, consiste no estabelecimento de relacionamentos duradouros com privados, em regime de parceria público-privada, no âmbito dos quais lhes são transferidos os riscos, nomeadamente tecnológicos e operacionais, com os quais se encontram mais familiarizados e para cujo manuseamento se encontram mais habilitados." (*apud* FÉRES, Marcelo Andrade. As sociedades de propósito específico (SPE) no âmbito das parcerias público-privadas (PPP). Algumas observações de Direito Comercial sobre o art. 9º da Lei nº 11.079/2004. Disponível em: http://jus2.uol.com.br/doutrina/texto.asp?id=6804. Acesso em: 7 jun. 2010.)

²⁴ No evento "Exame Fórum PPPs e Concessões", em maio de 2019, concluiu-se que, com a crise que assola o país, as PPPs deixaram de ser uma oportunidade para se tornar uma necessidade. E os números demonstram isso. Levantamento realizado pela consultoria Radar PPP evidencia o aumento no número de projetos lançados pelo Poder Público, tendo crescido quase oito vezes nos últimos seis anos. Por outro lado, de acordo com o relatório anual de Participação Privada em Infraestrutura, do Banco Mundial, devido à recessão

É relevante destacar que, em 2017, foi publicada a Lei nº 13.529, alterando a Lei nº 11.079/04, e dispondo sobre a participação da União em fundos de apoio à estruturação e ao desenvolvimento de projetos de concessões e PPPs.

Para alavancagem dos projetos dessa seara, o texto legal autorizou o aporte pelo governo federal de até R$ 180.000.000,00 (cento e oitenta milhões de reais) em fundos de financiamento e desenvolvimento, com finalidade exclusiva de financiar serviços técnicos profissionais especializados.

A clara intenção foi reduzir o principal obstáculo à efetivação das concessões e das PPPs: a falta de bons projetos, notadamente no âmbito municipal. Como ressaltam Bruno Aurélio e Renan Sona, "esta medida visa suprir um obstáculo enfrentado especialmente pelos municípios do País, que não possuem expertise técnica e estrutura de pessoal para estruturar os projetos ou mesmo para avaliar os projetos apresentados pela iniciativa privada por meio de Procedimento de Manifestação de Interesse – PMI ou Manifestação da Iniciativa Privada – MIP".[25]

Nesse caminho, a Lei nº 13.529/17 alterou o art. 2º da Lei das PPPs, reduzindo o valor mínimo dos contratos de PPP para R$ 10.000.000,00 (dez milhões de reais), viabilizando, dessa forma, a estruturação de PPPs em pequenos municípios.

Por derradeiro, impende avultar que, em termos mundiais, além da Inglaterra, as PPPs foram adotadas com êxito em diversos países, como, por exemplo, Austrália, Japão, Canadá, África do Sul, Holanda, Alemanha, Irlanda, Portugal, Chile e México. Na Europa, a própria Comissão Europeia (CE) incentiva o uso da ferramenta como medida a ser adotada para o alcance do equilíbrio orçamentário exigido para a adesão e permanência na União Europeia.

---

econômica, o investimento internacional por meio de concessões e PPPs no país caiu de 59 bilhões de dólares, em 2012, para 7,3 bilhões, em 2017. Mesmo assim, o que projeta um futuro promissor para as PPPs, o Brasil está posicionado entre os cinco maiores destinos de investimento estrangeiro em todo o mundo.

[25] Disponível em: https://www.tauilchequer.com.br/pt/perspectives-events/publications/2017/12/change-in-the-ppp-law-and-creation-of-an-incentive. Acesso em: 10 out. 2019.

LEI Nº 11.079, DE 30 DE DEZEMBRO DE 2004 (*DOU*, 31.12.2004) ALTERADA PELAS LEIS NºS 12.024/09, 12.409/11, 12.766/12, 13.043/14, 13.097/15, 13.137/15 E 13.529/17

Institui normas gerais para licitação e contratação de parceria público-privada no âmbito da administração pública.

O PRESIDENTE DA REPÚBLICA Faço saber que o Congresso Nacional decreta e eu sanciono a seguinte Lei:

Ementa

No final do ano de 2004, depois de acalorados debates em várias frentes e percursos extremamente sinuosos no Congresso Nacional – tendo o governo sido obrigado, inclusive, a ceder em vários pontos a fim de viabilizar o projeto que tanto almejava –,[1] veio à tona no ordenamento jurídico pátrio a Lei nº 11.079, oriunda do Projeto de Lei do Executivo nº 2.546/03,[2] instituindo normas gerais para licitação e contratação de Parcerias Público-Privadas (PPPs) no âmbito da Administração Pública brasileira, trazendo

---

[1] Segundo Carlos Ari Sundfeld, colaborador do texto do substitutivo apresentado pelo Governo Federal à Comissão de Assuntos Econômicos do Senado, "o processo legislativo só deslanchou quando o próprio Governo viabilizou a apresentação de um novo texto, no âmbito da Comissão de Assuntos Econômicos do Senado. Aí, o assunto foi rapidamente votado no Senado e na Câmara dos Deputados, e surgiu, em 30.12.2004, a Lei das PPPs" (SUNDFELD, Carlos Ari. Guia jurídico das parcerias público-privadas. *In*: SUNDFELD, Carlos Ari (Coord.). *Parcerias público-privadas*. São Paulo: Malheiros, 2007).

[2] Que se tornou o Projeto de Lei da Câmara nº 10 (substitutivo).

em seu bojo importantes inovações para as contratações públicas e estabelecendo um novo marco nessa matéria, ao lado das Leis nº 8.666/93 (Lei de Licitações e Contratos Administrativos) e nº 8.987/95 (Lei de Concessões e Permissões de Serviços Públicos).

Acresça-se que, enviado ao Congresso em outubro de 2003, durante o seu trâmite, o projeto foi extenuantemente mencionado, comentado e debatido na mídia, tendo a sua aprovação final culminado em extensos festejos, tanto por parte do governo federal como por foros especializados e diversos outros seguimentos da sociedade.

Tal trâmite, relativamente rápido em face da envergadura da matéria envolvida, não teve, na verdade, passagem tranquila naquela Casa, tendo o projeto recebido por volta de 500 emendas.

Demonstrando as dificuldades desse andamento, Luiz Tarcísio Teixeira Ferreira traz à baila as palavras de Alexandre Aragão, um dos juristas que integraram a comissão designada pela Casa Civil da Presidência da República para acompanhamento dessa tramitação e aperfeiçoamento do projeto:[3]

> O dispositivo que realmente tranquilizou os críticos da possibilidade de as parcerias público-privadas propiciarem a irresponsabilidade fiscal — o "dispositivo do acordo" — foi o art. 22 da lei nº 11.079/04, que limitou os gastos com parcerias público-privadas a um por cento da receita corrente líquida. Ficava, contudo, o problema de sua constitucionalidade formal, já que teríamos normas de finanças públicas veiculadas em uma lei ordinária, violando assim o art. 163 da Constituição Federal. A solução foi fazer com que o art. 22 se dirigisse apenas à União Federal, como uma autolimitação de gastos, não como uma norma de finanças públicas. Mas como fazer com que o limite de 1% valesse também para Municípios e Estados? A solução dada foi não forçar que Estados e Municípios cumprissem esse limite sem lei complementar que o estabelecesse, mas sim dispor que a concessão voluntária de garantias e repasse de recursos também voluntários por parte da União aos outros entes federativos ficassem condicionados a que as suas PPPs cumprissem a Lei de Responsabilidade Fiscal – LRF e o indigitado limite de um por cento, conforme aferição a ser feita pela Secretaria do Tesouro Nacional, nos termos do art. 28 da Lei nº 11.079.[4]

---

[3] FERREIRA, Luiz Tarcísio Teixeira. *Parcerias público-privadas*: aspectos constitucionais. Belo Horizonte: Fórum, 2006.

[4] ARAGÃO, Alexandre Santos de. As Parcerias Público-Privadas: PPPs no Direito Positivo Brasileiro. *Revista Eletrônica de Direito Administrativo Econômico – REDAE*, Salvador, Instituto de Direito Público da Bahia, n. 2, p. 23, maio/jul. 2005. Disponível em: http://www.direitodoestado.com.br. Acesso em: 6 jun. 2010.

É importante ressaltar que, no âmbito estadual, a matéria teve conformação legal por intermédio de normas locais, sendo algumas, inclusive, anteriores à edição da Lei nº 11.079/04, tal como nos estados de Minas Gerais (Lei nº 14.868, de 16 de dezembro de 2003), São Paulo (Lei nº 11.688, de 19 de maio de 2004), Goiás (Lei nº 14.910, de 11 de agosto de 2004) e Santa Catarina (Lei nº 12.930, de 4 de fevereiro de 2004).

Atualmente, diversos estados e municípios possuem leis próprias sobre PPPs, sempre atendendo às normas gerais da Lei nº 11.079/04.[5][6]

Assim, os entes federativos que desejarem empregar essa nova forma de contratação pública (e ainda não o fizeram), deverão compatibilizar as normas gerais traçadas pela Lei nº 11.079/04 com as exigências próprias de suas realidades, objetivando a implantação dos mecanismos locais de PPP. Entretanto, há de se ter bastante cautela nesse empreendimento, pois, como bem observa Sergio Paulo Villaça, "embora de conteúdo aparentemente simples, as Parcerias Público-Privadas são, de fato, arranjos complexos em função dos seus desdobramentos econômicos, contábeis, organizacionais e administrativos":

A falta de preparo da Administração Pública para lidar com essa complexidade pode, muitas vezes, dificultar ou até mesmo inviabilizar a utilização desse instrumento no âmbito dos governos locais. Comprova essa afirmativa o fato de apesar de existir no cenário legal desde dezembro de 2004, data da promulgação da lei que instituiu as PPPs, só no final de 2006 foi homologada a primeira

---

[5] Exemplos de estados: Alagoas, Lei nº 6.972, de 07 de agosto de 2008; Amapá, Lei nº 0921, de 18 de agosto de 2005; Amazonas, Lei nº 3.363, de 30 de dezembro de 2008; Bahia, Lei nº 9.290, de 27 de dezembro de 2004; Ceará, Lei nº 14.391, de 07 de julho de 2009; Espírito Santo, Lei Complementar nº 492/2009; Distrito Federal, Lei nº 3.792, de 02 de fevereiro de 2006; Maranhão, Lei nº 8.437, de 26 de julho de 2006; Pernambuco, Lei nº 13.282, de 23 de agosto de 2007; Piauí, Lei nº 5.494, de 19 de setembro de 2005; Rio de Janeiro, Lei nº 5.068 de 10 de julho de 2007; Rio Grande do Norte, Lei complementar nº 307, de 11 de outubro de 2005; Rio Grande do Sul, Lei nº 12.234, de 13 de janeiro de 2005; Sergipe, Lei nº 6.299, 19 de dezembro de 2007; Tocantins, Lei nº 2.231, de 3 de dezembro de 2009; Pará, Lei nº 7.649, de 24 de julho de 2012.

[6] Exemplos de municípios: Belo Horizonte, Lei nº 9.038, de 14 de janeiro de 2005; Curitiba, Lei nº 11.929, de 3 de outubro de 2006; Porto Alegre, Lei nº 9875, de 8 de dezembro de 2005; São Carlos, Lei nº 14.479, de 27 de maio de 2008; São Paulo, Lei nº 14.517, de 16 de outubro de 2007.

concorrência pública realizada por um município – Município de Rio Claro (SP), uma parceria na área de saneamento básico.[7]

---

[7] VILLAÇA, Sergio Paulo Vieira. Parcerias público-privadas: cuidados para a sua adoção. Disponível em: http://www.cebi.com.br/boletim/boletim_27/editorial.htm. Acesso em: 04 jun. 2010.

CAPÍTULO I

DISPOSIÇÕES PRELIMINARES

Art. 1º Esta Lei institui normas gerais para licitação e contratação de parceria público-privada no âmbito dos Poderes da União, dos Estados, do Distrito Federal e dos Municípios.
Parágrafo único. Esta Lei aplica-se aos órgãos da administração pública direta dos Poderes Executivo e Legislativo, aos fundos especiais, às autarquias, às fundações públicas, às empresas públicas, às sociedades de economia mista e às demais entidades controladas direta ou indiretamente pela União, Estados, Distrito Federal e Municípios. (Redação dada pela Lei nº 13.137, de 2015)

Artigo 1º

O artigo inicial da Lei das PPPs prevê, como de praxe em diplomas de alcance nacional, que os dispositivos da norma prescrevem as normas gerais para licitação e contratação de parceria público-privada no âmbito de todos os entes federativos (União, Estados, Distrito Federal e Municípios), aplicável, obviamente, como aponta o parágrafo único, aos órgãos da Administração Pública direta, também aos fundos especiais e às entidades que compõem a Administração Pública indireta (autarquias, fundações públicas, sociedades de economia mista), além das demais entidades controladas direta ou indiretamente pelas entidades federativas.

O tema "normas gerais", de fácil compreensão e difícil aplicação, sempre vem à baila quando da edição de leis que tratem de licitações e contratações públicas, uma vez que a Constituição Federal de 1988, em seu art. 22, inc. XXVII, definiu como competência privativa da União legislar sobre "normas gerais de licitação e contratação, em todas as modalidades, para a administração pública, (...) obedecendo ao disposto no art. 37, XXV, e para as empresas públicas e sociedades de economia mista, nos termos do art. 173, §1º, III".[8]

Em trabalhos anteriores já dispusemos sobre a problemática das normas gerais. Faz-se *mister*, entretanto, voltarmos ao assunto com o pincelar de ideias sobre o tema.

Em rapidíssima síntese, calcando-se nos firmes ensinamentos de Oswaldo Aranha Bandeira de Mello,[9] é de se ter em mente, para bem entendê-las, que há matérias nas quais os órgãos federais são competentes para estabelecer os princípios, prescrevendo as normas gerais, ficando para os Estados-membros a faina de ditar os dispositivos complementares e supletivos. Não está autorizada a União, neste trabalho, a exceder-se no exercício de suas atribuições, adentrando em pormenores e prescrevendo sobre a matéria, porquanto, caso o faça, estará anulando a verdadeira competência daqueles. Sergio de Andréa Ferreira sintetiza com desenvoltura a situação: "O conceito de normas gerais tem duas espécies de condicionamentos: um de caráter horizontal e outro vertical; pelo primeiro, essas normas têm que ser idênticas para todas as unidades federativas envolvidas, e a todas abranger; pelo segundo, têm de cingir-se, efetivamente, às generalidades, sem descer a especificações, sem baixar a detalhamentos".[10]

Bom exemplo de tentativa de apartarem-se as normas gerais das demais se encontra na análise que foi procedida nessa seara quando da apreciação dos Estatutos de Licitações e Contratos pátrios. Alguns autores tentaram uma espécie de depuração, separando as regras ditas gerais: Toshio Mukai encarou a tarefa ainda quando da análise do Decreto-Lei nº 2.300/86;[11] da mesma forma, Alice Gonzalez Borges, no magistral *Normas gerais no estatuto*

---

[8] Texto reformulado pela Emenda Constitucional nº 19/98.
[9] *Princípios gerais de direito administrativo*.
[10] *Comentários à Constituição*, v. 3, p. 213.
[11] *Estatutos jurídicos de licitações e contratos administrativos*.

de licitações administrativos;[12] depois, Jessé Torres buscou informá-las, já debruçado sobre a Lei nº 8.666/93.[13] Outros poucos se dedicaram à tarefa, mas, como bem ponderou Alice Borges, o tema, tão palpitante, ainda há de ser amplamente refletido, debatido, examinado com profundidade, antes que se chegue a uma desejável cristalização de tendências e posicionamentos, pois, certo é que a matéria ainda não se aclarou em nosso ordenamento.

As normas gerais a serem instituídas pela Lei em comento giram em torno das licitações e contratações administrativas de parceria público-privada.

No direito público pátrio, em 1964, com a edição da Lei nº 4.401, o termo *licitação* passou a significar o procedimento administrativo prévio que a Administração Pública estabelece quando deseja adquirir algo ou contratar alguma obra ou serviço, substituindo a então consagrada expressão "concorrência pública". Derivado do latim *licitatione* (venda por lances), a expressão em português passou a definir o "ato ou efeito de licitar; oferta de lances em leilão ou hasta pública".[14] Dessa forma, *licitação* pode ser definida como o procedimento administrativo, de atos vinculados, por intermédio do qual o Poder Público busca conseguir a proposta mais vantajosa, seja para uma compra ou uma obra ou serviço.[15]

O contrato administrativo, por sua vez, é o acordo que a Administração Pública pactua com o particular visando à consecução de objetivos de interesse público, nas condições por ela estabelecidas.

A licitação é o antecedente obrigatório, de regra, do contrato administrativo (bem como dos demais contratos celebrados pelo Poder Público).

Deflui-se, de todo o exposto, que a Lei nº 11.079/04 deverá cingir-se, em todos os seus dispositivos, a regrar normas gerais que permitam a instauração do procedimento competitivo e o consequente ajuste com empresa individual (ou com estas reunidas

---

[12.] *Normas Gerais no Estatuto de Licitações e Contratos Administrativos.*
[13] *Comentários à Lei das Licitações e Contratações da Administração Pública.*
[14] FERREIRA, Aurélio Buarque de Hollanda. *Novo dicionário da língua portuguesa.*
[15] Não há na Lei Geral de Licitações um conceito de licitação. O art. 3º, contudo, define que ela "destina-se a garantir a observância do princípio constitucional da isonomia e a selecionar a proposta mais vantajosa para a Administração, e será processada e julgada em estrita conformidade com os princípios básicos da legalidade, da impessoalidade, da vinculação ao instrumento convocatório, do julgamento objetivo e dos que lhes são correlatos".

em consórcio), através do qual a ela será concedido o direito da prestação de serviços, empreendimento ou atividade de interesse público, em que deverá investir, com a garantia, no caso de insucesso, do contratante (Poder Público).

O parágrafo único, com texto modificado pela Lei nº 13.137/15, delimita o âmbito da norma, propugnando pela sua aplicação aos órgãos da Administração Pública direta dos Poderes Executivo e Legislativo, aos fundos especiais e às autarquias, fundações públicas, empresas públicas, sociedades de economia mista e demais entidades controladas direta ou indiretamente pela União, Estados, Distrito Federal e Municípios. Convém alertar, entretanto, que, diferentemente do preceituado pela Lei Geral de Licitações, a expressão "Administração" não tem caráter e sentido genérico, esgotando-se nas esferas dos Poderes Executivo e Legislativo, não se estendendo, por óbvias razões, ao Poder Judiciário.

Observe-se que a supracitada Lei nº 13.137/15 trouxe a possibilidade de o Poder Legislativo celebrar PPPs, tema que ganhou importância porque o Poder Executivo havia vetado uma norma similar, aprovada pelo Congresso Nacional, que explicitava a possibilidade de PPPs no Legislativo e no Judiciário. O dispositivo foi muito criticado, uma vez que abre a possibilidade de a Câmara dos Deputados celebrar parcerias para a construção de prédios, inclusive de um shopping center.

Rosane Lohbauer, Fernando Gallacci e Victor Santos comentaram a questão:

> Pela primeira vez no país propõe-se a elaboração de uma PPP capitaneada pelo Poder Legislativo. Em meio à crise política entre Parlamento e Executivo, a Câmara dos Deputados lança um ambicioso projeto de ampliação de suas instalações, em especial, para acomodar novos gabinetes de parlamentares, toda a estrutura de liderança política e, inclusive, uma garagem de mais de quatro mil vagas. O projeto foi anunciado por meio de procedimento de manifestação de interesse, publicado no DOU em 27 de março, bem como disponibilizado no site da Câmara. Dentre as justificativas apresentadas, foi elencado que nas últimas três décadas houve o crescimento de 326 para 513 no número de deputados federais, significando ampliação em 22% no número de parlamentares, representantes do povo brasileiro. Além disso, a construção de novos prédios se faz necessária, segundo consta do ato convocatório, pelo fato de o Palácio do Congresso Nacional ser tombado como Patrimônio Histórico da Humanidade, não podendo sofrer adaptações.

Apesar de o projeto ainda estar em fase de estudos, a possibilidade de contratação de PPPs pelos Poderes Legislativo e Judiciário é, no mínimo, passível de discussão. Isso porque recentemente o CNJ, em resposta à Consulta elaborada pela Corregedoria-Geral do TJ/MA, negou essa possibilidade por, dentre outras razões, ser necessária a edição de Lei específica prevendo a possibilidade de usar as PPPs para o exercício da função administrativa dos outros Poderes.[16]

No mais, preocupa-nos a indicação da possibilidade do uso das PPPs pelos fundos especiais, que configuram meras alocações financeiras destinadas por lei ao custeio de atividades específicas. Normalmente, os fundos não possuem personalidade jurídica e são administrados por um órgão.

O art. 71 da Lei nº 4.320/64 (que prescreve Normas Gerais de Direito Financeiro) estabelece que os fundos especiais consignam o produto de receitas especificadas que, por lei, se vinculam à realização de determinados objetivos ou serviços, facultada a adoção de normas peculiares de aplicação. Assim, a criação de um fundo especial pressupõe a definição de uma importante ação estatal que exija a alocação de recursos específicos em médio ou longo prazo.

Por outro lado, a CF veda a instituição de fundos de qualquer natureza, sem prévia autorização legislativa (inc. IX do art. 167).

Consoante Teixeira Machado Jr. e Heraldo Reis, são características dos fundos especiais:[17] (a) receitas especificadas – o fundo especial deve ser constituído de receitas específicas instituídas em lei ou outra receita qualquer, própria ou transferida, observando-se quanto a estas as normas de aplicação estabelecidas pela entidade beneficente. A Constituição da República veda a possibilidade da vinculação de impostos a fundos especiais, conforme disposto no art. 167, IV; (b) vinculação à realização de determinados objetivos ou serviços – ao ser instituído, o fundo especial deverá vincular-se à realização de programas de interesse da Administração, cujo controle é feito através dos orçamentos e contabilidade próprios. A lei que instituir o fundo especial deverá dispor sobre as despesas que

---

[16] LOHBAUER, Rosane; GALLACCI, Fernando; SANTOS, Victor. PPP Legislativa. Disponível em: http://www.madronalaw.com.br/artigo/ppp-legislativa/. Acesso em: 5. ago. 2016.
[17] *A Lei 4.320 Comentada*, 25. ed. IBAM.

serão financiadas pelas receitas; (c) normas peculiares de aplicação – a lei que instituir o fundo especial deverá estabelecer ou dispor sobre a destinação dos seus recursos; e (d) vinculação a determinado órgão da Administração.

Conclui-se, pois, que, caso o fundo não tenha personalidade jurídica e seja apenas um instrumento de administração financeira, não poderá firmar acordos de qualquer natureza, inclusive de PPP.

Nesse diapasão, a lição de Egon Bockmann Moreira:[18]

> A participação num dos polos da relação contratual pressupõe personalidade jurídica da parte. Logo, quem ocupará a posição de contratante (parceiro público, melhor dizendo) será a entidade a qual a lei atribuiu a administração do fundo especial.

Buscando não cair na mesma esparrela da Lei Geral de Licitações quanto à questão das normas gerais,[19] o autor da Lei das PPPs dividiu-a em duas partes: uma de alcance nacional e outra somente no âmbito federal.

Dessa forma, prescreve a Lei que os arts. 14 a 22, estabelecidos em capítulo apartado, aplicar-se-ão apenas à União. Não obstante, apesar dessa importante decisão do legislador, não é possível afirmar-se categoricamente que as supostas normas gerais da lei estão realmente enquadradas nessa categoria.

Ivan Barbosa Rigolin comenta com propriedade essa situação:

> Mesmo com relação a "normas gerais de contratação de PPPs", não se pode afirmar com segurança que tudo na Lei nº 11.079 são normas gerais. Por exemplo, a regra do art. 2º, §4º, inc. I, que proíbe contratos de PPP de valor inferior a R$20.000.000,00 (vinte milhões de reais),[20] e (inc. II) de prazo inferior a cinco anos, absolutamente não podem ser consideradas normas gerais de coisa alguma. Como poderia uma lei impor esses valores como regra geral aos municípios, cuja vida econômica diverge

---

[18] Estudos sobre parcerias público-privadas. In: CASTRO; TIMM (Org.). *Estudos sobre parcerias público-privadas*: breves notas sobre a parte geral da Lei das Parcerias Público-Privada. p. 45.

[19] Conforme já comentado, a Lei Geral de Licitações confundiu o ordenamento jurídico brasileiro quanto ao que seriam as normas gerais (de aplicação nacional), pois, evidentemente, os seus 126 artigos jamais poderiam integrar *in totum* esse patamar normativo.

[20] Hoje, em função de modificação introduzida pela Lei nº 13.529/17, o valor foi reduzido para R$ 10.000.000,00 (dez milhões de reais).

diametralmente da federal, sendo que suas necessidades objetivas de serviços e de obras não divergem, senão em qualidade.[21]

Por conseguinte, pactuamos plenamente com o jurista, quando defende que os municípios e até mesmo alguns estados podem editar leis próprias sem a observância rigorosa da Lei nº 11.079/04:

> Vale antes (...) a garantia constitucional do art. 30, inc. I, dada aos municípios para legislarem em assuntos de seu interesse localizado, a mesma que foi dada aos estados pelo art. 25 da Constituição — e isso, sim, são direitos e garantias de magnitude, indispensáveis ao pacto federativo e ao estado de direito.[22]

A possibilidade de empresas estatais e fundações públicas celebrarem contratos de concessão, como afirma o dispositivo, tem sido bastante questionada pelos estudiosos. Já expressamos opinião em outros trabalhos e em cursos e palestras que, em princípio, o concedente deverá ser sempre um ente federativo (União, estado, Distrito Federal ou município), alicerçando nosso entendimento na indelegabilidade da titularidade do serviço público. Por outro lado, também já propugnamos que essa regra não deve ser entendida como absoluta, de vez que poderá existir lei concedendo competência para tal. Dessa forma, consideramos que a Lei nº 11.079/04 buscou essa hipótese para expressamente autorizar que essas entidades da administração indireta celebrem acordos de PPPs.

A nosso ver, estão fora do âmbito subjetivo da Lei das PPPs as pessoas de direito privado com participação estatal que não estejam enquadradas no conceito de empresa pública ou de sociedade de economia mista, muito embora o diploma relacione no rol de aplicação "as demais entidades controladas direta ou indiretamente pela União, estados, Distrito Federal e municípios".

No mesmo diapasão, André Luiz Freire:

> Se uma pessoa privada possui uma participação relevante da União, por exemplo, mas que não lhe confira a maioria das ações com direito

---

[21] Comentários às leis das PPPs, dos Consórcios Públicos e das Organizações Sociais. São Paulo: Saraiva, 2008. p. 4.
[22] *Ibidem*, p. 5.

a voto (art. 5º, III, do Decreto-Lei nº 200/1967), não estará em pauta uma pessoa administrativa, não será uma sociedade de economia mista. A esta não será aplicável a Lei das PPPs. E isso por uma razão óbvia: tal pessoa privada com participação estatal não precisa realizar licitação pública; tampouco seus contratos são *administrativos*, mas sim privados. Logo, não há qualquer sentido em se falar na aplicação da Lei das PPPs a tais entes, já que esta versa sobre as licitações e os contratos de Parceria Público-Privada.[23]

Da mesma forma, como já expusemos no livro *A nova Lei das Estatais*,[24] só se permite falar de licitações e contratos nas empresas estatais exploradoras de atividades econômicas quando o objeto pretendido estiver voltado às suas atividades instrumentais, pois descabe o uso desses instrumentos jurídicos quando das operações finalísticas.

Tal procedimento, a nosso ver, também cabe para as PPPs que as estatais celebrarem com empresas privadas.

Explica-se: os §1º e 2º do art. 28 da Lei nº 13.303/16 (Lei das Estatais) dispõem sobre a obrigatoriedades das estatais realizem licitações. Já os §3º e 4º do mesmo preceptivo informam sobre a não observância desse procedimento em situações especiais.

> Art. 28. Os contratos com terceiros destinados à prestação de serviços às empresas públicas e às sociedades de economia mista, inclusive de engenharia e de publicidade, à aquisição e à locação de bens, à alienação de bens e ativos integrantes do respectivo patrimônio ou à execução de obras a serem integradas a esse patrimônio, bem como à implementação de ônus real sobre tais bens, serão precedidos de licitação nos termos desta Lei, ressalvadas as hipóteses previstas nos arts. 29 e 30.
> §1º Aplicam-se às licitações das empresas públicas e das sociedades de economia mista as disposições constantes dos arts. 42 a 49 da Lei Complementar nº 123, de 14 de dezembro de 2006 .
> §2º O convênio ou contrato de patrocínio celebrado com pessoas físicas ou jurídicas de que trata o §3º do art. 27 observará, no que couber, as normas de licitação e contratos desta Lei.
> §3º São as empresas públicas e as sociedades de economia mista dispensadas da observância dos dispositivos deste Capítulo nas seguintes situações:

---

[23] FREIRE, André Luiz. Comentários aos arts. 1º, 2º e 3º da Lei das PPPs. In: *Parcerias Público-Privadas*: teoria geral e aplicação nos setores de infraestrutura. Coordenação de Augusto Neves Dal Pozzo, Rafael Valim, Bruno Aurélio e André Luiz Freire. Belo Horizonte: Fórum, 2014.
[24] BITTENCOURT, Sidney. *A nova lei das estatais*. Leme: JH Mizuno, 2017. p. 65.

I – comercialização, prestação ou execução, de forma direta, pelas empresas mencionadas no caput, de produtos, serviços ou obras especificamente relacionados com seus respectivos objetos sociais;
II – nos casos em que a escolha do parceiro esteja associada a suas características particulares, vinculada a oportunidades de negócio definidas e específicas, justificada a inviabilidade de procedimento competitivo.

§4º Consideram-se oportunidades de negócio a que se refere o inciso II do §3º a formação e a extinção de parcerias e outras formas associativas, societárias ou contratuais, a aquisição e a alienação de participação em sociedades e outras formas associativas, societárias ou contratuais e as operações realizadas no âmbito do mercado de capitais, respeitada a regulação pelo respectivo órgão competente.

Sobre o dispositivo, comentamos:[25]

O §3º assenta que as empresas estatais estão liberadas de observância aos dispositivos referentes às licitações nas seguintes situações: (a) comercialização, prestação ou execução, de forma direta, de produtos, serviços ou obras especificamente relacionados com seus respectivos objetos sociais; e (b) quando a escolha do parceiro estiver associada a suas características particulares, vinculada a oportunidades de negócio definidas e específicas, justificada a inviabilidade de procedimento competitivo.
Evidentemente, para atuarem, as estatais, como qualquer empresa, precisam celebrar contratos com terceiros. Tais ajustes poderão consignar contratações de bens, serviços ou obras destinadas ao desenvolvimento normal de seus trabalhos, ou, por outro lado, ser inerentes à própria atividade para a qual foram criadas.
Inteligentemente, o legislador considerou essa distinção ao estabelecer os dois parâmetros para a não adoção das formas licitatórias.
Destarte, as regras do inc. I do §3º, que desobrigam as estatais da aplicação de procedimentos licitatórios nos casos de comercialização, prestação ou execução, de forma direta, de produtos, serviços ou obras especificamente relacionados com seus respectivos objetos sociais, intencionam assegurar a competitividade. Nesse caso, foram atendidas não só as observações da doutrina, mas as orientações do TCU, que apontavam no sentido de que as empresas estatais não precisariam licitar atividades-fim.
Já as normas do inc. II, que afastam a aplicação quando a escolha do contratado (parceiro) estiver associada a características particulares, vinculada a oportunidades de negócio definidas e específicas, objetivam

---

[25] *A Nova Lei das Estatais*: Novo Regime de Licitações e Contratos nas Empresas Estatais. Leme: JH Mizuno, 2017.

o fomento das operações no mercado de capitais. Nessa hipótese, o §4º indica o que seria essa oportunidade de negócios: "a formação e a extinção de parcerias e outras formas associativas, societárias ou contratuais, a aquisição e a alienação de participação em sociedades e outras formas associativas, societárias ou contratuais e as operações realizadas no âmbito do mercado de capitais, respeitada a regulação pelo respectivo órgão competente". (...) tem razão Ronny Charles, que considera essa descrição exemplificativa, não exaurindo a possibilidade de que outras relações negociais se enquadrem na referida circunstância.[26]

Bernardo Strobel Guimarães chega a visualizar que o inciso delineia mais uma situação de inexigibilidade de licitação, considerando que o próprio dispositivo encerra seu texto mencionando que está "justificada a inviabilidade de procedimento competitivo":

> Cuida-se de tema importantíssimo na prática, que não havia sido ainda objeto de disciplina detalhada por parte do legislador. Nada obstante a ausência de normas expressas sobre o tema, diversas estatais passaram a explorar atividades de negócio ao lado de seus objetivos primários. Isso com vistas a assegurar as mais diversas metas, tais como: acesso a setores estratégicos, para dispersar riscos, para promover a inovação tecnológica, etc. (...) Logo, é claro o afastamento da licitação para a exploração das chamadas "oportunidades de negócio". Aqui, o tema deve ser encarado sobre a ótica da gestão da empresa e da seleção a partir de critérios técnicos empresariais. Toda vez que o negócio a ser estruturado não constituir a aquisição pura e simples de bens e serviços (o que exige licitação, cf. art. 28, *caput*), a seleção do parceiro deve se pautar pela lógica da inexigibilidade de licitação. Isso porque não há aqui a possibilidade de se criar uma métrica objetiva para a seleção do parceiro a ser escolhido para explorar o que a Lei chamou de "oportunidade de negócio". Note-se, portanto, que a parte final da redação do art. 28, §3º, II (que diz "justificada a inviabilidade de procedimento competitivo") não é um convite velado à realização da licitação. A referida justificativa serve exatamente para indicar que o vínculo a ser celebrado constitui uma verdadeira "oportunidade de negócio" e não a celebração de um contrato ordinário. Em se estando diante de uma verdadeira "oportunidade de negócio", o caso será de inexigibilidade, ainda que possa haver outros particulares (em tese) capazes de celebrar vínculo dessa natureza com a empresa estatal.[27]

---

[26] As licitações públicas na nova Lei das Estatais: Lei Federal nº 13.303/2016. *Revista Síntese Direito Administrativo – RSDA*, n. 130, set. 2016.
[27] *As joint ventures* das empresas estatais na Lei 13.303/16: inexigibilidade de licitação. Disponível em: http://www.zenite.blog.br/as-joint-ventures-das--empresas-estatais-na-lei-l3-30316-inexigibilidade-de-licita cao/#.V7b-5fkrLlU. Acesso em: 10 out. 2019.

A indicação no texto da Lei das Estatais de "obras especificamente relacionados com seus respectivos objetos sociais" causou espécie a alguns intérpretes. Marçal Justen,[28] por exemplo, considerou que a solução adotada se diferenciou do entendimento doutrinário que admitia o afastamento das regras licitatórias em relação às atividades-fim das estatais exploradoras de atividade econômica, entendendo que houve superação do entendimento do TCU.

Em nossa ótica, contudo, não vislumbramos mudanças, mas, sim, maior aprofundamento da questão, buscando o legislador burilar a matéria.

É o que também obtemperaram Dawison Barcellos e Ronny Charles, ao aduzirem que o critério adotado "acabou se aproximando do critério anterior (atividade-fim), mas guardando maior objetividade, uma vez que a identificação das atividades vinculadas ao objeto social pode ser feita sem a questionável discussão do que efetivamente se caracteriza como atividade-fim, em uma realidade negocial na qual é muito comum a celebração de parcerias entre empresas, para o exercício de determinada atividade econômica":

> A opção do legislador de utilizar como referência o objeto social parece mais adequada, pois permite que a própria estatal defina suas atividades principais, as quais pretende executar como atividade econômica para geração de receitas, com repercussões na área tributária e também administrativa.[29]

Cabe ainda registrar que, na categoria de demais entidades controladas direta ou indiretamente pela União, estados, Distrito Federal e municípios estariam ainda inseridas as chamadas "entidades atípicas", ou seja, as pessoas jurídicas que contam com participação societária estatal, mas que não foram criadas por lei, bem como as cujo poder de controle o Estado assume devido à liquidação de débitos públicos.

---

[28] A contratação sem licitação nas empresas estatais. *In*: *Estatuto jurídico das empresas estatais*: Lei 13.303/2016. Organização de Marçal Justen Filho. São Paulo: Revista dos Tribunais, 2016.
[29] BARCELOS, Dawison; TORRES, Ronny Charles Lopes de. *Licitações e contratos nas empresas estatais*. Salvador: Juspodivm, 2018. p. 178.

Considerando que essa abrangência significa a firme intenção de ampla incidência sobre todas as pessoas jurídicas submetidas ao poder de controle pelos mais diversos instrumentos societários, desde a detenção da maioria do capital social (inclusive nas subsidiárias) até a ação *golden share*, passando pelos acordos de acionistas, gerando especial atenção quanto à perenidade desses instrumentos de controle, Egon Bockmann Moreira, observa:

> Ora, as parcerias público-privadas não podem durar menos do que cinco anos. Nessa medida, é requisito para a implementação nas "demais entidades" que os instrumentos de controle societário prevejam expressamente um prazo mínimo de vigência superior a tal lapso. Por exemplo, não será possível a condução de uma PPP caso a entidade promotora seja controlada pelo Estado através de um acordo de acionistas com prazo indeterminado ou com prazo cujo termo final encerrar-se-á antes do quinto ano da celebração do contrato de parceria público-privada.[30]

E complementa, comentando os desdobramentos quanto às privatizações e à cessão da posição contratual pública nas PPPs:

> Na medida em que a configuração do polo ativo exige uma complexidade de elementos (inclusive no que tange às parcelas de riscos assumidas pelos parceiros), parece impossível a cessão do contrato para terceiros, pois haveria um sério desnaturamento da contratação. Isso significa que a celebração das parcerias público-privadas implicará restrição à privatização das empresas que figurarem em seu polo ativo – a não ser que permanecesse intacto não só o contrato, mas também o controle societário público no que diz respeito à PPP (quem sabe através de uma *golden share* – mas só esta seria uma garantia muito pequena). O que autoriza a cogitação, numa hipótese remota, da necessidade da rescisão contratual, acompanhada da plena e prévia indenização do parceiro privado (lucros cessantes e danos emergentes) como pressuposto à futura privatização.[31]

---

[30] Breves notas sobre a parte geral da Lei das Parcerias Público-Privadas. *In*: CASTRO, José Augusto Dias; TIMM, Luciano Benetti (Org.). *Estudos sobre parcerias público-privadas*: breves notas sobre a parte geral da Lei das Parcerias Público-Privada. São Paulo: Thomson-Iob, 2006. p. 149.

[31] *Ibidem*, p. 150.

Art. 2º Parceria público-privada é o contrato administrativo de concessão, na modalidade patrocinada ou administrativa.

§1º Concessão patrocinada é a concessão de serviços públicos ou de obras públicas de que trata a Lei nº 8.987, de 13 de fevereiro de 1995, quando envolver, adicionalmente à tarifa cobrada dos usuários contraprestação pecuniária do parceiro público ao parceiro privado.

§2º Concessão administrativa é o contrato de prestação de serviços de que a Administração Pública seja a usuária direta ou indireta, ainda que envolva execução de obra ou fornecimento e instalação de bens.

§3º Não constitui parceria público-privada a concessão comum, assim entendida a concessão de serviços públicos ou de obras públicas de que trata a Lei nº 8.987, de 13 de fevereiro de 1995, quando não envolver contraprestação pecuniária do parceiro público ao parceiro privado.

§4º É vedada a celebração de contrato de parceria público-privada:

I – cujo valor do contrato seja inferior a R$ 10.000.000,00 (dez milhões de reais); (Redação dada pela Lei nº 13.529/2017)

II – cujo período de prestação do serviço seja inferior a 5 (cinco) anos; ou

III – que tenha como objeto único o fornecimento de mão de obra, o fornecimento e instalação de equipamentos ou a execução de obra pública.

Artigo 2º

O projeto de lei que deu origem ao diploma legal estendia-se na conceituação, prelecionando que a PPP seria um acordo firmado entre a Administração Pública e ente privado que estabeleceria um vínculo jurídico para a implantação de empreendimentos sobre a responsabilidade do segundo. O texto final da Lei, entrementes, foi supereconômico – para não dizer que simplesmente nada definiu –, apenas informando que se trata de *contrato administrativo de concessão*, subdivido em duas modalidades: *patrocinada* e *administrativa*, tendo os parágrafos 1º e 2º conceituando-as.

O instituto da concessão até então adotado pela Administração Pública, em que pese toda a polêmica existente referente à sua natureza contratual, constitui-se numa espécie de contrato de que se vale a Administração Pública para a prestação de serviços públicos, estando prevista na Constituição Federal no art. 175, *verbis*:

> Art. 175. Incumbe ao Poder Público, na forma da lei, diretamente ou sob regime de concessão ou permissão, sempre através de licitação, a prestação de serviços públicos.
> Parágrafo único. A lei disporá sobre:
> I – o regime das empresas concessionárias e permissionárias de serviços públicos, o caráter especial de seu contrato e de sua prorrogação, bem como as condições de caducidade, fiscalização e rescisão da concessão ou permissão;
> II – os direitos dos usuários;
> III – política tarifária;
> IV – a obrigação de manter serviço adequado.

Em nível infraconstitucional, regra-a, como já esposado, a Lei nº 8.987/95, que distingue dois tipos de concessão: de *serviço público*, simplesmente, e de *serviço público precedido de execução de obra pública*. Os incs. II e III do art. 2º da Lei nº 8.987/95 definem:

> ✓ *Concessão de serviço público*: a delegação de sua prestação, feita pelo poder concedente, mediante licitação, na modalidade de concorrência, à pessoa jurídica ou consórcio de empresas que demonstre capacidade para seu desempenho, por sua conta e risco e por prazo determinado (inc. II).
> ✓ *Concessão de serviço público precedida da execução de obra pública*: a construção, total ou parcial, conservação, reforma, ampliação ou melhoramento de quaisquer obras de interesse público, delegada pelo poder concedente, mediante licitação, na modalidade de concorrência, a pessoa jurídica ou consórcio de empresas que demonstre capacidade para a sua realização, por sua conta e risco, de forma que o investimento da concessionária seja remunerado e amortizado mediante a exploração do serviço ou da obra por prazo determinado (inc. III).

Trata-se, consoante dicção de Benedicto de Tolosa, da faculdade que possui o Poder Público de abrir mão da administração da atividade que lhe é inerente, à iniciativa privada, para que esta execute os serviços que serão colocados à disposição da sociedade, uma vez que a obrigatoriedade da regularidade dos serviços permanece inerente ao poder concedente, que deverá zelar pelos mesmos em face do dever de fiscalização.[32]

---

[32] *Lei das concessões e permissões de serviços públicos comentada e anotada.* Rio de Janeiro: Aide, 1995.

Em síntese, a concessão pode ser definida como o contrato por intermédio do qual o Estado atribui a alguém a prestação de um serviço público[33] e este passa a executá-lo em seu nome, sob condições preestabelecidas, sendo para tal remunerado através da própria exploração do serviço (normalmente por intermédio de cobranças de tarifas).

A *Concessão Patrocinada* (§1º) nada mais é do que a concessão já existente no ordenamento pátrio, ou seja, a que consta na Lei Geral de Concessões (Lei nº 8.987/95),[34] com um adicionamento de suma importância: o Poder Público garante ao concessionário um adicional à tarifa cobrada dos usuários, isto é, haverá sempre uma contraprestação pecuniária do parceiro público.

Tal fato tem como fundamento a necessidade de estímulo ao investimento privado em setores nada interessantes financeiramente, como por exemplo, a construção e a gestão de uma estrada em local pouco procurado, sem atrativos turísticos ou financeiros.

Assim, além da tarifa cobrada, o concessionário receberá do Poder Público uma complementação pecuniária, o que tornará viável o empreendimento.

Por conseguinte, a fundamental distinção entre a concessão patrocinada e a concessão tradicional reside na maneira de remuneração: na concessão patrocinada, a Administração Pública complementa a tarifa com uma remuneração pecuniária; na concessão tradicional, a tarifa cobrada é a base da remuneração, podendo o concessionário ser ainda remunerado por receitas

---

[33] Carlos Pinto Coelho Motta chama a atenção para a expressão "serviços" na Lei das PPPs, entendendo, com propriedade, que esteja empregada, e deva ser interpretada, de modo a descortinar um vasto e variado universo potencial de objetos de interesse público, incluindo atividades, empreendimentos, instalações e utilidades, notadamente na área de infraestrutura (*Eficácia nas Licitações & Contratos*. 10. ed. Belo Horizonte: Del Rey, 2005).

[34] A Lei nº 8.987, no art. 2º, inciso II, define a concessão de serviço público como "a delegação de sua prestação, feita pelo poder concedente, mediante licitação, na modalidade concorrência, à pessoa jurídica ou consórcio de empresas que demonstre capacidade para seu desempenho, por sua conta e risco e por prazo determinado". Com justa razão, Zanella Di Pietro critica esse conceito legal, que considera imperfeito, asseverando que, apesar de conter os elementos necessários para a caracterização adequada dessa modalidade contratual, peca por não se referir à concessão como contrato e por não indicar a forma de remuneração que lhe é característica, qual seja, a tarifa paga pelo usuário ou outra fonte de receita ligada à própria exploração do serviço (*Parcerias na Administração Pública*: concessão, permissão, franquia, terceirização, parceria público-privada e outras formas).

alternativas, como dispõe o art. 11 da Lei nº 8.987/95,[35] desde que estas não envolvam pagamentos de natureza pecuniária feitos pela Administração Pública. Além dessa diferenciação, uma outra, também de curial importância com o surgimento das PPPs: a distribuição dos riscos nos empreendimentos. Na concessão tradicional, a assunção da execução da obra ou serviço pelo concessionário ocorre por sua conta e risco (art. 2º, incs. II, III e IV, da Lei nº 8.987/95), já nas concessões patrocinadas, o art. 4º, inc. VI, da Lei nº 11.079/2004 preconiza a repartição de riscos entre as partes como uma das diretrizes das PPPs.

Gustavo Binenbojm elenca os motivos econômicos que ensejaram a instituição das PPPs no Brasil, justificando a previsão de uma contraprestação pecuniária do parceiro público ao privado, como forma de criar o ambiente de atratividade necessário para seduzir os investidores particulares:[36] (I) o esgotamento da capacidade de endividamento do Estado, em um ambiente político que valoriza a responsabilidade fiscal e o régio cumprimento das obrigações assumidas pelo governo brasileiro com seus credores nacionais e internacionais. Tal circunstância reduz significativamente a capacidade de investimento do Poder Público em infraestrutura e serviços públicos, gerando os conhecidos "gargalos" estruturais e aumentando o chamado custo Brasil. Daí a enorme demanda por investimentos privados para o financiamento desses setores, o que, todavia, pressupõe a criação de condições favoráveis por parte do Poder Público; (II) o exaurimento progressivo dos serviços públicos econômicos autossustentáveis, o que inviabiliza a opção pelo formato da concessão comum. Rodovias cuja receita com pedágio não cubra os custos de operação e manutenção (ou o investimento inicial na construção, recuperação ou ampliação da infraestrutura), embora não sejam rentáveis para a iniciativa privada, podem vir a proporcionar um retorno econômico e social extremamente positivo.

---

[35] Lei nº 8.987/95: Art. 11. No atendimento às peculiaridades de cada serviço público, poderá o poder concedente prever, em favor da concessionária, no edital de licitação, a possibilidade de outras fontes provenientes de receitas alternativas, complementares, acessórias ou de projetos associados, com ou sem exclusividade, com vistas a favorecer a modicidade das tarifas, observado o disposto no art. 17 desta lei.

[36] As parcerias público-privadas (PPPs) e a Constituição. In: BINENBOJM, Gustavo. Temas de direito administrativo e constitucional: artigos e pareceres. Rio de Janeiro: Renovar, 2008.

A *Concessão Administrativa*, segunda modalidade de PPP, está delineada no §2º. Consoante o preceptivo, refere-se a contrato de prestação de serviços do qual a Administração Pública seja usuária direta ou indiretamente, ainda que envolva execução de obra ou fornecimento e instalação de bens.[37]

A definição estabelecida no §2º, não obstante os diversos debates e as várias reuniões visando produzir um texto legislativo seguro, é deveras inconsistente. Poder-se-ia concluir, numa análise preliminar do texto normativo, que o dispositivo apenas repete o regramento dado ao assunto pela Lei nº 8.666/93, conforme avaliou Raposo Lopes, que deduziu que "o que a lei optou chamar de concessão administrativa nada mais é que a prestação de serviços *sic et simpliciter*, regida, pois, pela Lei Geral de Licitações".[38]

Carradas de razões tem o intérprete ao estranhar o texto legal, que, sem sombra de dúvida, é de péssima técnica redacional. O texto também causou estranheza a José dos Santos Carvalho Filho, que concluiu que a lei "ficou confusa", dando margem a dúvidas:

> De logo, fala-se em prestação de serviços sem qualquer especificação quanto à sua natureza. Ademais, diz-se que os serviços se destinam à Administração como usuária direta ou indireta; mas o que significa ser "usuário direto ou indireto" do serviço? (...) Verifica-se, pois, que a concessão administrativa constitui mero pretexto para atrair investimento do setor privado e, como o concessionário é pessoa privada e persegue lucros, fica no espírito do intérprete séria dúvida sobre a

---

[37] A modalidade já é adotada internacionalmente há tempos, mas com concepção um pouco diversa da agora estabelecida no Brasil. Na Espanha, por exemplo, Florentino Quevedo conceitua concessão administrativa como "um ato da Administração em virtude do qual se cria sobre bens de domínio público, em favor de um particular, um direito subjetivo de uso, aproveitamento e exploração exclusiva. É um ato oficial ou de soberania dirigido à constituição de um direito real sobre coisas ou elementos de domínio público. (...) A concessão administrativa, em geral, mesmo quando supõe um acordo de vontades e adota a forma contratual, é na essência, um ato de soberania, que leva ínsita a idéia de revogabilidade" (QUEVEDO VEGA, Florentino. *Derecho español de minas*: tratado teórico practico. Madrid: Editorial Revista de Derecho Privado, 1964). Por sua vez, Niceto Zamora, menos enfático, assim a define: "A concessão administrativa participa das características de um verdadeiro contrato, mas é, ao mesmo tempo, um ato de poder que envolve a transmissão parcial do domínio público, que, uma vez criada, vem a ser uma exploração sempre limitada por esse domínio público" (ALCALÁ ZAMORA, Niceto. *La Concesión como Contrato y como Derecho Real*. Madrid, 1918).
[38] Anotações preliminares à Lei nº 11.079/04: parceria público-privada. *Boletim de Licitações e Contratos – BLC*, p. 12.

dimensão da contraprestação a que será sujeita a Administração no caso de contratação dessa espécie.[39]

Por sua vez, Zanella Di Pietro, também desassossegada com o dispositivo, aduz que "o conceito peca pela falta de clareza", chegando a apontar que "causa certa perplexidade".[40]

Do mesmo modo, Marco Antônio de Rezende Teixeira demonstrou preocupação com as concessões administrativas:[41]

> O que significa ser "usuário direto ou indireto" do serviço, na forma do art. 2º, §2º, da Lei das PPPs? De que tipo de prestação de serviço se está a falar? Qual seu objeto? Uma opção é, com base na justificativa do projeto de lei elaborado pelo Executivo, entendermos que a lei quis dar em concessão diversas atividades comumente desempenhadas pela Administração, em áreas nas quais se fizerem necessários investimentos privados, "suprindo demandas desde as áreas de segurança pública, habitação, saneamento básico, até as de infraestrutura viária ou elétrica", e ainda educação, tecnologia etc. Isso, de qualquer forma, não despista a existência de outras infirmezas na lei, nem o fato de que a concessão administrativa pode servir como "mero pretexto para atrair investimentos do setor privado".

Enxerga-se, após uma apreciação mais cuidadosa, que a *Concessão Administrativa* não seria outra coisa senão a concessão comum, ou seja, aquela já existente no direito brasileiro, com contraprestação pecuniária do Estado. Tal conclusão, todavia, só se torna possível após a leitura do parágrafo seguinte (§3º), que indica que uma concessão comum (baseada na Lei nº 8.987/95) sem contrapartida do Poder Público não deve ser considerada como PPP.

Ainda assim, permanece confusa a questão, diante da aparente semelhança entre as duas modalidades.

O que realmente difere uma da outra é que, na primeira (*patrocinada*), o usuário paga tarifa; na segunda (*administrativa*), não existe tal pagamento. Na *Concessão Administrativa*, o parceiro privado é remunerado somente pelo Estado. Dessa forma, funciona como uma

---

[39] *Manual de direito administrativo.* 15. ed. Rio de Janeiro: Lumen Juris, 2006. p. 562.
[40] *Parcerias na Administração Pública*: concessão, permissão, franquia, terceirização, parceria público-privada e outras formas. 5. ed. São Paulo: Atlas, 2005.
[41] Parcerias público-privadas: aspectos histórico-teóricos e experiências práticas. Disponível em: http://www.imda.com.br/conteudo.php?p=artigos. Acesso em: 05 jun. 2010.

concessão de serviço público precedida ou não de obra pública, não havendo, contudo, o usuário particular do serviço (pelo menos, diretamente), uma vez que esse usuário será unicamente a Administração.[42] Explica-se: na *Concessão Patrocinada*, a execução do serviço público é delegada ao concessionário, que assumirá a gestão e a execução – assim como na concessão de serviços públicos tradicional; já na *Concessão Administrativa*, o concessionário apenas assumirá a execução de uma atividade prestada à Administração, mas não a gestão, que será de responsabilidade exclusiva do Poder Público.[43]

Em função de tudo que foi exposto, é possível conceituar a Parceria Público-Privada (PPP) como um contrato administrativo de longa duração, com compartilhamento de riscos, cuja remuneração ocorre apenas após a efetiva execução de seu objeto pelo parceiro privado, tendo garantia de rentabilidade por parte da Administração Pública.

Impende destacar que há marcos estabelecidos para essa modalidade de concessão, que são as vedações constantes do

---

[42] Além da concessão administrativa de serviços ao Estado, espécie do gênero contrato de prestação de serviços, mediante o qual utilidades são oferecidas à própria Administração Pública, sua usuária direta, Binenbojm sustenta a possibilidade da *concessão administrativa de serviço público*, espécie do gênero concessão de serviço público, com prestação direta ao usuário, sem cobrança de qualquer tarifa, e sendo o concessionário remunerado por contraprestação pecuniária do Poder Público (em conjunto ou não com outras receitas alternativas). Realça o intérprete que, em tal hipótese, o Poder Público há de ser considerado usuário indireto dos serviços, uma vez que estes são prestados diretamente pela concessionária à população (exemplificando com a hipótese de um serviço de coleta de lixo, sem cobrança de tarifa dos usuários diretos) (As parcerias público-privadas (PPPs) e a Constituição. In: BINENBOJM, Gustavo. *Temas de direito administrativo e constitucional*: artigos e pareceres. Rio de Janeiro: Renovar, 2008).

[43] Zanella Di Pietro, considerando que o conceito disposto no §2º do art. 2º causa estranheza, uma vez que alguns dos dispositivos indicados na Lei pressupõem a gestão de serviço pelo concessionário (exemplos: art. 31, que inclui, entre os encargos da concessionária, o de prestar contas da gestão do serviço ao poder concedente e aos usuários; art. 32, que prevê a intervenção para assegurar a adequação na prestação do serviço; art. 34, que estabelece que, ao término da intervenção, a administração do serviço será devolvida à concessionária; §2º do art. 35, que prevê, ao término da concessão, a imediata assunção do serviço pelo poder concedente), conclui que é evidente que em um contrato de empreitada que tenha por objeto a simples execução material de uma atividade não se justificam poderes como esses: "Diante disso, pode-se dizer que os dispositivos citados, da Lei nº 11.079, desmentem, de certa forma, a ideia que se quis passar com a regra do artigo 2º, §2º, de que se trataria de contrato de prestação de serviços. Na realidade, a interpretação sistemática da lei permite concluir que a concessão administrativa tanto pode ter, eventualmente, por objeto a execução material de atividade (aproximando-se da empreitada), como a gestão de serviço público (como na concessão de serviço público comum e na concessão patrocinada), que é o real objetivo do legislador" (*Parcerias na Administração Pública*. 5. ed. São Paulo: Atlas, 2005. p. 158).

§4º do art. 2º c/c art. 5º, I: (a) o investimento feito pelo particular não poderá ser inferior a R$ 10.000.000,00 (dez milhões de reais), conforme redação dada pela Lei nº 13.529/17; (b) o lapso temporal para a execução do serviço não poderá ser inferior a 5 (cinco) anos nem superior a 35 (trinta e cinco) anos; e (c) objeto do contrato não poderá constituir unicamente o fornecimento de mão de obra, o fornecimento ou instalação de equipamentos ou a execução de obra pública.

É possível vislumbrar a aplicação prática de PPP na modalidade *Concessão Administrativa* nos sistemas prisionais e hospitalares, com a entidade privada assumindo a responsabilidade da gestão eficiente de prisões ou hospitais, auferindo, por tal serviço, uma contraprestação pecuniária atrativa paga pelo Estado (sendo possível, nos termos da Lei, apor cláusulas contratuais que determinem certas obrigações de execuções de obras ou instalações de bens).[44]

O que consideramos bastante preocupante na aplicação prática das concessões administrativas é a sua adoção com desvio de finalidade, sendo utilizada a modalidade nas hipóteses em que seria aplicável o procedimento dos contratos administrativos da Lei Geral das Licitações. Não se pode conceber que simples contratos de manutenção ou limpeza, por exemplo, alcancem a duração de até 35 (trinta e cinco) anos, com fuga proposital e irresponsável dos prazos máximos previstos no art. 57 da Lei Geral.[45] [46]

---

[44] No âmbito federal, concessão administrativa foi adotada no chamado "Complexo Datacenter", firmada a PPP com o Consórcio Datacenter (Banco do Brasil e Caixa Econômica Federal), pelo prazo de 15 anos, no valor de R$ 1 bi (um bilhão de reais), tendo como objeto a prestação de serviços de gerenciamento, manutenção e operação da infraestrutura predial do complexo, a ser edificado em terreno de propriedade do Banco do Brasil, em Brasília, com o intuito de abrigar infraestrutura de TI na modalidade de "CO-LOCATION". Outro exemplo foi a concessão administrativa celebrada no Estado da Bahia de área de saneamento básico, visando à construção, operação e manutenção de Sistema de Disposição Oceânica do Jaguaribe. A contratação, feita pela EMBASA (Empresa Baiana de Água e Saneamento), sendo o serviço prestado diretamente a esta, a qual será responsável por remunerar 100% o parceiro privado.

[45] Sobre a duração dos contratos administrativos, vide nosso artigo "A questão da duração dos contratos administrativos". Disponível em: http://www.direitopublico.com.br/pdf_9/ DIALOGO-JURIDICO-09-DEZEMBRO-2001-SIDNEY-BITTENCOURT.pdf. Acesso em: 05 jul. 2016.

[46] O Tribunal de Justiça do Estado de São Paulo se manifestou a respeito da diferenciação entre as formas de PPPs (patrocinada e administrativa): Apelação Cível nº 705.857-5/9-00 – Ementa licitação. Parceria Público-Privada por meio de concessão administrativa, para ampliação e melhoria do sistema produtor do Alto Tietê. Mandado de Segurança.

Impende acrescentar que Celso Bandeira de Mello faz pesadas críticas à concepção dada pela Lei para as Concessões Administrativas, por entender que é praticamente impossível conceber um serviço que possa ser mantido por meras tarifas, nas quais a Administração compareça como simples usuária, mas na quantidade e frequência suficiente para acobertar tais serviços, notadamente se envolverem também a execução de obra ou implantação de bens:

> Logo, o que a Administração teria que pagar para acobertar os dispêndios da prestação do serviço, embora devesse ser uma tarifa, não seria tarifa alguma, mas uma remuneração contratual como qualquer outra — o que, evidentemente, descaracterizaria a parceria como uma concessão. Deveras, não basta chamar um contrato de prestação de serviços como concessão para que ele adquira, como em um passe de mágica, esta qualidade. Também não basta chamar de tarifa o pagamento feito ao prestador de serviço em um contrato desta índole para que tal pagamento se converta em tarifa e o dito contrato se transforme em uma

---

Invocação de irregularidades no edital. Inexistência. Segurança denegada recurso improvido. Acórdão. Relatório 1. Mandado de Segurança impetrado com objetivo de invalidar edital de concorrência pública internacional, destinado à Parceria Público Privada por meio de concessão administrativa, para ampliação e melhoria do sistema produtor do alto Tietê foi denegado pela r. sentença de fls., cujo relator o se adota. Apela a impetrante. Invoca: (...) c) violação do art. 2º, §4º, III, da lei 11.07 9/04; (...). O recurso processou-se regularmente. Pelo improvimento, o parecer da Douta Procuradoria da Justiça. VOTO: (...) Alega a apelante, também, infração ao disposto no art. 2º, §4º, da lei n. 11.079/04, que instituiu normas gerais para licitação e contratação de parceria público e privada no âmbito da administração pública. Esse dispositivo veda a celebração de contrato de parceria público privada em três hipóteses. A primeira se refere a contrato com valor inferior a R$20.000.000,00 (vinte milhões de reais) [hoje, R$10.000.000,00, em função de alteração imposta pela Lei nº 13.529/17]. A segunda, a período de prestação de serviços inferior a cinco (5) anos; a terceira, a contrato que tenha como objeto único o fornecimento de mão de obra, o fornecimento e instalação de equipamentos ou a execução de obra pública. O contrato a que se refere a licitação, ao contrário do que sustenta a apelante, não tem como objeto exclusivo a realização de obra. Compreende não só a obra como também a prestação do serviço pela vencedora. Como bem salientou o ilustre magistrado de primeiro grau, há somatória de obra e serviço, com inegável supremacia deste último. Não se pode dizer, portanto, que se trate de contrato que tenha como objeto único o fornecimento de mão de obra, ou a execução de obra pública. Não é verdade, pois, que o contrato represente uma fraude à proibição expressa de Parceria Público-Privada na espécie. (...) *Relativamente à ausência de justificativa para o preço máximo unitário, é preciso considerar que foi ele aprovado em reunião do Conselho Gestor das PPPs, e faz parte do processo interno da licitação, franqueado a todos os interessados. Desnecessária, na espécie, a autorização legislativa, eis que o art. 10, §3º, da lei 11.079, se refere a concessões patrocinadas, sendo que a concessão de que se trata é administrativa, e não patrocinada.* (...) 3. Isso posto nego provimento ao recurso. Márcio Franklin Nogueira – Relator. (*grifo nosso*)

concessão; assim como não bastaria chamar uma cadeira de alto-falante para poder irradiar sons por meio dela.[47]

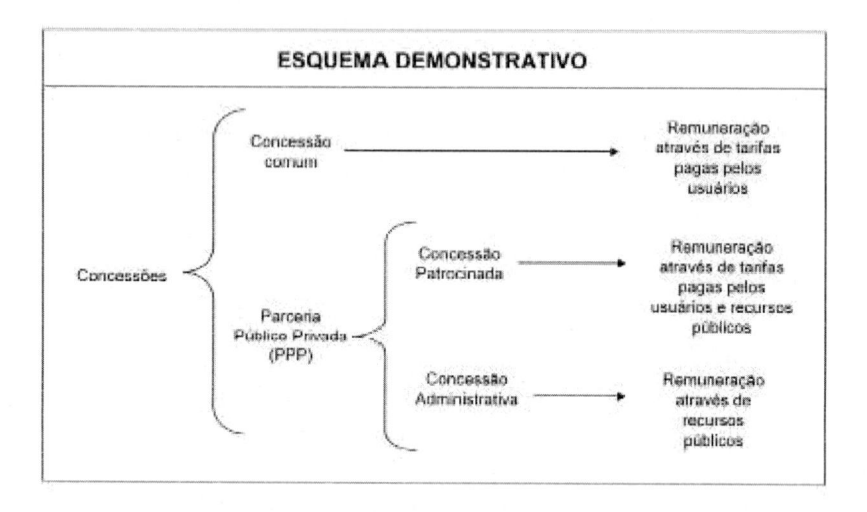

ESQUEMA DEMONSTRATIVO

```
                    Concessão ──────────────────→ Remuneração
                    comum                          através de tarifas
                                                   pagas pelos
                                                   usuários

Concessões {        Concessão ──────────────────→ Remuneração
                    Patrocinada                    através de tarifas
                                                   pagas pelos
         Parceria                                  usuários e recursos
         Público Privada                           públicos
         (PPP)
                    Concessão ──────────────────→ Remuneração
                    Administrativa                 através de
                                                   recursos
                                                   públicos
```

Como já esposado, ao elencar hipóteses de vedação para a celebração de contratos de parcerias público-privadas, a Lei definiu, no §4º do art. 2º, as condições específicas para a formalização:
   a) o valor a ser despendido deve, obrigatoriamente, ser superior a R$ 10.000.000,00 (dez milhões de reais), conforme redação dada pela Lei nº 13.529/17 (inc. I);
   b) o prazo de vigência dos contratos não poderá ser inferior a 5 (cinco) anos (inc. II), nem superior a 35 (trinta e cinco), conforme prescreve o art. 5º, I;
   c) há vedação para objetos apenas com fornecimento de mão de obra, fornecimento e instalação de equipamentos ou a execução de obra pública (inc. III).

Demonstra o preceptivo que o legislador, além de circunscrever as PPPs tão somente para contratos com limite de valor e por

---

[47] Em nota de rodapé, pugnando pela nulidade de pleno direito, o administrativista aponta que "foi este o meio grotesco o de que se utilizou a Prefeitura Municipal de São Paulo (...) para efetuar contratos de prestação de serviço de recolhimento de lixo com prazo correspondente aos de concessões, atribuindo tal nome ao contrato e chamado de 'tarifa' o pagamento que fazia ao prestador".

um prazo bastante considerável (sempre voltados para a prestação de serviços ao usuário ou ao próprio Poder Público), não admite que tais parcerias sejam adotadas para situações já previstas em outras normas. Nesse passo, por exemplo, destaca que contratações de mão de obra, fornecimento e instalação de equipamentos ou a execução de obra pública continuam a ser delineados pela Lei Geral de Licitações (ou, agora, pela nova Lei das Estatais). E mais: a alteração imposta pela Lei nº 13.520/17, reduzindo o limite mínimo de 20 para 10 milhões de reais, demonstra a clara intenção de alargamento do espectro de uso das PPPs, permitindo a sua adoção por municípios menores.

Assim, como bem observou Cristina Fortini, vê-se "que a ideia original quanto ao uso mais restrito desses contratos, cogitando-se do que se pode chamar de 'grande' infraestrutura, ainda que não completamente abandonada, foi relativizada".[48]

ZÉ fato que a redução de entraves para que os municípios possam celebrar PPPs é reclamada há anos, mas, a nosso ver, as pontuais mudanças legais não assentaram uma boa solução para a questão. A diminuição do valor básico dos contratos – nunca atualizado desde a edição da Lei – isoladamente não remove os obstáculos e contribui limitadamente para a pulverização das PPPs municipais. É notório que outro relevante obstáculo ao uso das PPPs pelos municípios está na fase de preparação das licitações e contratos. Se a fase preparatória de qualquer licitação já é desafiadora quando não se tem corpo técnico experimentado, a situação se agrava diante de contratos complexos, como os das PPPs, que envolvem tarefas várias e se prolongam no tempo. Em verdade, os estados e a União também usualmente demandam apoio privado na preparação da licitação de PPPs, sobretudo para construir os anexos do edital. A contratação de consultorias para essa finalidade onera o Poder Público e se traduz em um óbice indireto e real, sobretudo para os municípios.[49]

---

[48] Mudanças na disciplina nacional das PPPs: uso intensificado, riscos não abordados. Disponível em: https://www.conjur.com.br/2018-fev-08/interesse-publico-recentes-mudancas-disciplina-nacional-ppps. Acesso em: 10 out. 2019.
[49] *Ibidem*.

Certo é, ainda que tenha havido redução do limite com a nítida intenção de alcançar os menores municípios, que o novo teto não pode ser entendido como norma geral, pois, se assim o fosse, estar-se-ia imiscuindo na gestão financeira dos entes federativos, conflitando com o previsto no art. 18 da CF, que dispõe sobre a organização político-administrativa do país. Essa, além de ser a posição de Ivan Barbosa Rigolin, consoante mencionado anteriormente, também é a dicção de Flávio Amaral Garcia:

> A realidade financeira e as próprias necessidades dos entes federados são distintas, razão pela qual os limites poderão ser diversos, sem que se admita, com isso, nenhum desvirtuamento das parcerias, que deverão observar os princípios e as regras próprias contidas na nova legislação.[50]

Em outro trabalho, Amaral Garcia comenta:

> Questão complexa consiste na definição do valor do contrato, vale dizer, se os R$ 10.000.000,00 seriam exclusivamente de investimentos privados, dos valores pagos pelo parceiro público ou o conjunto dos dois investimentos. A lei foi omissa, e comporta mais de uma interpretação razoável. Há espaço para que Estados e Municípios definam, à luz de suas respectivas realidades, o que se compreende por "valor do contrato". Se isto não for feito não se vislumbra nenhuma ilegalidade na definição em cada contrato do seu valor e do método para sua fixação. O risco desta opção é que a interpretação contida no contrato pode não ser a mesma dos órgãos de controle, causando evidente situação de insegurança jurídica.[51]

---

[50] GARCIA, Flávio Amaral. *Licitações & contratos administrativos*: casos e polêmicas. 3. ed. Rio de Janeiro: Lumen Juris, 2010. p. 107.
[51] GARCIA, Flávio Amaral. *Concessões, Parcerias e Regulação*. São Paulo: Malheiros, 2019. p. 47.

CAPÍTULO I
DISPOSIÇÕES PRELIMINARES — 59

Quadro comparativo: PPPs e Concessões Tradicionais

	Contrato de PPP (Lei 11.079/04)	Contrato tradicional de Concessão (Lei nº 8.987/95)
Prazos	Superior a 5 e igual ou inferior a 35 anos	Sem previsão legal
Riscos	Repartição de riscos extraordinários e operacionais	Repartição de riscos extraordinários
Desempenho e qualidade	Parâmetros objetivos de avaliação de desempenho	Sem previsão legal
Remuneração do privado	Realizada pelo Parceiro Público e pelos usuários ou somente pelo Parceiro Público	Realizada pelo usuário
Garantias	Oferecidas pelo Parceiro Público e pelo Parceiro Privado	Oferecida somente pelo Privado
Penalidades	Aplicação tanto pelo Parceiro Público quanto pelo Parceiro Privado	Aplicação somente pelo Público (Poder Concedente)
Solução de divergências	Previsão de adoção da Arbitragem	Utilização do Judiciário, com foro da sede do público, sendo admitida a Arbitragem em concessões comuns (Lei nº 11.196/05)
Retenção de pagamentos	Permite retenção de pagamentos ao Parceiro Privado, no valor do reparo das irregularidades verificadas	Sem previsão legal
Garantias do Financiador	Autoriza a emissão de empenho em nome dos financiadores do projeto	Sem previsão legal
Reajustamento	Automática, sem homologação do Parceiro Público	Necessidade de homologação por parte do Público (Poder Concedente)
SPE	Constituição obrigatória da Sociedade de Propósito Específico para execução e gestão do objeto da parceria	Sem previsão legal de constituição de SPE

> Art. 3º As concessões administrativas regem-se por esta Lei, aplicando-se-lhes adicionalmente o disposto nos arts. 21, 23, 25 e 27 a 39 da Lei nº 8.987, de 13 de fevereiro de 1995, e no art. 31 da Lei nº 9.074, de 7 de julho de 1995.
>
> §1º As concessões patrocinadas regem-se por esta Lei, aplicando-se-lhes subsidiariamente o disposto na Lei nº 8.987, de 13 de fevereiro de 1995, e nas leis que lhe são correlatas.
>
> §2º As concessões comuns continuam regidas pela Lei nº 8.987, de 13 de fevereiro de 1995, e pelas leis que lhe são correlatas, não se lhes aplicando o disposto nesta Lei.
>
> §3º Continuam regidos exclusivamente pela Lei nº 8.666, de 21 de junho de 1993, e pelas leis que lhe são correlatas os contratos administrativos que não caracterizem concessão comum, patrocinada ou administrativa.

Artigo 3º *caput*

Este artigo 3º regula a regência legal das concessões no direito pátrio. Pelo prescrito (no *caput* e no §1º), as concessões administrativas e patrocinadas submetem-se às regras do diploma em comento e a outros regramentos preexistentes aplicáveis ao tema.

O preceptivo elenca os arts. 21, 23, 25 e 27 a 39 da Lei Geral de Concessões (Lei nº 8.987/95) e o art. 31 da Lei nº 9.074/95 (que estabelece normas para outorga e prorrogações das concessões e permissões de serviços públicos) como de aplicação adicional direta para as concessões administrativas.

Os dispositivos listados da Lei nº 8.987/95 estão assim redigidos, *verbis*:

> Art. 21. Os estudos, investigações, levantamentos, projetos, obras e despesas ou investimentos já efetuados, vinculados à concessão, de utilidade para a licitação, realizados pelo poder concedente ou com a sua autorização, estarão à disposição dos interessados, devendo o vencedor da licitação ressarcir os dispêndios correspondentes, especificados no edital. (...)
> Art. 23. São cláusulas essenciais do contrato de concessão as relativas:
> I – ao objeto, à área e ao prazo da concessão;
> II – ao modo, forma e condições de prestação do serviço;
> III – aos critérios, indicadores, fórmulas e parâmetros definidores da qualidade do serviço;

IV – ao preço do serviço e aos critérios e procedimentos para o reajuste e a revisão das tarifas;
V – aos direitos, garantias e obrigações do poder concedente e da concessionária, inclusive os relacionados às previsíveis necessidades de futura alteração e expansão do serviço e consequente modernização, aperfeiçoamento e ampliação dos equipamentos e das instalações;
VI – aos direitos e deveres dos usuários para obtenção e utilização do serviço;
VII – à forma de fiscalização das instalações, dos equipamentos, dos métodos e práticas de execução do serviço, bem como a indicação dos órgãos competentes para exercê-la;
VIII – às penalidades contratuais e administrativas a que se sujeita a concessionária e sua forma de aplicação;
IX – aos casos de extinção da concessão;
X – aos bens reversíveis;
XI – aos critérios para o cálculo e a forma de pagamento das indenizações devidas à concessionária, quando for o caso;
XII – às condições para prorrogação do contrato;
XIII – à obrigatoriedade, forma e periodicidade da prestação de contas da concessionária ao poder concedente;
XIV – à exigência da publicação de demonstrações financeiras periódicas da concessionária; e
XV – ao foro e ao modo amigável de solução das divergências contratuais.
Parágrafo único. Os contratos relativos à concessão de serviço público precedido da execução de obra pública deverão, adicionalmente:
I – estipular os cronogramas físico-financeiros de execução das obras vinculadas à concessão; e
II – exigir garantia do fiel cumprimento, pela concessionária, das obrigações relativas às obras vinculadas à concessão. (...)
Art. 25. Incumbe à concessionária a execução do serviço concedido, cabendo-lhe responder por todos os prejuízos causados ao poder concedente, aos usuários ou a terceiros, sem que a fiscalização exercida pelo órgão competente exclua ou atenue essa responsabilidade.
§1º Sem prejuízo da responsabilidade a que se refere este artigo, a concessionária poderá contratar com terceiros o desenvolvimento de atividades inerentes, acessórias ou complementares ao serviço concedido, bem como a implementação de projetos associados.
§2º Os contratos celebrados entre a concessionária e os terceiros a que se refere o parágrafo anterior reger-se-ão pelo direito privado, não se estabelecendo qualquer relação jurídica entre os terceiros e o poder concedente.
§3º A execução das atividades contratadas com terceiros pressupõe o cumprimento das normas regulamentares da modalidade do serviço concedido. (...)
Art. 27. A transferência de concessão ou do controle societário da concessionária sem prévia anuência do poder concedente implicará a caducidade da concessão.

§1º. Para fins de obtenção da anuência de que trata o *caput* deste artigo o pretendente deverá:
I – atender às exigências de capacidade técnica, idoneidade financeira e regularidade jurídica e fiscal necessárias à assunção do serviço; e
II – comprometer-se a cumprir todas as cláusulas do contrato em vigor.
Art. 28. Nos contratos de financiamento, as concessionárias poderão oferecer em garantia aos direitos emergentes da concessão, até o limite que não comprometa a operacionalização e a continuidade da prestação do serviço.
Art. 29. Incumbe ao poder concedente:
I – regulamentar o serviço concedido e fiscalizar permanentemente a sua prestação;
II – aplicar as penalidades regulamentares e contratuais;
III – intervir na prestação do serviço, nos casos e condições previstos em lei;
IV – extinguir a concessão, nos casos previstos nesta Lei e na forma prevista no contrato;
V – homologar reajustes e proceder à revisão das tarifas na forma desta Lei, das normas pertinentes e do contrato;
VI – cumprir e fazer cumprir as disposições regulamentares do serviço e as cláusulas contratuais da concessão;
VII – zelar pela boa qualidade do serviço, receber, apurar e solucionar queixas e reclamações dos usuários, que serão cientificados, em até trinta dias, das providências tomadas;
VIII – declarar de utilidade pública os bens necessários à execução do serviço ou obra pública, promovendo as desapropriações, diretamente ou mediante outorga de poderes à concessionária, caso em que será desta a responsabilidade pelas indenizações cabíveis;
IX – declarar de necessidade ou utilidade pública, para fins de instituição de servidão administrativa, os bens necessários à execução de serviço ou obra pública, promovendo-a diretamente ou mediante outorga de poderes à concessionária, caso em que será desta a responsabilidade pelas indenizações cabíveis:
X – estimular o aumento da qualidade, produtividade, preservação do meio ambiente e conservação;
XI – incentivar a competitividade; e
XII – estimular a formação de associações de usuários para defesa de interesses relativos ao serviço.
Art. 30. No exercício da fiscalização, o poder concedente terá acesso aos dados relativos à administração, contabilidade, recursos técnicos, econômicos e financeiros da concessionária.
Parágrafo único. A fiscalização do serviço será feita por intermédio de órgão técnico do poder concedente ou por entidade com ele conveniada, e, periodicamente, conforme previsto em norma regulamentar, por comissão composta de representantes do poder concedente, da concessionária e dos usuários.

Art. 31. Incumbe à concessionária:
I – prestar serviço adequado, na forma prevista nesta Lei, nas normas técnicas aplicáveis e no contrato;
II – manter em dia o inventário e o registro dos bens vinculados à concessão;
III – prestar contas da gestão do serviço ao poder concedente e aos usuários, nos termos definidos no contrato;
IV – cumprir e fazer cumprir as normas do serviço e as cláusulas contratuais da concessão;
V – permitir aos encarregados da fiscalização livre acesso, em qualquer época, às obras, aos equipamentos e às instalações integrantes do serviço, bem como a seus registros contábeis;
VI – promover as desapropriações e constituir servidões autorizadas pelo poder concedente, conforme previsto no edital e no contrato;
VII – zelar pela integridade dos bens vinculados à prestação do serviço, bem como segurá-los adequadamente; e
VIII – captar, aplicar e gerir os recursos financeiros necessários à prestação do serviço.
Parágrafo único. As contratações, inclusive de mão de obra, feitas pela concessionária serão regidas pelas disposições de direito privado e pela legislação trabalhista, não se estabelecendo qualquer relação entre os terceiros contratados pela concessionária e o poder concedente.
Art. 32. O poder concedente poderá intervir na concessão, com o fim de assegurar a adequação na prestação do serviço, bem como o fiel cumprimento das normas contratuais, regulamentares e legais pertinentes.
Parágrafo único. A intervenção far-se-á por decreto do poder concedente, que conterá a designação do interventor, o prazo da intervenção e os objetivos e limites da medida.
Art. 33. Declarada a intervenção, o poder concedente deverá, no prazo de trinta dias, instaurar procedimento administrativo para comprovar as causas determinantes da medida e apurar responsabilidades, assegurado o direito de ampla defesa.
§1º Se ficar comprovado que a intervenção não observou os pressupostos legais e regulamentares será declarada sua nulidade, devendo o serviço ser imediatamente devolvido à concessionária, sem prejuízo de seu direito à indenização.
§2º O procedimento administrativo a que se refere o *caput* deste artigo deverá ser concluído no prazo de até cento e oitenta dias, sob pena de considerar-se inválida a intervenção.
Art. 34. Cessada a intervenção, se não for extinta a concessão, a administração do serviço será devolvida à concessionária, precedida de prestação de contas pelo interventor, que responderá pelos atos praticados durante a sua gestão.
Art. 35. Extingue-se a concessão por:
I – advento do termo contratual;

II – encampação;
III – caducidade;
IV – rescisão;
V – anulação; e
VI – falência ou extinção da empresa concessionária e falecimento ou incapacidade do titular, no caso de empresa individual.

§1º Extinta a concessão, retornam ao poder concedente todos os bens reversíveis, direitos e privilégios transferidos ao concessionário conforme previsto no edital e estabelecido no contrato.

§2º Extinta a concessão, haverá a imediata assunção do serviço pelo poder concedente, procedendo-se aos levantamentos, avaliações e liquidações necessários.

§3º A assunção do serviço autoriza a ocupação das instalações e a utilização, pelo poder concedente, de todos os bens reversíveis.

§4º Nos casos previstos nos incisos I e II deste artigo, o poder concedente, antecipando-se à extinção da concessão, procederá aos levantamentos e avaliações necessários à determinação dos montantes da indenização que será devida à concessionária, na forma dos arts. 36 e 37 desta Lei.

Art. 36. A reversão no advento do termo contratual far-se-á com a indenização das parcelas dos investimentos vinculados a bens reversíveis, ainda não amortizados ou depreciados, que tenham sido realizados com o objetivo de garantir a continuidade e atualidade do serviço concedido.

Art. 37. Considera-se encampação a retomada do serviço pelo poder concedente durante o prazo da concessão, por motivo de interesse público, mediante lei autorizativa específica e após prévio pagamento da indenização, na forma do artigo anterior.

Art. 38. A inexecução total ou parcial do contrato acarretará, a critério do poder concedente, a declaração de caducidade da concessão ou a aplicação das sanções contratuais, respeitadas as disposições deste artigo do art. 27, e as normas convencionadas entre as partes.

§1º A caducidade da concessão poderá ser declarada pelo poder concedente quando:

I – o serviço estiver sendo prestado de forma inadequada ou deficiente, tendo por base as normas, critérios, indicadores e parâmetros definidores da qualidade do serviço;
II – a concessionária descumprir cláusulas contratuais ou disposições legais ou regulamentares concernentes à concessão;
III – a concessionária paralisar o serviço ou concorrer para tanto, ressalvadas as hipóteses decorrentes de caso fortuito ou força maior;
IV – a concessionária perder as condições econômicas, técnicas ou operacionais para manter a adequada prestação do serviço concedido;
V – a concessionária não cumprir as penalidades impostas por infrações, nos devidos prazos;
VI – a concessionária não atender a intimação do poder concedente no sentido de regularizar a prestação do serviço; e

VII – a concessionária não atender a intimação do poder concedente para, em 180 (cento e oitenta) dias, apresentar a documentação relativa a regularidade fiscal, no curso da concessão, na forma do art. 29 da Lei nº 8.666, de 21 de junho de 1993.

§2º A declaração da caducidade da concessão deverá ser precedida da verificação da inadimplência da concessionária em processo administrativo, assegurado o direito de ampla defesa.

§3º Não será instaurado processo administrativo de inadimplência antes de comunicados à concessionária, detalhadamente, os descumprimentos contratuais referidos no §1º deste artigo, dando-lhe um prazo para corrigir as falhas e transgressões apontadas e para o enquadramento, nos termos contratuais.

§4º Instaurado o processo administrativo e comprovada a inadimplência, a caducidade será declarada por decreto do poder concedente, independentemente de indenização prévia, calculada no decurso do processo.

§5º A indenização de que trata o parágrafo anterior, será devida na forma do art. 36 desta Lei e do contrato, descontado o valor das multas contratuais e dos danos causados pela concessionária.

§6º Declarada a caducidade, não resultará para o poder concedente qualquer espécie de responsabilidade em relação aos encargos, ônus, obrigações ou compromissos com terceiros ou com empregados da concessionária.

Art. 39. O contrato de concessão poderá ser rescindido por iniciativa da concessionária, no caso de descumprimento das normas contratuais pelo poder concedente, mediante ação judicial especialmente intentada para esse fim.

Parágrafo único. Na hipótese prevista no *caput* deste artigo, os serviços prestados pela concessionária não poderão ser interrompidos ou paralisados, até a decisão judicial transitada em julgado.

A redação do art. 31 da Lei nº 9.074/95 é a seguinte:

Art. 31. Nas licitações para concessão e permissão de serviços públicos ou uso de bem público, os autores ou responsáveis economicamente pelos projetos básico ou executivo podem participar, direta ou indiretamente, da licitação ou da execução de obras ou serviços.

Sendo de aplicação adicional, faz-se mister a análise dos dispositivos.

O art. 21 da Lei nº 8.987/95 nasceu sob o manto da polêmica, em face de estabelecer como obrigação do futuro concessionário ou permissionário de serviços públicos o pagamento de despesas de bens ou serviços colocados à disposição de terceiros. Tolosa considera que o artigo "beira à ilegalidade", classificando-o como imoral, chegando a concluir pela sua inaplicabilidade.⁵²

O art. 23 da Lei nº 8.987/95 dá início ao Capítulo VI do diploma, que trata do contrato de concessão. Interessante notar que a Lei nº 11.079, ora em comento, cita este art. 23 como de aplicação adicional e, mais à frente, já na parte que dispõe sobre os contratos de PPP, volta a mencionar o dispositivo. Como o artigo elenca as cláusulas essenciais do acordo, dele trataremos em momento apropriado (remetemos o leitor, portanto, aos comentários ao art. 5º).

O art. 25 da Lei nº 8.987/95 garante a supremacia do Poder Público concedente, impondo ao concessionário a responsabilidade pelos danos causados a quem quer que seja, independentemente do controle exercido pela Administração.

Mantendo a responsabilização integral do concessionário, permitem os parágrafos 1º a 3º a contratação de terceiros para o desenvolvimento de atividades inerentes ao serviço concedido, frisando o que o ordenamento jurídico já opera, isto é, que os acordos celebrados entre concessionários e terceiros reger-se-ão, única e exclusivamente, pelo direito privado, inexistindo qualquer relação jurídica entre esses ajustes e a Administração, afastando, dessa forma, qualquer possibilidade de obrigação solidária ou mesmo subsidiária do Poder Público, além de dispor que, ainda que contratados pelas concessionárias, há o pressuposto lógico do pleno atendimento às normas preconizadas para o serviço concedido.

O art. 27 da Lei nº 8.987/95 admite a transferência da concessão para outra pessoa jurídica, caso haja a expressa anuência do poder concedente. A falta dessa concordância importará na caducidade da concessão.

O §1º elenca duas exigências a serem atendidas para fins de obtenção da anuência:
    a) atendimento às exigências de capacidade técnica, idoneidade financeira, e regularidade jurídica e fiscal; e
    b) comprometimento com as cláusulas contratuais.

---

⁵² TOLOSA FILHO. *Lei das concessões e permissões de serviços públicos comentada e anotada*. Rio de Janeiro: Aide, 1995.

Procedimentos idênticos são aplicáveis na hipótese de transferência do controle acionário do concessionário.

O art. 28 da Lei nº 8.987/95 cuida dos financiamentos que as concessionárias poderão realizar. A elas é permitido oferecer como garantia nos contratos os ganhos financeiros que advirão da concessão, desde que essas importâncias não comprometam tanto a operacionalização quanto a continuidade do serviço prestado.

Os arts. 29 a 31 da Lei nº 8.987/95 elencam os encargos do Poder Concedente e da concessionária.

Sempre atendendo à forma prescrita em lei, às normas técnicas, quando necessário, e, logicamente, às cláusulas do contrato de concessão celebrado, o Poder Concedente tem como incumbência:
- ✓ regulamentar o serviço concedido e fiscalizar a sua prestação;
- ✓ aplicar penalidades;
- ✓ intervir na prestação do serviço;
- ✓ extinguir a concessão;
- ✓ homologar reajustes e proceder à revisão das tarifas;
- ✓ respeitar e fazer cumprir as disposições regulamentares do serviço e as cláusulas contratuais;
- ✓ zelar pela boa qualidade do serviço, receber, apurar e solucionar queixas e reclamações dos usuários, que serão cientificados, em até 30 (trinta) dias, das providências tomadas;
- ✓ declarar de utilidade pública os bens necessários à execução do serviço ou obra pública, realizando as desapropriações, diretamente ou mediante outorga de poderes à concessionária, caso em que será desta a responsabilidade pelas indenizações cabíveis;
- ✓ declarar de necessidade ou utilidade pública, para fins de instituição de servidão administrativa, os bens necessários à execução de serviço ou obra pública, promovendo-a diretamente ou mediante outorga de poderes à concessionária, caso em que será desta a responsabilidade pelas indenizações cabíveis;
- ✓ fomentar o aumento da qualidade, produtividade, preservação do meio ambiente e conservação;
- ✓ estimular a competitividade; e
- ✓ incentivar a formação de associações de usuários para defesa de interesses relativos ao serviço.

Também atrelada à forma prescrita em lei, às normas técnicas, quando aplicáveis, e, logicamente, às cláusulas do contrato de concessão celebrado, à concessionária incumbe:
- ✓ prestar serviço adequado;
- ✓ manter o inventário e o registro dos bens vinculados à concessão;
- ✓ prestar contas da gestão do serviço ao poder concedente e aos usuários;
- ✓ cumprir e fazer cumprir as normas do serviço e as cláusulas contratuais da concessão;
- ✓ permitir aos encarregados da fiscalização livre acesso às obras, aos equipamentos e às instalações integrantes do serviço, bem como a seus registros contábeis;
- ✓ promover as desapropriações e constituir servidões autorizadas pelo Poder Concedente;
- ✓ cuidar da integridade dos bens vinculados à prestação do serviço, bem como segurá-los; e
- ✓ captar, aplicar e gerir os recursos financeiros necessários à prestação do serviço.

Os arts. 32 a 34 da Lei nº 8.987/95 estabelecem as regras de intervenção do Poder Concedente, sempre mantendo assegurada a correta prestação do serviço concedido. A faculdade de intervenção é fundamental para que o regime de concessões surta efeito, uma vez que, mesmo havendo outorgado a prestação dos serviços públicos a terceiros, mantém o Poder Público a responsabilidade dos mesmos perante a sociedade.

Os arts. 35 a 39 da Lei nº 8.987/95 cuidam das formas de extinção das concessões, arrolando as seguintes hipóteses: termo contratual, encampação, caducidade, rescisão, anulação e falência ou extinção da empresa concessionária e, ainda, falecimento ou incapacidade do titular, no caso de empresa individual.

- Termo contratual: ocorre com o esgotamento do prazo contratual. Decorrido o prazo de vigência preestabelecido, advém o fim do acordo. Extinta a relação jurídica, restituir-se-á ao Poder Concedente a gestão dos serviços, com a devolução dos bens reversíveis e a imediata assunção de sua execução, podendo, inclusive, ocorrer ocupação das instalações até então utilizadas pela concessionária.

- Encampação e caducidade: através da encampação, o Poder Concedente retoma o serviço concedido em face de razões de conveniência ou oportunidade, sem que o concessionário haja incorrido em faltas que venham a suscitar tal providência. Na caducidade, ao contrário, a razão determinante é a inadimplência do concessionário, isto é, a prática irregular do acordo celebrado que determine a retirada da concessão.
- Rescisão: diferentemente do que ocorre com os acordos administrativos regidos pela Lei Geral de Licitações, nos contratos de concessão de serviços públicos a figura da rescisão contratual (que nos acordos regidos pela Lei Geral de Licitações se dá principalmente quando da inadimplência contratual por parte do contratado) só é admitida na hipótese de descumprimento de cláusulas contratuais pelo Poder Concedente (art. 39). Tal hipótese só é possível, entretanto, mediante ação judicial, com a paralisação (ou interrupção) dos serviços somente ocorrendo após a decisão transitada em julgado.
- Anulação: a princípio, qualquer ato administrativo pode ser anulado. A anulação, diferentemente da revogação, que se alicerça no interesse público, baseia-se no vício, na ilegalidade. A possibilidade jurídica do Poder Público revogar ou anular seus próprios atos está reafirmada na Súmula nº 473 do Supremo Tribunal Federal (STF), que prescreve: "A Administração pode anular seus próprios atos quando eivados de vícios que os tornam ilegais, porque deles não se originam direitos, ou revogá-los, por motivo de conveniência ou oportunidade, respeitados os direitos adquiridos, e ressalvada em todos os casos a apreciação judicial".

O art. 59 da Lei nº 8.666/93, norma utilizada subsidiariamente nas concessões, registra a possibilidade de declaração de nulidade do contrato administrativo por intermédio da própria Administração e o efeito desse ato, indicando que a nulidade operará retroativamente, desconstituindo todos os efeitos já produzidos, além de não permitir que outros sejam gerados.[53]

---

[53] Carlos Ari Sundfeld, em tese solitária na apreciação deste art. 29, defende que "o poder de extinção unilateral só existe nos casos em que a própria Lei de Concessões o confere de

- Falência/extinção da empresa concessionária/falecimento ou incapacidade do titular (no caso da empresa individual): a extinção do contrato de concessão deve ocorrer quando se tornar impossível a sua execução. Com a falência ou a extinção da empresa concessionária, ou ainda com o falecimento ou a incapacidade do titular, tratando-se de empresa individual, há a total inviabilidade da manutenção da avença, ocorrendo a extinção *pleno iure*.[54]

Parágrafos 1º e 2º

O §1º define como de aplicação subsidiária toda a Lei nº 8.987/95 nas concessões patrocinadas. Subsidiário designa, conforme lições do mestre Antônio Houaiss, dado acessoriamente em apoio ao principal, ou seja, oferecido em auxílio, como acessório ou supletivo. O subsidiário pressupõe ao principal, ao qual vem auxiliar ou apoiar. A expressão, oriunda do latim *subsidiarius*, significa, em sentido estrito, secundário, sendo, nesse diapasão que a ciência do direito adota a expressão: apoiando, complementando ou assessorando o principal. Assim, deve-se ter como premissa que a modalidade concessão patrocinada sujeitar-se-á, inicialmente, à Lei nº 11.079/04, e, nas lacunas ou omissões, estará sujeita à Lei Geral de Concessões (Lei nº 8.987/95) e às normas que lhe são correlatas, notadamente à Lei Geral de Licitações.[55]

O §2º dispõe, desnecessariamente, sobre as concessões comuns, não tratadas no diploma em comento, afirmando o óbvio:

---

modo expresso. Não em qualquer caso, portanto". E acrescenta: "Como se percebe, a Lei de Concessões é ainda mais enfática do que a Lei de Licitações ao negar à Administração a prerrogativa de anular unilateralmente contratos de concessão. Logo, esse poder não existe relativamente a esses contratos" (Os contratos de concessão e sua anulação. *ILC – Informativo de Licitações e Contratos*, v. 8, n. 85, p. 186-189).

[54] A Lei de Falências (Lei nº 11.101/2005), da mesma forma, prevê, no art. 195, a extinção do contrato de concessão na hipótese de decretação de falência de empresa concessionária de serviço público.

[55] Conforme prescreve o art. 124 desse diploma que, expressamente, prevê que são aplicáveis às licitações e aos contratos para permissão ou concessão de serviços públicos os seus dispositivos não conflitantes com a legislação específica sobre o assunto.

que são regidas pela Lei Geral de Concessões (Lei nº 8.987/95) e as normas que lhe são correlatas.

Com a mesma desnecessidade o §3º indica que a Lei Geral de Licitações persiste regendo os demais contratos administrativos, ou seja, os que não versam sobre concessão.

Com idêntica ótica, Ivan Barbosa Rigolin:

> O parágrafo remata a inutilidade ao informar que os contratos regidos pela Lei das Licitações continuam regidos por ela, desde que não constituam concessão administrativa ou patrocinada. O legislador perde importantíssimas oportunidades de se manter silente, pois que jamais alguém imaginaria que um contrato regido por uma lei passasse a ser regido por outra, ou que um contrato de serviço de um momento para outro se pudesse transformar em de concessão administrativa ou patrocinada, até porque essas são criações de uma lei nova, que não operam retroativamente por respeito ao *ato jurídico perfeito* (Constituição, art. 5, inc. XXXVI).[56]

Em síntese, o resultado prático da recepção aos arts. 21 da Lei nº 8.987/95 e 31 da Lei nº 9.074/95 foi a autorização para que os particulares elaborem, com a anuência do poder concedente, estudos, projetos, investigações e levantamentos para modelagens de PPP.

E mais: como aduziram Gustavo Maciel Rocha e João Carlos Horta, que:
- os documentos produzidos, vinculados à concessão e de utilidade para a licitação, estejam disponíveis a quaisquer interessados;
- os dispêndios com a elaboração de tais documentos sejam ressarcidos pelo vencedor da respectiva licitação, desde que especificados no edital; e
- os autores ou responsáveis economicamente pelos referidos estudos e/ou projetos básico ou executivo possam participar, direta ou indiretamente, da licitação ou da execução de obras ou serviços.[57]

---

[56] RIGOLIN, Ivan Barbosa. *Licitações menos comuns*. São Paulo: SINICESP, 2013. p. 23.
[57] ROCHA, Gustavo Eugenio Maciel; HORTA, João Carlos Mascarenhas. *Parcerias Público-Privadas*, 3 ed. Belo Horizonte: Prax, 2010. p. 37.

No âmbito federal, inicialmente regulamentou a matéria o Decreto nº 5.977/06. Depois, o Decreto nº 8.428, de 2.04.2015, além de revogar esse ato regulamentar, dispôs sobre o chamado *Procedimento de Manifestação de Interesse* (PMI), a ser observado quando da apresentação de projetos, levantamentos, investigações ou estudos, por pessoa física ou jurídica de direito privado, a serem utilizados pela administração pública.

O objetivo do PMI é a divulgação do interesse da Administração em obter subsídios junto à iniciativa privada, para a consolidação de projeto de interesse público que se pretende implantar, propiciando adequação e eficiência aos potenciais projetos de PPP promovidos pelo Poder Público.

A legalização e regulamentação de tal procedimento ganham consonância com o princípio da transparência que deve reger a Administração Pública, possibilitando que o intercâmbio estabelecido entre o setor público e o privado exerça o importante papel de ajustar os interesses de potenciais investidores e empreendedores aos interesses da Administração, além de reduzir os custos finais de elaboração da modelagem e dos documentos necessários ao procedimento licitatório posterior.[58]

Não obstante, apesar da finalidade do PMI configurar uma busca de diálogo entre Administração e iniciativa privada, tal escolha fez nascer um ambiente de riscos e incertezas, principalmente pelo escopo de diferentes níveis de assimetria informacional entre os agentes.[59]

Nesse passo, veio à tona a Lei nº 13.334/16, criando o Programa de Parcerias de Investimentos – PPI, destinado à ampliação e fortalecimento da interação entre o Estado e a iniciativa privada por meio da celebração de contratos de parceria para a execução de empreendimentos públicos de infraestrutura e de outras medidas de desestatização, tendo os seguintes objetivos:

- Ampliar as oportunidades de investimento e emprego e estimular o desenvolvimento tecnológico e industrial, em

---

[58] ROCHA, Gustavo Eugenio Maciel; HORTA, João Carlos Mascarenhas. Parcerias Público-Privadas, 3 ed, Belo Horizonte: Prax, 2010.
[59] Como asseverou Maria Marconiete Fernandes Pereira. O procedimento de manifestação de interesse e a assimetria de informação: uma perspectiva dialógica. Disponível em: http://www.publicadireito.com.br/artigos/?cod=de4d4ada2968c13a. Acesso em: 15 jun. 2016.

harmonia com as metas de desenvolvimento social e econômico do país;
- Garantir a expansão com qualidade da infraestrutura pública, com tarifas adequadas aos usuários;
- Promover ampla e justa competição na celebração das parcerias e na prestação dos serviços;
- Assegurar a estabilidade e a segurança jurídica dos contratos, com a garantia da intervenção mínima nos negócios e investimentos;
- Fortalecer o papel regulador do Estado e a autonomia das entidades estatais de regulação; e
- Fortalecer políticas nacionais de integração dos diferentes modais de transporte de pessoas e bens, em conformidade com as políticas de desenvolvimento nacional, regional e urbano, de defesa nacional, de meio ambiente e de segurança das populações, formuladas pelas diversas esferas de governo.

De acordo com o §1º do art. 1º da Lei nº 13.334/16, poderão integrar o PPI:

a) os empreendimentos públicos de infraestrutura em execução ou a serem executados por meio de contratos de parceria celebrados pela administração pública direta e indireta da União;

b) os empreendimentos públicos de infraestrutura que, por delegação ou com o fomento da União, sejam executados por meio de contratos de parceria celebrados pela administração pública direta ou indireta dos estados, do Distrito Federal ou dos municípios;

c) as demais medidas do Programa Nacional de Desestatização a que se refere a Lei nº 9.491/97; e

d) as obras e os serviços de engenharia de interesse estratégico.

Segundo o §2º do art. 1º, poderão ser considerados contratos de parceria:
- a concessão comum,
- a concessão patrocinada,
- a concessão administrativa,
- a concessão regida por legislação setorial,
- a permissão de serviço público,

- o arrendamento de bem público,
- a concessão de direito real; e
- os outros negócios público-privados que, em função de seu caráter estratégico e de sua complexidade, especificidade, volume de investimentos, longo prazo, riscos ou incertezas envolvidos, adotem estrutura jurídica semelhante.

O art. 17 da Lei nº 13.334/2016 preceitua que os órgãos, entidades e autoridades estatais, inclusive as autônomas e independentes, da União, dos estados, do Distrito Federal e dos municípios, com competências de cujo exercício dependa a viabilização de empreendimento do PPI, possuem o dever de atuar, em conjunto e com eficiência, para que sejam concluídos, de forma uniforme, econômica e em prazo compatível com o caráter prioritário nacional do empreendimento, todos os processos e atos administrativos necessários à sua estruturação, liberação e execução.

Por liberação deve ser entendida a obtenção de quaisquer licenças, autorizações, registros, permissões, direitos de uso ou exploração, regimes especiais, e títulos equivalentes, de natureza regulatória, ambiental, indígena, urbanística, de trânsito, patrimonial pública, hídrica, de proteção do patrimônio cultural, aduaneira, minerária, tributária, e quaisquer outras, necessárias à implantação e à operação do empreendimento (§1º do art. 17).

Como expõe o art. 4º da Lei nº 13.334/2016, o PPI deverá ser regulamentado por meio de decretos que, nos termos e limites das leis setoriais e da legislação geral aplicável, definirão:

a) as políticas federais de longo prazo para o investimento por meio de parcerias em empreendimentos públicos federais de infraestrutura e para a desestatização;
b) os empreendimentos públicos federais de infraestrutura qualificados para a implantação por parceria;
c) as políticas federais de fomento às parcerias em empreendimentos públicos de infraestrutura dos estados, do Distrito Federal ou dos municípios; e
d) as obras e os serviços de engenharia de interesse estratégico.

Em linha direta com os empreendimentos públicos federais de infraestrutura qualificados para a implantação através de parceria (letra b, acima), veio à luz a Lei nº 13.448/17, que estabelece diretrizes gerais para prorrogação e relicitação dos contratos de parceria definidos nos termos da Lei nº 13.334/16, nos setores rodoviário, ferroviário e aeroportuário da Administração Pública federal, uma vez que a norma restringiu a aplicação da prorrogação e da relicitação, por ela delineadas, aos empreendimentos qualificados no âmbito do PPI.

Segundo a Lei, a relicitação é um procedimento que compreende a extinção amigável do contrato de parceria e a celebração de novo ajuste negocial para o empreendimento, em novas condições contratuais e com novos contratados, mediante licitação promovida para esse fim, configurando, certamente, ótima alternativa às longas disputas judiciais, em que os usuários normalmente são os principais penalizados.

Regulamentando a relicitação, o governo federal publicou o Decreto nº 9.957, de 6.08.2019.

Conforme observou o ministro da Infraestrutura, Tarcísio Gomes de Freitas, "com o decreto, até a conclusão da relicitação e a assinatura do novo contrato de parceria, o antigo concessionário deverá assegurar a continuidade da prestação dos serviços essenciais, sob pena de aplicação de penalidades contratuais".[60]

Como ressalta Ronny Charles,[61] embora a Lei nº 13.448/17 faça alusão à administração federal, também poderão integrar o PPI os contratos de parceria firmados por outros entes políticos, em virtude de delegação federal. Por conta disso, mesmo os empreendimentos de parceria entre estados, municípios ou Distrito Federal e empresas privadas poderão integrá-lo, se a exploração tiver sido delegada pela União ao ente federativo respectivo.

---

[60] Disponível em: http://transportes.gov.br/ultimas-noticias/8966-governo-publica-decreto-para-regulamentar-relicita%C3%A7%C3%A3o-de-contratos-de-rodovias%2C-ferrovias-e-aeroportos.html. Acesso em: 10 out. 2019.

[61] CHARLES, Ronny. Programa de Parcerias de Investimentos (PPI), prorrogação e relicitação. Disponível em: https://www.editorajuspodivm.com.br/cdn/arquivos/6977105d167fb21852d9e018160b3c3d.pdf. Acesso em: 10 out. 2019.

Art. 4º Na contratação de parceria público-privada serão observadas as seguintes diretrizes:

I – eficiência no cumprimento das missões de Estado e no emprego dos recursos da sociedade;

II – respeito aos interesses e direitos dos destinatários dos serviços e dos entes privados incumbidos da sua execução;

III – indelegabilidade das funções de regulação, jurisdicional, do exercício do poder de polícia e de outras atividades exclusivas do Estado;

IV – responsabilidade fiscal na celebração e execução das parcerias;

V – transparência dos procedimentos e das decisões;

VI – repartição objetiva de riscos entre as partes;

VII – sustentabilidade financeira e vantagens socioeconômicas dos projetos de parceria.

Artigo 4º

O dispositivo fixa os mecanismos para alcance dos objetivos das PPPs, prescrevendo diretrizes para os contratos.

Segundo a ciência da Administração, um bom processo de planejamento tem início com a fixação de objetivos, a partir dos quais são estabelecidas políticas, diretrizes e metas. Consoante a dicção de Aurélio Buarque de Holanda, o termo "diretriz" deve ser entendido como um conjunto de instruções ou indicações para levar adiante um plano, uma ação etc.[62] Idalberto Chiavenato leciona que diretrizes são princípios estabelecidos que possibilitam o alcance dos objetivos pretendidos, sendo instrumentos utilizáveis para a localização dos meios adequados para seu atingimento.[63]

Vê-se, portanto, que diretrizes são normas procedimentais básicas, obrigatórias nas PPPs, sem as quais os contratos se desnaturariam.

---

[62] *Novo dicionário da língua portuguesa*. 2 ed. Rio de Janeiro: Nova Fronteira, 1988.
[63] *Teoria geral da administração*. 5. ed. São Paulo: Makron Books, 1998.

São diretrizes para as Parcerias Público-Privadas:
a) eficiência no cumprimento das missões de Estado e no emprego dos recursos da sociedade;
b) respeito aos interesses e direitos dos destinatários dos serviços e dos entes privados incumbidos da sua execução;
c) indelegabilidade das funções de regulação, jurisdicional, do exercício do poder de polícia e de outras atividades exclusivas do Estado;
d) responsabilidade fiscal na celebração e execução das parcerias;
e) transparência dos procedimentos e das decisões;
f) repartição objetiva de riscos entre as partes;
g) sustentabilidade financeira e vantagens socioeconômicas dos projetos de parceria.

Inciso I

Diretriz: eficiência

Elevada à categoria de princípio constitucional, a eficiência no cumprimento das missões de Estado é mola mestra em qualquer atividade a ser desenvolvida pela Administração. Estatuído no art. 37 da Constituição Federal, por intermédio da Emenda Constitucional nº 19/98, o princípio da eficiência deve ser entendido como garantia de qualidade na prestação dos serviços públicos. Tal princípio, na dicção de Alexandre de Moraes, impõe à Administração e a seus agentes a persecução do bem comum, por meio do exercício de suas competências de forma imparcial, neutra, transparente, participativa, eficaz, sem burocracia, primando pela adoção de critérios necessários para a melhor utilização possível dos recursos públicos, de modo a evitar desperdícios e garantir uma maior rentabilidade social. Sua adoção busca alcançar o fim maior do Estado, que é prestação dos serviços sociais essenciais à população, na constante busca do bem comum.[64]

---

[64] *Direito constitucional.* 7. ed. São Paulo: Atlas, 2000.

Por conseguinte, nas contratações de PPPs, o agente público deve consignar tal procedimento no cumprimento das missões a que se destina, bem como no emprego dos recursos envolvidos.

O planejador de um projeto de PPP deve comparar o custo do planejamento, construção e manutenção pelo setor privado com o custo da utilização dos métodos tradicionais do setor público. Conforme asseveram Gustavo Eugênio Rocha e Taciana Salera, para ser considerada como alternativa, a PPP deverá demonstrar sua habilidade para oferecer o melhor *value for money*[65] que a execução tradicional pelo setor público, devendo ser levados em consideração fatores adicionais como a transferência dos riscos, inovação e aprimoramento no planejamento, construção e operação, que promoverão a melhor solução em termos de custos e riscos.[66]

Inciso II

Diretriz: respeito aos interesses dos parceiros

O destinatário do serviço público é o povo, a sociedade; respeitar seus direitos é pedra nuclear para a existência de um Estado Democrático de Direito.

Apesar de essa conduta constituir-se em vetusta regra, achou por bem o legislador positivar – cremos que pela primeira vez no direito pátrio – o respeito aos interesses e direitos dos parceiros privados, pretendendo, com essa atitude, demonstrar a seriedade do Poder Público, com total acatamento às cláusulas avençadas, considerando o ajustado como um documento a ser plenamente honrado enquanto vigente, independentemente de governos e governantes,

---

[65] Ou seja, a combinação otimizada de custos da vida útil e qualidade (ou adequação aos fins) dos bens ou serviços, de forma a atender às exigências dos usuários, não constituindo a escolha de bens e serviços com base no menor custo oferecido, mas sim com fulcro no custo benefício. (Cf. Edward Farquharson, Seminário "As Parcerias Público-Privadas (PPP) no Brasil e na America Latina: Desafios e Perspectivas", Salvador – BA, 11 a 13 de maio de 2010).

[66] Disponível em: http://www.azevedosette.com.br/ppp/equipe.html.

afastando a velha pecha que ainda recai sobre a Administração Pública brasileira de desconsideração aos acordos formalizados, comportamento que originou a notória dificuldade do estabelecimento de relações estáveis com o setor público brasileiro. Essa cruel realidade de desacatamento dos ajustes acertados fez com que Luís Paulo Rosenberg tecesse o seguinte comentário: "(...) percebeu-se que no Brasil firmar um contrato de longo prazo com o governo é uma atividade primária. Mandatários que assumirem seus mandatos anos após o início de regência da concessão podem tentar mudar unilateralmente regras básicas do contrato (como cláusulas de reajuste de tarifas), ameaçando a integridade financeira montada pelos concessionários quando aceitaram o desafio".[67]

Inciso III

Diretriz: indelegabilidade de funções próprias do Poder Público

Inobstante as diversas parcerias que pretende firmar com entidades privadas, o Poder Público reservou para si o direito de manter sob seu controle as funções de regulação, jurisdicional, do exercício do poder de polícia; e de todas as atividades exclusivas do Estado. Tais atividades, evidentemente, não comportam delegação aos entes privados, impondo-se que sejam sempre executadas por entes dotados de potestade pública (poder de império).

Assim, a diretriz, atendendo aos ditames constitucionais, é de indelegabilidade.

– Indelegabilidade da função de regulação

Antes extremamente intervencionista, hoje o Estado, decorrente de uma mudança de concepção do conceito de atividade

---

[67] O governo e o impasse das PPP. *Gazeta Mercantil*.

administrativa (em face da dificuldade sempre crescente do oferecimento de um serviço público adequado à sociedade), dispôs-se a ser regulador, descentralizando, dessa forma, as atividades públicas para particulares.

Como leciona Marcos Juruena, o mecanismo regulatório é traçado da seguinte forma: inicialmente há o recebimento do poder político pela autoridade eleita, com as instruções de atendimento ao interesse geral; posteriormente, o agente político formula a política pública que, para atender ao interesse geral, deve ser executada com eficiência (primeira diretriz das PPPs, conforme já expusemos); por fim, as atividades regulatórias, traduzidas em comandos técnicos e orientações normativas, executivas ou judicantes, de certa área.[68]

– Indelegabilidade da função de jurisdição

A função jurisdicional é um dos fins primários do Estado. Desde que privou o cidadão de fazer valer seus direitos subjetivos pelas próprias mãos, a ordem jurídica teve que criar para o particular um direito à tutela jurídica do Estado. E este, em consequência, passou a deter não apenas o poder jurisdicional, mas também assumiu o dever de jurisdição.

Assim, consoante assevera Humberto Theodoro, em vez de conceituar a jurisdição como poder, é preferível considerá-la como função estatal, podendo sua definição ser oferecida nos seguintes termos: jurisdição é a função do Estado de declarar e realizar, de forma prática, a vontade da lei diante de uma situação jurídica controvertida.[69]

Araújo Cintra, Ada Pellegrini e Cândido Dinamarco conceituam a atividade como "uma das funções do Estado, mediante a qual este se substitui aos titulares dos interesses em conflito para, imparcialmente, buscar a pacificação do conflito que os envolve, com justiça. Essa pacificação é feita mediante a atuação da vontade do direito objetivo que rege o caso apresentado em concreto para ser

---

[68] Direito administrativo regulatório. Rio de Janeiro: Lumen Juris, 2002.
[69] *Curso de direito processual civil.* 4. ed. Rio de Janeiro: Forense, 1988. v. 1.

solucionado; e o Estado desempenha essa função sempre mediante o processo, seja expressando imperativamente o preceito (através de uma sentença de mérito), seja realizando no mundo das coisas o que o preceito estabelece (através da execução forçada)".[70] Em resumo, a função jurisdicional é aquela que o Estado exerce, através do Poder Judiciário, com o objetivo de solucionar os conflitos individuais de maneira definitiva, registrando-se que tal função somente pode ser exercida por esse Poder da República, sendo vedada a delegação de competência, inclusive em se tratando de contratação de parceria público-privada, sob pena de afronta ao princípio constitucional do juiz natural.[71]

– Indelegabilidade da função de poder de polícia

O Estado, com o objetivo de preservar a ordem pública, possui, entre outros mecanismos, o denominado poder de polícia.

Caio Tácito conceitua esse poder como "o conjunto de atribuições concedidas à Administração para disciplinar e restringir, em favor do interesse público, adequando direitos e liberdades individuais".[72]

Trata-se, em suma, da facilidade que a Administração possui para estabelecer e fazer valer medidas restritivas do direito individual em benefício da coletividade e, via de consequência, do Estado.

---

[70] *Teoria geral do processo.* 11. ed. rev. e atual. São Paulo: Malheiros, 1995.
[71] Jurisdição é função da soberania do Estado, o qual, em princípio e considerando-a em abstrato, poderia concebê-la ilimitada, ou absoluta, de modo a exercitar-se em relação a quaisquer causas, de qualquer natureza, sendo-lhe indiferente o domicílio ou a nacionalidade das partes, ou que os fatos, de que decorrerem, tenham ocorrido no país ou no estrangeiro. A jurisdição se exerceria em qualquer caso, sempre que provocada. A concepção de uma jurisdição assim ilimitada, não admitindo fronteiras de qualquer espécie, esbarraria com as jurisdições de outros Estados, daí resultando conflitos intoleráveis à convivência internacional, por um lado, e, por outro, o desprestígio daquela função, pela impossibilidade de fazer valer as decisões dos seus juízes no estrangeiro. Assim, é do interesse do próprio Estado limitar a jurisdição em relação ao espaço. É uma primeira limitação, além da qual não se exercita a jurisdição em caso algum. Mas, no âmbito da jurisdição assim limitada, ela se exerce validamente, sem embargo do domicílio, da nacionalidade das partes, ou do lugar da ocorrência dos fatos geradores da lide. Essa primeira delimitação traça as linhas divisórias da jurisdição do Estado em face da jurisdição de outros Estados, e, desse modo, estabelece a competência geral, dita também externa, ou internacional (Cf. SANTOS. *Primeiras linhas de direito processual civil,* 12. ed. São Paulo: Saraiva, 1989. v. 1).
[72] O poder de polícia e seus limites. *Revista de Direito Administrativo – RDA,* p. 1-11.

Inciso IV

Diretriz: responsabilidade fiscal

Buscando manter os gastos públicos nos níveis exatos das receitas auferidas, foi editada em 2000 a Lei Complementar nº 101, estabelecendo normas de finanças públicas voltadas para responsabilidade na gestão fiscal responsável, restringindo, como assevera Tolosa, a ação predatória do Administrador Público, possibilitando o fortalecimento das condições essenciais à estabilidade dos preços e ao crescimento econômico sustentável e, consequentemente, à geração de emprego, renda e bem-estar social.[73]

Este inciso apenas reafirma, prescrevendo como diretriz, que os acordos de PPP estão condicionados ao atendimento ao regrado sobre responsabilidade fiscal.[74]

---

[73] TOLOSA FILHO. *Comentários à nova Lei de Responsabilidade Fiscal*: Lei Complementar nº 101, de 4.5.2000: comentada e anotada, 2. ed. ampl. e atual. Rio de Janeiro: Temas & Ideias, 2001.

[74] Excelente matéria publicada na revista *Veja*, de 23 mar. 2005 (SILVA. O dique pode estourar: medidas salvam ex-prefeita e facilitam a vida de estados e municípios endividados. *Veja*, p. 42-44), retrata fatos que prejudicam a demonstração de pleno atendimento do Governo brasileiro a essa importante regra legal: "O sucesso da lei no Brasil pode ser medido pela ira de seus opositores no mundo da política. Sempre que podem, prefeitos e governadores descontentes procuram maneiras de afrouxá-la. Recentemente (...) tentativas tiveram sucesso. A primeira delas ocorreu em janeiro passado, quando o governo federal editou uma medida provisória regularizando a situação de prefeituras que contraíram empréstimos sem autorização do Tesouro Nacional num programa nacional de iluminação de ruas. A medida salvou a pele da petista Marta Suplicy, ex-prefeita de São Paulo. Em 5 de fevereiro de 2004, a prefeitura fez um aditivo de 27 milhões de reais a um empréstimo original com a Eletropaulo para substituir, na cidade, lâmpadas de mercúrio pelas de vapor de sódio, mais econômicas. Como a prefeitura se encontrava acima do seu limite máximo de endividamento, esse aditivo deveria ter passado pelo crivo do Tesouro Nacional. Não o foi. Em consequência, o Ministério da Fazenda enviou em 27 de dezembro de 2004, ofício ao Senado informando que a prefeita havia descumprido a lei. Um mês depois, no entanto, com a anuência do próprio ministro Antonio Palocci, o presidente Luiz Inácio Lula da Silva resolveu dar uma força à ex-prefeita: editou uma medida provisória que voltou no tempo para anistiar Marta livrando-a de punições. Com a medida, a ex-prefeita não poderá ser processada nem corre o risco de perder sua elegibilidade." Fechando a matéria, a jornalista lista, com propriedade, o que denomina como primeiras rachaduras na Lei de Responsabilidade Fiscal: "– Duas medidas do governo criaram furos na lei que foi capaz de transformar o histórico déficit nas contas dos estados e municípios no superávit que ajuda o país a reduzir sua dívida pública. – O primeiro golpe veio em janeiro deste ano, com a Medida Provisória nº 237. Ela legalizou empréstimos irregulares que prefeituras altamente endividadas fizeram para reduzir gastos com iluminação pública. – No segundo ataque à lei, o Ministério da Fazenda emitiu um parecer adiando para 2016 a suspensão de verbas para estados e municípios que não reduzirem suas dívidas." Outros exemplos de fracasso no atendimento dessa

Na verdade, a grande questão do atendimento à LRF está delineada no art. 22, que prescreve um limite objetivo ao estabelecer que a União somente poderá contratar parceria público-privada quando a soma das despesas de caráter continuado derivadas do conjunto das parcerias já contratadas não tiver excedido, no ano anterior, a 1% (um por cento) da receita corrente líquida do exercício, e as despesas anuais dos contratos vigentes, nos 10 (dez) anos subsequentes, não excedam a 1% (um por cento) da receita corrente líquida projetada para os respectivos exercícios.

Verifica-se, todavia, que é um limitador somente aplicável à União, diante da preocupação do legislador de não regular matéria de finanças públicas, que só poderiam ser estabelecidas por intermédio de Lei Complementar. Ocorre, como bem visualizou Flávio Amaral Garcia, que a sistemática, da forma que foi posta, leva os entes federativos a atendê-la.

O legislador foi inteligente, porque criou um sistema que praticamente induz que estados e municípios também atendam a esse limite. No art. 28 é dito que a União não poderá conceder garantias e realizar transferência voluntária aos estados e municípios se estes não observarem esse limite. Ou seja, ela não obriga a observância desse limite, mas cria ônus para aqueles entes federativos que não o atenderem.[75]

Inciso V

Diretriz: transparência dos atos

Transparência dos procedimentos e decisões está intimamente ligada ao Princípio da Moralidade, o qual exige do Agente Público

---

diretriz são os dados divulgados em matéria da *Veja* de 28 abr. 2004: dos 107 bilhões de reais que as 5.560 prefeituras do País movimentam por ano, entre recursos próprios, estaduais e federais, estima-se que suma 20 bilhões todos os anos no ralo da corrupção; 400% é o aumento da média de desvio de recursos federais pelas prefeituras nos últimos 5 anos; 60.000 é o número de vereadores no País, o que caracteriza um excesso de 9.000 em face do que estabelece a lei sobre a matéria (havendo, por parte dos políticos, uma enorme resistência à redução); 1.500 cidades gastam mais com vereadores do que com a necessidade da população; e 600 municípios foram criados artificialmente na última década, apenas para haver acesso a repasses de verba (Cf. OLTRAMARI; PERES; GASPAR. Pragas urbanas: desperdício, desvio e corrupção. *Veja*, p. 40-46).

[75] *Licitações & contratos administrativos*: casos e polêmicas. 3. ed. Rio de Janeiro: Lumen Juris, 2010.

não só comportamento correto e lícito, como também total atendimento à moral.

A nosso ver, a plena transparência de todos os atos da Administração faz brotar forte no seio do ordenamento jurídico a chamada "segurança jurídica".[76]

Incisos VI e VII
Diretrizes: compartilhamento de riscos e sustentabilidade dos projetos de parceria

Os incs. VI e VII demonstram a cristalina intenção do legislador no sentido de minimizar o risco do parceiro privado na implantação de um projeto de PPP, já que, como esposado anteriormente, há ainda enorme suspeita e grande receio por parte de particulares em celebrar contratos com a Administração, em função das dificuldades encontradas e a falta de participação do Poder Público quando do surgimento de problemas que necessitam de apoio governamental para serem resolvidos.

A inserção dos princípios de repartição objetiva de riscos e de sustentabilidade financeira é uma prova cabal de que o Poder Público brasileiro está buscando superar antigos maus costumes.

Vanice Lírio do Valle ressalta, com absoluta razão, que a atividade de "modelagem de uma parceria público-privada, com a opção acerca de quais sejam efetivamente os planos de responsabilidade e riscos de cada qual dos parceiros, só se pode adequadamente empreender, com a realização dos estudos e

---

[76] Um exemplo claro de demonstração de tentativa de tornar transparente os atos do atual governo federal foi a disponibilização, por intermédio da Controladoria Geral da União, do denominado *Portal da Transparência nos Recursos Públicos Federais* (disponível em: http://www.portaltransparencia.gov.br), que constitui-se num abrangente banco de informações, aberto a todos, sobre o uso do dinheiro arrecadado em tributos. O portal relaciona gastos em educação, saúde, segurança, entre outros, realizados nos municípios, seja diretamente pelo Governo Federal, ou por meio de convênios ou repasses aos estados, prefeituras, organizações não governamentais e fundações.

projeções de impacto orçamentário e financeiro".[77] Nesse diapasão, Marcos Juruena aponta que ao Poder Público deve caber, por exemplar, suportar os ônus dos riscos de comprometimento do equilíbrio das contas, enquanto ao particular podem ser atribuídos os riscos do negócio, nas suas cinco espécies: riscos de construção, financeiros, de performance, de demanda e relacionados ao valor residual dos ativos.[78] [79]

A Portaria nº 614, de 21 de agosto de 2006, da Secretaria do Tesouro Nacional (STN), delineou a questão da assunção e contabilização desses riscos, estabelecendo normas gerais relativas à consolidação das contas públicas aplicáveis aos contratos de PPP (sobre essa matéria, remetemos o leitor aos comentários ao art. 25).

Registre-se, por derradeiro, que, apesar de superimportantes, as diretrizes no direito pátrio têm sido relegadas a plano secundário. Infelizmente, como observa Ivan Rigolin, essas bases ideológicas são agradáveis de ler, mas, lamentavelmente, ineficazes, não efetivas e inoperantes na prática.[80]

---

[77] *Parcerias público-privadas e responsabilidade fiscal*: uma leitura de conciliação dos requisitos específicos de modelagem e execução, *apud* JURUENA, Marcos. *Direito administrativo das parcerias*. Rio de Janeiro: Lumen Juris, 2004.

[78] *Direito administrativo das parcerias*. Rio de Janeiro: Lumen Juris, 2004.

[79] Marcos Barbosa Pinto, avaliando que a solução encontrada para as PPPs nacionais rompe com a tradição brasileira em matéria de contratos administrativos, comenta que: "Em geral, nossos contratos tratam de repartição de riscos de forma sumária, muitas vezes relapsa. Resolve-se a questão, normalmente, mediante aplicação do abstrato princípio da manutenção do equilíbrio econômico-financeiro do contrato, cujas diretrizes conformadoras estão fixadas em lei, mas cuja aplicação prática é feita pelo Judiciário a cada caso, com o auxílio da doutrina acadêmica. Ao romper com esse paradigma, o Congresso Nacional reconheceu que a alocação de riscos é um dos aspectos mais importantes das PPPs. Alocar riscos para a parte que pode suportá-los a um custo mais baixo gera grandes economias, seja no setor público, seja no setor privado" (Repartição de riscos nas parcerias público-privadas. *Revista do BNDES*, Rio de Janeiro, v. 13, n. 25, p. 155-182, jun. 2006).

[80] *Licitações menos comuns*. São Paulo: SINICESP, 2013.

CAPÍTULO II

DOS CONTRATOS DE PARCERIA PÚBLICO-PRIVADA

Art. 5º As cláusulas dos contratos de parceria público-privada atenderão ao disposto no art. 23 da Lei nº 8.987, de 13 de fevereiro de 1995, no que couber, devendo também prever:

I – o prazo de vigência do contrato, compatível com a amortização dos investimentos realizados, não inferior a 5 (cinco), nem superior a 35 (trinta e cinco) anos, incluindo eventual prorrogação;

II – as penalidades aplicáveis à Administração Pública e ao parceiro privado em caso de inadimplemento contratual, fixadas sempre de forma proporcional à gravidade da falta cometida, e às obrigações assumidas;

III – a repartição de riscos entre as partes, inclusive os referentes a caso fortuito, força maior, fato do príncipe e álea econômica extraordinária;

IV – as formas de remuneração e de atualização dos valores contratuais;

V – os mecanismos para a preservação da atualidade da prestação dos serviços;

VI – os fatos que caracterizem a inadimplência pecuniária do parceiro público, os modos e o prazo de regularização e, quando houver, a forma de acionamento da garantia;

VII – os critérios objetivos de avaliação do desempenho do parceiro privado;

VIII – a prestação, pelo parceiro privado, de garantias de execução suficientes e compatíveis com os ônus e riscos envolvidos, observados os limites dos §§3º e 5º do art. 56 da Lei nº 8.666, de 21 de junho de

1993, e, no que se refere às concessões patrocinadas, o disposto no inciso XV do art. 18 da Lei nº 8.987, de 13 de fevereiro de 1995;

IX – o compartilhamento com a Administração Pública de ganhos econômicos efetivos do parceiro privado decorrentes da redução do risco de crédito dos financiamentos utilizados pelo parceiro privado;

X – a realização de vistoria dos bens reversíveis, podendo o parceiro público reter os pagamentos ao parceiro privado, no valor necessário para reparar as irregularidades eventualmente detectadas.

§1º As cláusulas contratuais de atualização automática de valores baseadas em índices e fórmulas matemáticas, quando houver, serão aplicadas sem necessidade de homologação pela Administração Pública, exceto se esta publicar, na imprensa oficial, onde houver, até o prazo de 15 (quinze) dias após apresentação da fatura, razões fundamentadas nesta Lei ou no contrato para a rejeição da atualização.

XI – o cronograma e os marcos para o repasse ao parceiro privado das parcelas do aporte de recursos, na fase de investimentos do projeto e/ou após a disponibilização dos serviços, sempre que verificada a hipótese do §2º do art. 6º desta Lei. (Incluído pela Lei nº 12.766, de 2012)

§2º Os contratos poderão prever adicionalmente:

I – os requisitos e condições em que o parceiro público autorizará a transferência do controle ou a administração temporária da sociedade de propósito específico aos seus financiadores e garantidores com quem não mantenha vínculo societário direto, com o objetivo de promover a sua reestruturação financeira e assegurar a continuidade da prestação dos serviços, não se aplicando para este efeito o previsto no inciso I do parágrafo único do art. 27 da Lei nº 8.987, de 13 de fevereiro de 1995; (Redação dada pela Lei nº 13.097, de 2015)

II – a possibilidade de emissão de empenho em nome dos financiadores do projeto em relação às obrigações pecuniárias da Administração Pública;

III – a legitimidade dos financiadores do projeto para receber indenizações por extinção antecipada do contrato, bem como pagamentos efetuados pelos fundos e empresas estatais garantidores de parcerias público-privadas.

Art. 5º – A. Para fins do inciso I do §2º do art. 5º, considera-se: (Incluído pela Lei nº 13.097, de 2015)

I – o controle da sociedade de propósito específico, a propriedade resolúvel de ações ou quotas por seus financiadores e garantidores que atendam aos requisitos do art. 116 da Lei nº 6.404, de 15 de dezembro de 1976; (Incluído pela Lei nº 13.097, de 2015)

II – A administração temporária da sociedade de propósito específico, pelos financiadores e garantidores quando, sem a transferência da propriedade de ações ou quotas, forem outorgados os seguintes poderes: (Incluído pela Lei nº 13.097, de 2015)

a) indicar os membros do Conselho de Administração, a serem eleitos em Assembleia Geral pelos acionistas, nas sociedades regidas pela Lei 6.404, de 15 de dezembro de 1976; ou administradores, a serem eleitos pelos quotistas, nas demais sociedades; (Incluído pela Lei nº 13.097, de 2015)

b) indicar os membros do Conselho Fiscal, a serem eleitos pelos acionistas ou quotistas controladores em Assembleia Geral; (Incluído pela Lei nº 13.097, de 2015)

c) exercer poder de veto sobre qualquer proposta submetida à votação dos acionistas ou quotistas da concessionária, que representem, ou possam representar, prejuízos aos fins previstos no **caput** deste artigo; (Incluído pela Lei nº 13.097, de 2015)

d) outros poderes necessários ao alcance dos fins previstos no **caput** deste artigo; (Incluído pela Lei nº 13.097, de 2015)

§1º A administração temporária autorizada pelo poder concedente não acarretará responsabilidade aos financiadores e garantidores em relação à tributação, encargos, ônus, sanções, obrigações ou compromissos com terceiros, inclusive com o poder concedente ou empregados. (Incluído pela Lei nº 13.097, de 2015)

§2º O Poder Concedente disciplinará sobre o prazo da administração temporária. (Incluído pela Lei nº 13.097, de 2015)

Artigo 5º *caput*

Em síntese, o contrato administrativo pode ser definido como um acordo de vontades entre o Poder Público e um particular, que produz direitos e obrigações para as partes. Tal acordo contém pontos que o distinguem do contrato comum (de direito privado), em face do chamado *interesse público*, que, por ser indisponível, determina a supremacia de poder da Administração.

Como todo contrato, os acordos de PPP são compostos de cláusulas que fixam o seu objeto e prescrevem as condições imprescindíveis para sua plena execução. Essas cláusulas são denominadas obrigatórias (também chamadas necessárias ou essenciais), uma vez que sua inexistência demandaria a nulidade do ajuste.

Além das cláusulas essenciais, os contratos de PPP são complementados com cláusulas acessórias que possuem a função de esclarecer as vontades das partes.

Sobeja relembrar que o conteúdo do contrato de PPP já é definido no instrumento convocatório de licitação (edital de licitação), sendo-lhe imposto, em consequência, o atendimento ao princípio da conformidade do contrato ao edital constante na Lei Geral de Licitações. Em nenhuma hipótese, portanto, o contrato de PPP poderá inovar ou se sobrepor às condições previstas na licitação (princípio da vinculação ao instrumento convocatório).

O art. 5º, ora comentado, faz remissão ao art. 23 da Lei nº 8.987/95 (Lei das Concessões), que enumera as cláusulas obrigatórias dos contratos de concessão de serviço público. O texto do dispositivo informa que tais cláusulas são também essenciais, "no que couber", nos pactos de PPP.

Referem-se elas:
- ao objeto, área e prazo da concessão;
- ao modo, forma e condições de prestação do serviço;
- aos critérios, indicadores, fórmulas e parâmetros definidores da qualidade do serviço;
- ao preço do serviço e aos critérios e procedimentos para o reajuste e a revisão das tarifas;
- aos direitos, garantias e obrigações do poder concedente e da concessionária, inclusive os relacionados às previsíveis necessidades de futura alteração e expansão do serviço e consequente modernização, aperfeiçoamento e ampliação dos equipamentos e das instalações;
- aos direitos e deveres dos usuários para obtenção e utilização do serviço;
- à forma de fiscalização das instalações, dos equipamentos, dos métodos e práticas de execução do serviço, bem como a indicação dos órgãos competentes para exercê-la;
- às penalidades contratuais e administrativas a que se sujeita a concessionária e sua forma de aplicação;

- aos casos de extinção da concessão;
- aos bens reversíveis;
- aos critérios para o cálculo e a forma de pagamento das indenizações devidas à concessionária, quando for o caso;
- às condições para prorrogação do contrato;
- à obrigatoriedade, forma e periodicidade da prestação de contas da concessionária ao poder concedente;
- à exigência da publicação de demonstrações financeiras periódicas da concessionária; e
- ao foro e ao modo amigável de solução das divergências contratuais.

Além dessas cláusulas, os acordos de PPP deverão conter, obrigatoriamente, outras específicas à matéria, contendo:

- o prazo de vigência do contrato, compatível com a amortização dos investimentos realizados, não inferior a 5 (cinco), nem superior a 35 (trinta e cinco) anos, incluindo eventual prorrogação;
- as penalidades aplicáveis à Administração Pública e ao parceiro privado em caso de inadimplemento contratual, fixadas sempre de forma proporcional à gravidade da falta cometida, e às obrigações assumidas;
- a repartição de riscos entre as partes, inclusive os referentes a caso fortuito, força maior, fato do príncipe e álea econômica extraordinária;
- as formas de remuneração e de atualização dos valores contratuais;
- os mecanismos para a preservação da atualidade da prestação dos serviços;
- os fatos que caracterizem a inadimplência pecuniária do parceiro público, os modos e o prazo de regularização e, quando houver, a forma de acionamento da garantia;
- os critérios objetivos de avaliação do desempenho do parceiro privado;
- a prestação, pelo parceiro privado, de garantias de execução suficientes e compatíveis com os ônus e riscos envolvidos, observados os limites dos §3º e 5º do art. 56 da Lei Geral de

Licitações, e, no que se refere às concessões patrocinadas, o disposto no inciso XV do art. 18 da Lei nº 8.987, de 13 de fevereiro de 1995;
- o compartilhamento com a Administração Pública de ganhos econômicos efetivos do parceiro privado decorrentes da redução do risco de crédito dos financiamentos utilizados pelo parceiro privado; e
- a realização de vistoria dos bens reversíveis, podendo o parceiro público reter os pagamentos ao parceiro privado, no valor necessário para reparar as irregularidades eventualmente detectadas.

Incisos I a XI

Essas condições obrigatórias merecem avaliação mais apurada, em função de constituírem matérias específicas das PPPs.

Inciso I – o prazo de vigência do contrato, compatível com a amortização dos investimentos realizados, não inferior a 5 (cinco), nem superior a 35 (trinta e cinco) anos, incluindo eventual prorrogação.

A regra de vigência do contrato de PPP possui contornos inovadores. A duração dos acordos tem como premissa a compatibilização com a amortização dos investimentos realizados, jamais podendo ser inferior a 5 (cinco) anos, e nunca superior a 35 (trinta e cinco) anos, computando-se nesse prazo-limite as eventuais prorrogações, diferentemente do tratamento concedido aos contratos administrativos regidos pela Lei Geral de Licitações, que possuem duração atrelada à vigência dos respectivos créditos orçamentários.

Essa elasticidade de prazo tem motivado severas críticas, uma vez que há a possibilidade da assunção do risco de empreendimentos desses contratos por parte da Administração, passível de proporcionar um fluxo de pagamentos futuros – e consequentemente um endividamento público – incompatível com as disposições da Lei de Responsabilidade Fiscal (LRF – Lei Complementar nº 101, de 04.05.2000).

A constante censura tem, portanto, respaldo, já que a inexistência de limite sobre o endividamento futuro das administrações públicas estaria intimamente atrelada a um aporte de recursos públicos para suporte dos custos operacionais dos prestadores privados dos serviços públicos contratados.

Parece-nos evidente, não obstante, que contratos desta natureza, de regra, notadamente quando celebrados pela União para situações relevantes, necessitam de prazos relativamente longos, sendo impensável acreditar, em sã consciência, que um investidor privado aceite com tranquilidade aplicar num projeto de porte que ofereça retorno apenas por curtos espaços de tempo.[81] Sem dúvida, pelo exposto, tal particularidade concorreu para que se definisse a regra do prazo máximo das PPPs.

Por outro lado, não se consegue vislumbrar o que motivou o estabelecimento do prazo mínimo (5 anos).

Tudo leva a crer que os idealizadores dessa regra se esqueceram de que o país é composto de pequenos municípios, com necessidades a serem atendidas em períodos relativamente curtos.

Nesse diapasão, concordamos com as ponderações de Rodrigo Balera que, munido de fortes argumentos, avalia negativamente o regramento:[82]

> Quanto ao prazo, já que se está diante de um tipo de contrato que não apresenta normalmente a possibilidade de competição, a única competição que existe é pela outorga do serviço. Assim, parcerias de curta duração — quando viáveis técnica e economicamente — tendem a ser melhores para a população que as mais longas, pois a etapa competitiva acontecerá mais frequentemente.

---

[81] Projetos como as construções do Rodoanel Metropolitano de São Paulo e do Arco Metropolitano do Rio de Janeiro, duplicação da rodovia Régis Bittencourt (São Paulo x Curitiba), Construção das Ferrovias Norte-Sul (Estreito x Balsas, na Bahia) e Transnordestina (Petrolina x Missão Velha – PE/CE), entre outros, citados como passíveis de PPPs, são exemplos de objetos que necessitam de grande lapso temporal para serem viabilizados.

[82] Características e limitações das PPP. *Gazeta Mercantil*, 21 mar. 2005.

Marcos Juruena também critica o prazo mínimo:

> Igualmente polêmico é o prazo mínimo de cinco anos de prestação do serviço. Se é certo que o limite máximo se justifica, por conta do dever de promover licitações periodicamente (tanto que o art. 5º, I, *in fine* abrange até a "eventual prorrogação"), o limite mínimo poderia ser reputado de invasivo de uma esfera de opção das demais entidades federadas e do próprio princípio democrático, como se verá adiante.[83]

Inciso II – as penalidades aplicáveis à Administração Pública e ao parceiro privado em caso de inadimplemento contratual, fixadas sempre de forma proporcional à gravidade da falta cometida, e às obrigações assumidas.

Nos contratos administrativos, a cláusula das penalidades é caracterizada como exorbitante, por ser unilateral, isto é, somente é permitido ao Poder Público impor penalizações ao contratado no caso de descumprimento das cláusulas avençadas.

Na Lei nº 11.079, todavia, há uma diferença marcante: a possibilidade de aplicação de sanção também à Administração. Pelo menos, é o que expressamente dispõe este inciso.

Ver-se-á que, na prática, contudo, não se vislumbra possível essa operação por parte do parceiro privado, diante do ordenamento jurídico-administrativo.

Em tese, na concepção expressa do texto legal, observar-se-á a regra da proporcionalidade nas penalizações, ou seja, no edital licitatório e, logicamente, no contrato de concessão sob o regime de parceria público-privada, fixar-se-á pena proporcional à gravidade da falta.

Acontece que a norma não informa quais as penalidades cabíveis, o que, considerando o princípio da legalidade, ínsito do Direito Administrativo, desautoriza a uma fixação. Só se aplicam nessa seara as penalidades previstas em lei.

---

[83] *Direito administrativo das parcerias.* Rio de Janeiro: Lumen Juris, 2004.

Poder-se-ia alegar que as possíveis penalidades previstas no art. 87 da Lei Geral de Licitações demandam imposição a todos os contratos administrativos, consoante o preconizado no art. 124, que reza a aplicação às licitações e aos contratos para permissão ou concessão de serviços públicos os dispositivos que não conflitem com a legislação específica sobre a matéria. Todavia, impende ressaltar que as penalizações nela preconizadas estão voltadas exclusivamente para aplicação por parte do Poder Público ao contratado e nunca ao contrário, além de incompatíveis com a posição da Administração na avença.

Quando muito, admitir-se-ia a imposição de multa, como se pode extrair, inclusive, do texto do art. 29, na menção a "penalidades financeiras previstas contratualmente", apesar de o dispositivo tratar da punição dos agentes públicos responsáveis por possíveis ilegalidades.

Zanella Di Pietro concorda com nosso posicionamento e vai além, pois conclui pela impossibilidade de aplicação de multa por parte da entidade privada, asseverando:[84]

> Em síntese, não há possibilidade de previsão contratual de penalidades a serem aplicadas à Administração Pública, pois, não tendo ela personalidade jurídica, a sanção resultaria aplicada ao próprio Estado, que detém com exclusividade do poder sancionatório.

Inciso III – a repartição de riscos entre as partes, inclusive os referentes a caso fortuito, força maior, fato do príncipe e álea econômica extraordinária.

O compartilhamento dos riscos entre as partes envolvidas é natural nas parcerias.[85] Entretanto, causa profunda estranheza que

---

[84] *Parcerias na Administração Pública*: concessão, permissão, franquia, terceirização, parceria público-privada e outras formas, 5. ed. São Paulo: Atlas, 2005. p. 159.
[85] Marcos Juruena elogia o avanço da Lei das PPPs nesse particular: "Importante evolução veio com o art. 5º, III, que torna o parceiro privado também responsável pelos riscos (...). No regime da Lei nº 8.666/93, os arts. 78, XVII e 79, §2º obrigavam a Administração a indenizar o contratado nestas situações, pelo fato de não haver culpa do contratado. Ainda que se pudesse questionar a constitucionalidade do dispositivo – já que não havia ação ou omissão imputável à Administração pelo art. 37, §6º, CF – o certo é que se entendia

no rol de matérias a serem compartilhadas conste o denominado *fato do príncipe*. Sendo esse fato uma determinação do Poder Público (positiva ou negativa e imprevista) que venha a onerar a execução contratual, é seguramente um enorme contrassenso determinar que a parte privada da parceria assuma responsabilidade por fato oriundo de manifestação ou ato da própria Administração. Essa situação constitui-se numa álea administrativa extraordinária e extracontratual que obriga o Poder Público a atuar de modo a compensar os prejuízos da outra parte, rendendo ensejo, inclusive, à rescisão contratual e indenizações.[86] Dessa forma, é intrigante a regra obrigacional nesse mister.

A Lei também menciona que as partes compartilharão os riscos na incidência de situações decorrentes de caso fortuito ou de força maior. O Código Civil prevê, no parágrafo único do art. 393, que "caso fortuito ou de força maior verifica-se no fato necessário, cujos efeitos não era possível evitar ou impedir".[87] Força maior deriva de evento humano, imprevisível ou inevitável, que determina a impossibilidade ou uma enorme dificuldade na execução do objeto contratual; caso fortuito deriva de fenômeno da natureza que, também por imprevisibilidade e inevitabilidade, provoca efeito semelhante. Assim, na ocorrência tanto de um quanto de outro, deverão as partes buscar saídas em conjunto.

Por fim, no rol exemplificativo da Lei, é mencionada a álea econômica extraordinária, que envolve o risco de ocorrência, tal como na força maior, de fato estranho à vontade das partes (também imprevisível e inevitável ou, ainda que previsível, de consequências incalculáveis), que provoque o desequilíbrio econômico do acordo, demandando a revisão de suas cláusulas financeiras.

---

que o princípio da solidariedade resolvia a matéria, obrigando a sociedade a assumir o risco do contratado. Num regime de repartição de riscos a situação se corrige" (*Direito administrativo das parcerias*. Rio de Janeiro: Lumen Juris, 2004).

[86] O "Fato do Príncipe" não deve ser confundido com o fato da Administração. O primeiro caracteriza-se por uma manifestação de abrangência geral do Poder Público, repercutindo em toda a economia, com reflexos, é claro, no contrato; já o segundo, que também tem origem de ação ou omissão do Poder Público, incide diretamente sobre o ajuste, impedindo ou retardando a sua execução.

[87] Artigo 393 do Código Civil – Lei nº 10.406/02:
Art. 393. O devedor não responde pelos prejuízos resultantes de caso fortuito ou força maior, se expressamente não se houver por eles responsabilizado.
Parágrafo único. O caso fortuito ou de força maior verifica-se no fato necessário, cujos efeitos não era possível evitar ou impedir.

Pontua-se que essa correlação encargo/remuneração deve manter-se conservada durante a execução contratual, independentemente de qualquer fator. Frisa-se, entrementes, que não será qualquer desequilíbrio que determinará tal procedimento, uma vez que o contratado há de suportar alguns riscos inerentes à atividade que se propôs a realizar. Somente a "álea econômica extraordinária" autorizará o reequilíbrio (e nunca a "álea ordinária", que representa os riscos comuns antes mencionados).

Inciso IV – as formas de remuneração e de atualização dos valores contratuais.

Há, obviamente, de se prever nos acordos a forma de remuneração do parceiro privado e a como se atualizarão os valores pagos com atraso.

A remuneração, consoante prevê o art. 6º, pode ser em pecúnia, mediante ordem bancária ou cessão de créditos não tributários; outorga de direitos em face da Administração; outorga sobre bens dominicais; e outros admitidos em lei (sobre os meios de pagamento, remete-se o leitor aos comentários ao art. 6º mencionado).

A lei alude à "atualização" que, alerta-se, difere da "recomposição" e do "reajuste" (que apesar de possuírem a mesma raiz e buscarem fim semelhante, não contêm idêntica natureza jurídica).

A recomposição está intimamente ligada ao reequilíbrio econômico-financeiro, com fundamento na Teoria da Imprevisão, decorrendo de situação imprevista que demandará a reavaliação do valor. O reajuste advém do prévio estabelecimento contratual, com o objetivo de compensar os efeitos da corrosão inflacionária por acaso ocorrida, baseando-se em índices setoriais preestabelecidos.

A atualização anda bem próxima do reajuste, diferenciando-se tão somente por adotar índices gerais de inflação.

Pelo visto, tudo leva a crer que o legislador confundiu-se no momento da elaboração da norma, mencionando atualização, quando pretendia tratar de reajuste; porquanto, mais à frente, no §1º, dando vezo especificamente à atualização, claramente demonstra que a pretensão era no sentido de determinar o reajustamento, fazendo menção, inclusive, ao seu automatismo, com aplicação através de simples apostilamento, tal como ocorre com os demais contratos administrativos.

Nota-se uma preocupação excessiva do legislador em tecer minúcias sobre a matéria, dispondo que as cláusulas para tal fim, quando existirem, baseadas em índices e fórmulas matemáticas, serão aplicáveis sem a necessidade de homologação pela Administração, exceto se esta publicar, na imprensa oficial, até o prazo de 15 (quinze) dias após a apresentação da fatura, razões fundamentadas na própria Lei ou no contrato para a rejeição de atualização.

Tal regramento, em texto confuso, apesar de minucioso, além de mencionar essa estranhíssima homologação, em face da desnecessidade de homologar ato automático, indica, de forma mais direta, que a atualização automática dos valores ocorrerá (independentemente da tal homologação), salvo se a Administração rejeitar as faturas de atualização apresentadas pelo parceiro privado, quando então providenciará a divulgação, na imprensa oficial, dos motivos dessa rejeição, permitindo, dessa forma, o oferecimento de contrarrazões, com a reapresentação das faturas, ou a apresentação de outros documentos de cobrança, com novos cálculos.

A incidência da atualização, de acordo com o previsto no art. 28 da Lei nº 9.069/95 (que implantou o Plano Real), será anual, consoante, inclusive, o reafirmado no art. 2º da Lei nº 10.192/01, que só admite reajuste nos contratos de cuja duração seja igual ou superior a um ano.

Inciso V – os mecanismos para a preservação da atualidade da prestação dos serviços.

Os serviços públicos hão de ser os mais modernos e atualizados possíveis, de modo a atender plenamente à comunidade.

Preocupou-se o legislador, portanto, de fazer valer essa regra de atualização dos serviços em cláusula específica, de modo que não sejam oferecidos aos administrados serviços descompassados com os avanços tecnológicos, principalmente decorrido um longo tempo de prestação.

O Código de Defesa do Consumidor (Lei nº 8.078/90), em seu art. 22, dispõe como obrigatória a prestação adequada e atualizada do serviço público: "os órgãos públicos, por si ou por suas empresas concessionárias, permissionárias ou sob qualquer forma de empreendimento, são obrigados a fornecer serviços adequados, eficientes e, quanto aos essenciais, contínuos".

Ademais, é de se relembrar que o art. 27 da EC nº 19/1998 prescreveu que, no prazo de 120 dias após sua promulgação, o Congresso Nacional elaboraria "Lei de defesa do usuário dos serviços públicos" (*Art. 27. O Congresso Nacional, dentro de cento e vinte dias da promulgação desta Emenda, elaborará lei de defesa do usuário de serviços públicos*).

Nesse pé, cumprindo a prescrição – com o "pequeno" atraso de quase 30 anos, se considerado o texto constitucional original,[88] e também com o "reduzido retardo" de quase 20 anos, se levada em consideração a data de promulgação da EC (4.06.1998) –, foi sancionada a Lei nº 13.460, de 26 de junho de 2017, dispondo sobre a participação, proteção e defesa dos direitos do usuário dos serviços públicos da Administração Pública, já denominada de Código de Defesa dos Usuários de Serviços Públicos – CDUSP.

Sobre o tema, observamos no livro *Comentários à Lei nº 13.460, de 26 de junho de 2017*:[89]

> A nosso ver, trata-se de significativo instrumento normativo que, somando-se a outros já existentes – como a Lei de Concessões e Permissões de Serviços Públicos (Lei nº 8.987/1995); a Lei de Acesso à Informação – LAI (Lei nº 12.527/2011); o Decreto federal nº 9.094/2017, que dispõe sobre a simplificação do atendimento prestado aos usuários dos serviços públicos;[90] a Instrução Normativa Conjunta nº 1/2018 MP/CGU, que dispõe sobre os

---

[88] Texto original: Art. 37, §3º, CF/88: "As reclamações relativas à prestação de serviços públicos serão disciplinadas em lei.".

[89] *Comentários À Lei nº 13.460, de 26 de junho de 2017*: Novo Código de Defesa dos Usuários de Serviços Públicos. Curitiba: CRV, 2018.

[90] Entre outros mecanismos de simplificação do atendimento prestado aos usuários dos serviços públicos, o Decreto nº 9.094/17 prevê, em seu art. 13, que os usuários dos serviços públicos poderão apresentar Solicitação de Simplificação, por meio de formulário próprio denominado "Simplifique!", aos órgãos e às entidades do Poder Executivo federal, quando a prestação de serviço público não observar o nele preceituado, permitindo, assim, que sugiram melhorias, identifiquem falhas e questionem a exigência de documentos e procedimentos requeridos pelos entes públicos. Todos os detalhes sobre o encaminhamento de solicitação para o "Simplifique!" estão descritos na Instrução Normativa Conjunta nº 1/2018. Esse canal online já está em pleno funcionamento, podendo ser acessado em: http://www.simplifique.gov.br/.

procedimentos aplicáveis à solicitação de simplificação de que trata o Decreto nº 9.094, de 17 de julho de 2017 (SIMPLIFIQUE!); e o próprio Código de Defesa do Consumidor – CDC (Lei nº 8.078/1990), além das complementações aplicativas através de regulamentos específicos –, tem tudo para render ótimos frutos, melhorando, em muito, a prestação de serviços públicos e o atendimento aos usuários desses serviços (a população), permitindo, inclusive, o acompanhamento e as manifestações desses usuários por intermédio de reais mecanismos, que deverão ser compulsoriamente adotados e praticados pelos prestadores de serviços públicos.

Inciso VI – os fatos que caracterizem a inadimplência pecuniária do parceiro público, os modos e o prazo de regularização e, quando houver, a forma de acionamento da garantia.

O mandamento demonstra a preocupação do legislador quanto à proteção do parceiro privado, determinando que sejam elencados no contrato não só os fatos caracterizadores da inadimplência pecuniária da Administração, como também, logicamente, as formas e os prazos oferecidos para que o Poder Público regularize essa situação, além da maneira de utilização da garantia prestada para tal fim, caso exista e seja necessário dela dispor.

Inciso VII – os critérios objetivos de avaliação do desempenho do parceiro privado.

A avaliação de desempenho, típica dos contratos de gestão, busca o que se passou a chamar de "administração por resultados", com a ocorrência de processos de avaliação e controle quanto ao atendimento das linhas traçadas pelo Poder Público e aceitas pelo parceiro privado.

A ideia básica é a concentração de esforços da Administração no planejamento estratégico, exercendo, com o estabelecimento de metas, o poder controlador e avaliador de desempenho, resgatando-se o conceito de controle finalístico, ultimamente afastado pelo excesso de burocracias.

A estipulação objetiva de quesitos de desempenho tende a estimular a *performance* bem mais do que o receio de aplicação de penalizações constantes nas concessões comuns. Além disso, como observa José Virgílio Enei,[91] a objetividade e a clareza dos critérios traduzem-se em maior segurança e confiabilidade ao parceiro privado, na medida em que este tem conhecimento prévio e claro dos fatores – dentro de sua esfera de controle – capazes de reduzir sua remuneração periódica. Essa segurança e confiabilidade pode ser ainda mais reforçada, caso, a exemplo das experiências internacionais, a averiguação do cumprimento dos quesitos de qualidade e performance venha a ser atribuída a um verificador independente e imparcial, livre das pressões dos parceiros público e privado.

Inciso VIII – a prestação, pelo parceiro privado, de garantias de execução suficientes e compatíveis com os ônus e riscos envolvidos, observados os limites dos §§3º e 5º do art. 56 da Lei nº 8.666, de 21 de junho de 1993, e, no que se refere às concessões patrocinadas, o disposto no inciso XV do art. 18 da Lei nº 8.987, de 13 de fevereiro de 1995.

A garantia é um instrumento que assegura à Administração o cumprimento pelo contratado da obrigação assumida.

A lei molda as prestações de garantias a serem prestadas pelo parceiro privado nas PPPs de forma interessante. Inicialmente ressalva o óbvio: hão de ser suficientes e compatíveis com os ônus e riscos envolvidos; posteriormente, faz remissão aos limites dos §3º e 5º do art. 56 da Lei Geral de Licitações. O primeiro diz respeito a uma elevação de valor limite da garantia (que é de 5% do valor do contrato) para até 10% do valor contratual, no caso de obras, serviços

---

[91] *Project finance*: financiamento com foco em empreendimentos. São Paulo: Saraiva, 2007.

e fornecimentos de grande vulto, envolvendo alta complexidade técnica e riscos financeiros, demonstráveis através de parecer tecnicamente aprovado por autoridade superior. Já o segundo oferece tratamento especial para os casos de contratos que importem na entrega de bens pela Administração, dos quais o contratado ficará depositário, quando então ao valor da garantia deverá ser acrescido os referentes a esses bens.

Na realidade, em técnica redacional questionável, dispôs o legislador, a nosso ver, que o parceiro privado deverá apresentar as garantias que o art. 56 lista em seu §1º, quais sejam, a caução (em dinheiro ou títulos da dívida pública); o seguro-garantia ou a fiança bancária.

Acresça-se que, nas duas modalidades de concessão de PPP (patrocinada e administrativa), o contrato deverá prever garantias nas condições antes dispostas.

Por fim, quanto às *concessões patrocinadas*, a norma faz referência ao previsto no inc. XV do art. 18 da Lei nº 8.987/95, qual seja, nessas concessões, quando envolverem serviços públicos precedidos de execução de obra pública, obrigar-se-á a apresentar os dados relativos à obra, dentre os quais os elementos do projeto básico, que permitam sua plena caracterização, bem assim as garantias exigidas para essa parte específica do contrato, adequadas a cada caso e limitadas ao valor da obra.

Diante dessa diferença de forma de garantias, inteira razão se dá a Zanella Di Pietro[92] quando sustenta a tese de que a concessão administrativa aproxima-se bastante da empreitada (regida pela Lei Geral de Licitações), enquanto a concessão patrocinada constitui modalidade de concessão de serviço público, razão pela qual se submeterá ao artigo 18, XV, da Lei de Concessões (Lei nº 8.987/95).[93]

---

[92] *Parcerias na Administração Pública*: concessão, permissão, franquia, terceirização, parceria público-privada e outras formas, 5. ed. São Paulo: Atlas, 2005.
[93] Lei nº 8.987/95: Art. 18. O edital de licitação será elaborado pelo poder concedente, observados, no que couber, os critérios e as normas gerais da legislação própria sobre licitações e contratos e conterá, especialmente: (...) XV – nos casos de concessão de serviços públicos precedida da execução de obra pública, os dados relativos à obra, dentre os quais os elementos do projeto básico que permitam sua plena caracterização, bem assim as garantias exigidas para essa parte específica do contrato, adequadas a cada caso e limitadas ao valor da obra. (Redação dada pela Lei nº 9.648, de 1998).

Inciso IX – o compartilhamento com a Administração Pública de ganhos econômicos efetivos do parceiro privado decorrentes da redução do risco de crédito dos financiamentos utilizados pelo parceiro privado.

Apesar da partilha de riscos entre partes envolvidas em parcerias ser regra natural (conforme prevê, inclusive, o inc. III), e, por lógica, também a divisão dos ganhos econômicos, o que daria total respaldo ao previsto neste inc. IX – motivo pelo qual alguns intérpretes têm correlacionado os incisos[94] – cremos que o compartilhamento de ganhos previsto neste preceptivo merece acautelada reflexão.

O texto legal menciona "crédito dos financiamentos", isto é, recursos auferidos em empréstimos no mercado financeiro voltados exclusivamente para investimentos no objeto do acordo de PPP, mencionando, também, que a divisão dar-se-á em função dos ganhos econômicos decorrentes da redução do risco desse crédito.

Infere-se, consequentemente, que haverá obrigatoriedade de compartilhamento quando os juros cobrados pelos agentes financeiros forem inferiores aos riscos de créditos atribuídos à Administração.

Na prática, não parece nada fácil a aplicação do regramento: primeiro, porque é de duvidosa avaliação; depois, porque não define a mensuração da partilha dos ganhos econômicos; e, por fim, porque não prevê a proporção da repartição, permitindo a conclusão de que o percentual dependerá da previsão contratual, muito embora a lógica sinalize para a divisão em partes iguais.

---

[94] Gustavo Maciel Rocha e João Carlos Horta fazem essa correlação: "A Lei de PPP prevê expressamente a obrigatoriedade de repartição dos riscos (...). Em contrapartida (...) impõe o compartilhamento com o parceiro público dos ganhos econômicos efetivos do parceiro privado decorrentes do risco de crédito de seus financiamentos" (*Parcerias público-privadas*: guia legal para empresários, executivos e agentes de governo, Belo Horizonte: Prax, 2005).

Inciso X – a realização de vistoria dos bens reversíveis, podendo o parceiro público reter os pagamentos ao parceiro privado, no valor necessário para reparar as irregularidades eventualmente detectadas.

A reversão, do latim *reverrio*, exprime o regresso ao estado anterior. No caso, a reversão se dá com o retorno ao patrimônio da Administração dos bens vinculados ao serviço público, com o desfazimento do contrato de concessão.

Reza o §1º do art. 35 da Lei de Concessões (Lei nº 8.987/95) que, extinta a concessão, retornarão ao poder concedente todos os bens reversíveis, direitos e privilégios transferidos ao concessionário, conforme previsto no edital e no contrato.

Já o art. 36, com a nítida preocupação de preservar os investimentos do concessionário, prevê que a reversão far-se-á com a devida indenização das parcelas dos investimentos vinculados aos bens reversíveis, ainda não amortizados ou depreciados, que tenham sido realizados com o objetivo de garantir a continuidade e a atualidade do serviço concedido. Interessante notar que há obrigatoriedade de determinação prévia dos bens reversíveis no edital licitatório e, consequentemente, no contrato, porquanto somente esses previamente elencados é que são passíveis de reversão.

Há imensa discussão sobre a forma a ser escolhida para a avaliação dos bens, uma vez que critérios diferenciados poderão ser adotados: o que considera o valor dos bens no momento de sua aquisição, e aquele que leva em consideração o valor do *quantum* no exato momento da reversão.

Após considerar quase impossível o deslinde da questão de modo puramente teórico, Marçal Justen sugere como melhor solução a determinação expressa no ato convocatório, o que, sem dúvida, constitui-se na decisão mais acertada.

XI – o cronograma e os marcos para o repasse ao parceiro privado das parcelas do aporte de recursos, na fase de investimentos do projeto e/ou após a disponibilização dos serviços, sempre que verificada a hipótese do §2º do art. 6º desta Lei.

A Lei nº 12.766/12, além de clarificar alguns conceitos de PPPs, como se verificará mais à frente, estabeleceu a possibilidade efetiva de "aportes", que configuram uma espécie de pagamento pela realização de investimentos em infraestrutura pública a cargo do parceiro privado distinta da "contraprestação", destinada à remuneração da prestação.

Assim, incluiu o inc. XI, o qual estabelece que, sempre que seja verificada a hipótese do §2º do art. 6º, ou seja, todas as vezes que o contrato prever aporte de recursos em favor do parceiro privado para a realização de obras e aquisição de bens reversíveis, nos termos dos incs. X e XI do *caput* do art. 18 da Lei nº 8.987/95, desde que autorizado no edital de licitação, se contratos novos, ou em lei específica, se contratos celebrados até 8.08.2012, haverá um cronograma e marcos para o repasse das parcelas do aporte de recursos na fase de investimentos do projeto e/ou após a disponibilização dos serviços.

Logo, o aporte de recursos poderá ocorrer antes e depois da disponibilização dos serviços, cabendo ao edital prever no cronograma os momentos de ocorrência.

Parágrafo 1º

O conteúdo do §1º sofreu avaliação nos comentários ao inc. IV, que trata da remuneração e sua atualização, ao qual remetemos o leitor.

Parágrafo 2º

O §2º dispõe sobre cláusulas adicionais que, se julgadas cabíveis, poderão constar nos contratos de PPP.

O inc. I – que faz menção a uma figura até então inexistente no diploma: a Sociedade de Propósito Específico (SPE)[95][96] – confere ao Poder Público a faculdade de prever os requisitos e condições em que poderá autorizar a transferência do controle da SPE aos seus financiadores e garantidores ou a administração temporária (*step-in right*), objetivando a promoção de reestruturação financeira e a certeza da necessária continuidade da prestação dos serviços.

Dispôs o dispositivo, todavia, pela inaplicabilidade do inc. I do parágrafo único do art. 27 da Lei nº 8.987/95 (renumerado para §1º pela Lei nº 11.196/05), que requer o atendimento das exigências de capacidade técnica, idoneidade financeira e regularidade jurídica e fiscal.

Tal determinação causa perplexidade, haja vista que a regra de reavaliação habilitatória configura procedimento natural no caso de substituição da contratada. A perplexidade se maximiza em função do disposto, mais à frente, no §1º do art. 9º, que, tratando da SPE, exige, para a operacionalização da transferência para os financiadores, o pleno atendimento pelo novo controlador das regras preconizadas no parágrafo único do art. 27 da Lei nº 8.987/95 (renumerado para §1º pela Lei nº 11.196/05). Esse aparente conflito de procedimento dentro do mesmo diploma tem causado embaraços na aplicação.

Zanella Di Pietro critica veementemente os dispositivos:

> O §1º do art. 9º permite a transferência do controle da sociedade de propósito específico, mediante autorização da Administração Pública, observado o disposto no parágrafo único do art. 27 da Lei nº 8.987/95, ou seja, o pretendente deve atender às exigências de capacidade técnica, idoneidade financeira e regularidade jurídica e fiscal necessárias à assunção do serviço (inc. I) e comprometer-se a cumprir todas as cláusulas do contrato em vigor (inc. II). Constitui exceção ao inc. I dessa norma a hipótese prevista no artigo 5º, §2º, que trata da transferência do controle acionário da sociedade de propósito específico para os financiadores; nesse caso, quando assumirem o controle da sociedade, os financiadores não precisam demonstrar capacidade técnica, idoneidade financeira e regularidade jurídica e fiscal necessárias à assunção do serviço. Trata-se, evidentemente, de um absurdo, pois se, nos termos do dispositivo, essa

---

[95] Tanto que Carlos Pinto Coelho Motta conclui que a figura jurídica representou uma contribuição deveras criativa do legislador ao acervo de espécies organizacionais até agora catalogadas no inesgotável acervo do direito administrativo brasileiro (*Eficácia nas Licitações & Contratos*. 10. ed. Belo Horizonte: Del Rey, 2005).

[96] Sobre a Sociedade de Propósito Específico (SPE), remetemos o leitor aos comentários ao art. 9º, que compõem o Capítulo IV, específico para o assunto.

capacidade é necessária à assunção do serviço, não se pode admitir que a transferência seja feita a quem não demonstre essa capacidade.[97]

Infere-se, pelo exposto por Di Pietro, que a administrativista concorda com a interpretação de alguns analistas, perseguindo uma leitura que permita se entender que inexiste contradição das regras, concluindo que, apesar de ambas as situações tratarem da transferência do controle da SPE, o art. 5º, §2º, I trata dos casos em que o parceiro público autorizará a transferência do controle para os seus financiadores, e o art. 9º, da transferência do controle da SPE para sujeitos estranhos à sua composição inicial.

A ideia, bastante plausível, é o pressuposto de que os sujeitos financiadores da SPE já tenham sofrido apreciação quanto à capacidade e idoneidade. Daí, a dispensa de aplicação do art. 27, parágrafo único, I, da Lei nº 8.987/95 (renumerado para §1º pela Lei nº 11.196/05) constante no art. 5º, §2º, I. No art. 9º, entretanto, a hipótese seria a de transferência para sujeitos que não possuem a condição de financiadores. Nesse caso, a lei teria condicionado a realização da transferência à comprovação de que os interessados disponham da qualificação técnica, econômica, fiscal e jurídica indispensáveis para assumir os serviços.

Logo, inexistiria contradição, em função de tratarem de situações distintas. Enquanto uma trataria da transferência do controle da SPE para os seus financiadores, a outra estaria tratando da transferência para sujeitos que não possuem essa condição.

Não cremos, entretanto, que seja essa a avaliação correta dos textos legais mencionados, já que não se encontra no diploma a determinação de verificação *a posteriori* da qualificação dos financiadores.

Diversamente da avaliação acima exposta, a nosso ver, as regras denotam uma aparente antinomia jurídica (normas conflitantes regulando a mesma situação).

Consoante as lições de Maria Helena Diniz,[98] antinomia é o conflito entre duas normas, dois princípios, ou de uma norma e um princípio geral de direito em sua aplicação prática a um caso particular. É a presença de duas normas conflitantes, sem que se possa saber qual delas deverá ser aplicada ao caso singular. As antinomias próprias

---

[97] *Parcerias na Administração Pública*. 5. ed. São Paulo: Atlas, 2005. p. 160.
[98] *Compêndio de introdução à ciência do direito*. 4. ed. São Paulo: Saraiva, 1992.

caracterizam-se pelo fato de o sujeito não poder atuar segundo uma norma sem violar a outra, devendo optar, e esta sua opção implica a desobediência a uma das normas em conflito, levando-o a recorrer a critérios para sair dessa situação. Nesse caso, como ensinava Hans Kelsen,[99] a solução para o aplicador se dá decidindo, num ato de vontade, pela aplicação de uma ou de outra das duas normas, pelo que permaneceria a existir o conflito entre ambas as normas jurídicas gerais.

Nesse diapasão, o imbróglio se resolveria com escolha da norma que determina a verificação habilitatória, porquanto, de regra, há de se verificar se aquele que pretende assumir a execução do objeto detém condições para tal.

Não obstante, como registramos anteriormente, a nosso ver, a antinomia é aparente. Senão, vejamos: o §2º e seu inc. I prescrevem que, mesmo não sendo a previsão obrigatória, poderão os contratos conter cláusula prevendo os requisitos e as condições em que a Administração autorizará a transferência do controle da SPE para os seus financiadores, com o objetivo de promover a sua reestruturação financeira e assegurar a continuidade da prestação dos serviços. Entrementes, "para este efeito" não será aplicável o constante no inc. I do parágrafo único do art. 27 da Lei nº 8.987/95 (renumerado para §1º pela Lei nº 11.196/05), ou seja, não se verificará a habilitação dos financiadores (capacidade técnica, idoneidade financeira e regularidade jurídica e fiscal necessárias à assunção do serviço). Como o §1º do art. 9º prevê que a transferência do controle da SPE dependerá de autorização expressa do Poder Público, (sendo que tal autorização estará atrelada à forma que o edital prever e, logicamente, o contrato estabelecer) e de observação do preconizado no parágrafo único do art. 27 da Lei nº 8.987/95 (renumerado para §1º pela Lei nº 11.196/05), o que se infere é que o "para este efeito" não tem conexão com a transferência em si, mas sim com a inserção dessa previsão adicional no contrato. Explica-se: caso o contrato preveja a possibilidade de transferência, não se deverá naquele momento já se exigir a documentação habilitatória dos financiadores; todavia, se essa possibilidade vir a se concretizar, aí sim se exigirá dos mesmos a demonstração habilitatória.

---

[99] *Teoria geral das normas*. Tradução de José Florentino Duarte. Porto Alegre: Sergio Antonio Fabris, 1986. Título original: *Allgemeine Theorie Der Normen*.

O inc. II permite que a Administração Pública emita nota de empenho em nome dos financiadores do projeto e não do contratado. Trata-se de uma inovação, uma vez que, com o regramento, a financiadora passa a ter uma garantia maior que a simples confiança no negócio ou no tomador do financiamento. Além disso, estabelece uma relação jurídica direta entre eles e a Administração Pública, possibilitando, inclusive, acionamento direto do Poder Público, no caso de não pagamentos da contraprestação estabelecida. Para tal, ainda que questionável, como comentaremos oportunamente, o artigo 8º admite a vinculação de receitas a despesas.

O inc. III autoriza que no próprio acordo seja reconhecida a legitimidade dos financiadores do projeto para receber indenizações por extinção antecipada do contrato, além de pagamentos efetuados pelos fundos e empresas estatais garantidores das PPPs. Ocorre que, somente mais à frente, no artigo 9º, como já mencionado, é que a lei define essa sociedade (SPE), prescrevendo tratar-se de pessoa jurídica a ser constituída antes da celebração do contrato, com a incumbência de implantar e gerir o objeto da parceria (pelo que se infere que o contrato de PPP será celebrado efetivamente com a SPE).

Há tamanha incongruência nos textos legais mencionados que muitos analistas andam inadvertidamente a propugnar que o contrato de PPP seria celebrado com os parceiros privados. O que demandaria, nessa concepção, entender que o concessionário do serviço público seria pessoa diversa da executora do serviço (a SPE).

Essa situação fez inclusive brotar o seguinte comentário de Pedro Raposo Lopes:[100]

> Como a execução de serviço público por particulares só pode dar-se mediante permissão ou concessão, por força de ditame constitucional (art. 175), parece-nos que, na verdade, a real executora dos serviços concedidos será uma sociedade de mera participação do Estado (uma quase-estatal) que não celebrou contrato com a Administração Pública e que não participou do necessário prévio certame.

Realmente, verificar-se-á, quando da análise do art. 9º, que, nas PPPs, os objetos dos acordos serão executados tão somente

---

[100] LOPES. Anotações preliminares à Lei nº 11.079/04: parceria público-privada. *Boletim de Licitações e Contratos – BLC*, v. 18, n. 7, p. 508-512, jul. 2005.

pelas Sociedades de Propósito Específico (SPEs). Entrementes, em que pese respeitarmos a opinião de Raposo Lopes, afirmamos que o contrato de PPP, exatamente em função do prescrito no art. 9º, deverá ser celebrado especificamente com a SPE.

Na mesma linha de avaliação, Diogo de Figueiredo Moreira Neto:[101]

> Importante espécie de acordo com o programa se institui com a Lei 11.074/04, sob a denominação de parceria público-privada (sigla PPP) já mencionada. Com efeito, trata-se da constituição de um pacto entre entidades da Administração Pública (...) com um ou mais parceiros privados, escolhidos em procedimento seletivo licitatório, com a finalidade de coordenar as ações previstas de cooperação e colaboração das partes pactuantes, instituindo obrigações voltadas à consecução de um objeto comum, que poderá ser a implantação ou gestão de serviços e atividades de interesse público, de competência de uma ou de várias entidades da Administração Pública, o que caracteriza o pacto como um ato administrativo complexo e não como um contrato, como equivocadamente se o denominou. Não obstante, nas hipóteses em que ficarem previstas no acordo a celebração de concessão ou de permissão de serviços públicos, deverão ser obrigatoriamente firmados, em decorrência das obrigações neles assumidas, os contratos correspondentes, não mais, porém, com as entidades particulares pactuantes, mas com uma entidade operadora do acordo de programa, a ser constituída exclusivamente para esse fim (sociedade de propósito específico), em razão da expressa determinação constitucional (art. 175, parágrafo único, I, CF) e da previsão constante do art. 9º da Lei nº 11.074/2004.[102]

---

[101] MOREIRA NETO. *Curso de direito administrativo*, 15. ed., Rio de Janeiro: Forense, 2009. p. 268.
[102] A matéria é tão confusa na Lei que tem proporcionado diferentes interpretações para algo que deveria ser cristalino: com quem será celebrado o contrato de PPP. Flávio Amaral Garcia, por exemplo, infere que o contrato deva ser assinado com os parceiros privados, e não com a SPE: "Outro ponto importante, é que o *contratado* necessariamente vai ter que se constituírem uma sociedade de propósitos específicos." (*Licitações & contratos administrativos*: casos e polêmicas. 3. ed. Rio de Janeiro: Lumen Juris, 2010. p. 395, grifo nosso). É o que também julgou Marcos Nicanor S. Barbosa, membro da Consultoria NDJ, em parecer emitido em 01. jul. 2010: "(...) os *contratantes* ou, mais propriamente, os *parceiros* são, de um lado, os órgãos ou entidades integrantes da Administração Pública e, de outro, as pessoas jurídicas de direito privado, previamente escolhidas mediante licitação na modalidade concorrência. Ultimada a licitação, os então *parceiros* públicos e privados deverão constituir uma *sociedade de propósito específico* com a incumbência de implantar e gerir o objeto da parceria (ver art. 9º da Lei nº 11.079/04). Em suma, o contrato deve ser oportunamente celebrado entre os parceiros públicos e privados (...) Em nossa opinião, é o contratado ou, mais propriamente, o parceiro privado quem deve ser 'remunerado' pelos investimentos que realizar, observado o conteúdo de sua proposta econômica elaborada segundo as regras previstas nos instrumentos convocatórios e contratuais (...) A sociedade de propósito específico (...) é apenas executora e gerenciadora do objeto da parceria." Ivan Rigolin deixa transparecer que entende da mesma forma, pelo menos é o que se infere de seu texto: "Capítulo que também se resume ao art. 9º, aqui cuida a

Apesar das manifestas incongruências, vislumbra-se que esse conjunto de regras demonstra a vontade do legislador no sentido de assegurar que os projetos elegíveis para o estabelecimento de PPPs obtenham, efetivamente, os recursos privados necessários para a sua consecução.

Simultaneamente, como assevera Alessandra Lehmen, tal solução legislativa salvaguarda inequivocamente o interesse público – motivação primordial da nova legislação – ao propiciar que não haverá interrupção dos serviços perseguidos na parceria.[103]

Artigo 5º-A

Introduzido pela Lei nº 13.097/15, o art. 5º-A preceitua que, para fins de garantir o estabelecimento dos requisitos e condições em que o parceiro público autorizará a transferência do controle ou a administração temporária da SPE aos seus financiadores e garantidores, com o objetivo de promover a sua reestruturação financeira e assegurar a continuidade da prestação dos serviços (inc. I do §2º do art. 5º), deverão ser considerados os seguintes fatores:
   a) o controle da SPE a propriedade resolúvel de ações ou quotas por seus financiadores e garantidores que atendam aos requisitos do art. 116 da Lei nº 6.404/76; e
   b) a administração temporária da SPE, pelos financiadores e garantidores, quando, sem a transferência da propriedade de ações ou quotas, forem outorgados os seguintes poderes:
   • a indicação dos membros do Conselho de Administração, a serem eleitos em Assembleia Geral pelos acionistas, nas sociedades regidas pela Lei 6.404/76, ou administradores, a serem eleitos pelos quotistas, nas demais sociedades;

---

lei de obrigar o parceiro privado a constituir uma sociedade de propósito específico (...) como condição para ser contratado nas PPPs." (Comentários às Leis..., Saraiva, p. 19). Entende-se claramente o motivo da dúvida: o texto legal, de péssima qualidade técnica, permite duas interpretações. O artigo informa que, antes da celebração do contrato, deverá ser constituída a SPE. Ora, há margem para a dúvida: é perfeitamente possível compreender-se que só será celebrado o ajuste de PPP com os parceiros privados após criarem a SPE.

[103] Parcerias público-privadas: direitos dos financiadores do projeto na Lei 11.079/04. Disponível em: http://*www.juchem.com.br/download.php?arquivo*. Acesso em: 7 jun. 2010.

- a indicação dos membros do Conselho Fiscal, a serem eleitos pelos acionistas ou quotistas controladores em Assembleia Geral;
- o exercício do poder de veto sobre qualquer proposta submetida à votação dos acionistas ou quotistas da concessionária, que representem, ou possam representar, prejuízos aos fins previstos no artigo; e
- outros poderes necessários ao alcance desses fins.

Em outras palavras, a possível administração temporária caracterizar-se-á pela outorga de poderes ao financiador ou garantidor do empreendimento.

É certo que o elenco de poderes é meramente exemplificativo, pois "outros poderes necessários" para a concretização da administração temporária poderão vir a ser outorgados.

Complementando a matéria, o §1º prescreve que a administração temporária autorizada pelo poder concedente não acarretará responsabilidade aos financiadores e garantidores em relação à tributação, encargos, ônus, sanções, obrigações ou compromissos com terceiros, inclusive com o poder concedente ou empregados.

Sem dúvida, o objetivo da inserção foi conferir maior garantia aos financiadores e garantidores de projetos de PPPs, minimizando os riscos inerentes.

Nesse passo, analisando a questão sob dois ângulos, Lucas Cassiano Sant'Anna e Pedro Romualdo Saullo observam:

> A partir de uma visão eminentemente pragmática, é possível afirmar que a administração temporária constitui mais um mecanismo apto a assegurar os interesses creditórios de financiadores e garantidores que realizam investimentos em grandes projetos e se deparem com o inadimplemento por parte da sociedade tomadora do financiamento. Por outro lado, se analisarmos a questão do ponto de vista dos acionistas da SPE, o instituto da administração temporária representa fundamentalmente uma forma de interferência externa direta no exercício do controle societário da companhia, cujo propósito será (i) sua reestruturação econômico-financeira, a fim de evitar o colapso do empreendimento explorado e (ii) a continuidade da prestação do serviço objeto de delegação pelo poder concedente.[104]

---

[104] SANT'ANNA, Lucas de Moraes Cassiano; SAULLO, Pedro Romualdo. *Step-in rights* e o regime da administração temporária no âmbito da Lei de Concessões. *ILC – Informativo de Licitações e Contratos*, Curitiba: Zênite, n. 255, p. 459-468, 2015.

Art. 6º A contraprestação da Administração Pública nos contratos de parceria público-privada poderá ser feita por:

I – ordem bancária;

II – cessão de créditos não tributários;

III – outorga de direitos em face da Administração Pública;

IV – outorga de direitos sobre bens públicos dominicais;

V – outros meios admitidos em lei.

§1º O contrato poderá prever o pagamento ao parceiro privado de remuneração variável vinculada ao seu desempenho, conforme metas e padrões de qualidade e disponibilidade definidos no contrato. (Incluído pela Lei nº 12.766, de 2012)

§2º O contrato poderá prever o aporte de recursos em favor do parceiro privado para a realização de obras e aquisição de bens reversíveis, nos termos dos incisos X e XI do caput do art. 18 da Lei nº 8.987, de 13 de fevereiro de 1995, desde que autorizado no edital de licitação, se contratos novos, ou em lei específica, se contratos celebrados até 8 de agosto de 2012. (Incluído pela Lei nº 12.766, de 2012)

§3º O valor do aporte de recursos realizado nos termos do §2º poderá ser excluído da determinação: (Incluído pela Lei nº 12.766, de 2012)

I – do lucro líquido para fins de apuração do lucro real e da base de cálculo da Contribuição Social sobre o Lucro Líquido – CSLL; e (Incluído pela Lei nº 12.766, de 2012)

II – da base de cálculo da Contribuição para o PIS/Pasep e da Contribuição para o Financiamento da Seguridade Social – COFINS. (Incluído pela Lei nº 12.766, de 2012)

III – da base de cálculo da Contribuição Previdenciária sobre a Receita Bruta – CPRB devida pelas empresas referidas nos arts. 7º e 8º da Lei nº 12.546, de 14 de dezembro de 2011, a partir de 1º de janeiro de 2015. (Incluído pela Lei nº 13.043, de 2014)

§4º Até 31 de dezembro de 2013, para os optantes conforme o art. 75 da Lei nº 12.973, de 13 de maio de 2014, e até 31 de dezembro de 2014, para os não optantes, a parcela excluída nos termos do §3º deverá ser computada na determinação do lucro líquido para fins de apuração do lucro real, da base de cálculo da CSLL e da base de cálculo da Contribuição para o PIS/Pasep e da Cofins, na proporção em que o custo para a realização de obras e aquisição de bens a que se refere o §2º deste artigo for realizado, inclusive mediante depreciação ou extinção da concessão, nos termos do art. 35 da Lei nº 8.987, de 13 de fevereiro de 1995. (Redação dada pela Lei nº 13.043, de 2014)

§5º Por ocasião da extinção do contrato, o parceiro privado não receberá indenização pelas parcelas de investimentos vinculados a bens reversíveis ainda não amortizadas ou depreciadas, quando tais investimentos houverem sido realizados com valores provenientes do aporte de recursos de que trata o §2º. (Incluído pela Lei nº 12.766, de 2012)

§6º A partir de 1º de janeiro de 2014, para os optantes conforme o art. 75 da Lei nº 12.973, de 13 de maio de 2014, e de 1º de janeiro de 2015, para os não optantes, a parcela excluída nos termos do §3º deverá ser computada na determinação do lucro líquido para fins de apuração do lucro real, da base de cálculo da CSLL e da base de cálculo da Contribuição para o PIS/Pasep e da Cofins em cada período de apuração durante o prazo restante do contrato, considerado a partir do início da prestação dos serviços públicos. (Incluído pela Lei nº 13.043, de 2014)

§7º No caso do §6º, o valor a ser adicionado em cada período de apuração deve ser o valor da parcela excluída dividida pela quantidade de períodos de apuração contidos no prazo restante do contrato. (Incluído pela Lei nº 13.043, de 2014)

§8º Para os contratos de concessão em que a concessionária já tenha iniciado a prestação dos serviços públicos nas datas referidas no §6º, as adições subsequentes serão realizadas em cada período de apuração durante o prazo restante do contrato, considerando o saldo remanescente ainda não adicionado. (Incluído pela Lei nº 13.043, de 2014)

§9º A parcela excluída nos termos do inciso III do §3º deverá ser computada na determinação da base de cálculo da contribuição previdenciária de que trata o inciso III do §3º em cada período de apuração durante o prazo restante previsto no contrato para construção, recuperação, reforma, ampliação ou melhoramento da infraestrutura que será utilizada na prestação de serviços públicos. (Incluído pela Lei nº 13.043, de 2014)

§10. No caso do §9º, o valor a ser adicionado em cada período de apuração deve ser o valor da parcela excluída dividida pela quantidade de períodos de apuração contidos no prazo restante previsto no contrato para construção, recuperação, reforma, ampliação ou melhoramento da infraestrutura que será utilizada na prestação de serviços públicos. (Incluído pela Lei nº 13.043, de 2014)

§11. Ocorrendo a extinção da concessão antes do advento do termo contratual, o saldo da parcela excluída nos termos do §3º, ainda não adicionado, deverá ser computado na determinação do lucro líquido para fins de apuração do lucro real, da base de cálculo da CSLL e da base de cálculo da Contribuição para o PIS/Pasep, da Cofins e da contribuição previdenciária de que trata o inciso III do §3º no período de apuração da extinção. (Incluído pela Lei nº 13.043, de 2014)

§12. Aplicam-se às receitas auferidas pelo parceiro privado nos termos do §6º o regime de apuração e as alíquotas da Contribuição para o PIS/Pasep e da Cofins aplicáveis às suas receitas decorrentes da prestação dos serviços públicos. (Incluído pela Lei nº 13.043, de 2014)

Artigo 6º

Este art. 6º prevê as formas de contraprestação do Poder Público em favor do parceiro particular nos contratos de PPP.

Ao utilizar a expressão "contraprestação", o legislador indicou que os pagamentos da Administração nesses acordos são contrapartidas à aquisição de serviços.

Maurício Portugal e Lucas Navarro Prado visualizaram duas razões para tal:

> A primeira, de cunho jurídico, pois se os pagamentos das PPPs fossem caracterizados como subvenção econômica, se poderia entender necessária a prévia autorização do Poder Legislativo para a realização dos projetos à parte as autorizações já previstas no art. 175 da CF, na própria Lei das PPPs e nas Leis 8.987/95 e 9.074/95. A subvenção econômica, do ponto de vista contábil, é uma categoria de transferência corrente, que, por sua vez, é, ao lado das despesas de custeio, espécie de despesa corrente. (...) O art. 19 da Lei 4.320/1964, em textual, enuncia que: "Art. 19. A Lei de Orçamento não consignará ajuda financeira, a qualquer título, a empresa de fins lucrativos, salvo quando se tratar de subvenções cuja concessão tenha sido expressamente autorizada em lei especial" Exige tal dispositivo que as subvenções a empresas de fins lucrativos sejam expressamente autorizadas em lei especial. Ora, os parceiros privados são, em regra, entes com fins lucrativos. Essa circunstância faria emergir discussão sobre o conceito de "lei especial", para o efeito de autorização da realização de pagamentos pela Administração a parceiros privados em PPPs.[105]

---

[105] *Comentários à Lei de PPP – Parcerias Público-Privada*: fundamentos econômico-jurídicos. São Paulo: Malheiros, 2007. p. 183.

A segunda razão reporta-se à discussão em torno da história das parcerias celebradas pelo Estado brasileiro para a construção de ferrovias no final do século XIX e princípio do século XX. O arranjo realizado para a construção de tais ferrovias previa que o parceiro privado seria remunerado por um percentual dos seus custos, ou seja, a Administração ficava responsável por cobrir os custos das obras e pagar ao parceiro privado, além disso, um percentual sobre esses custos, que lhe daria o retorno sobre o capital investido. Tais contratos garantiam também aos parceiros privados o monopólio da operação do serviço de transportes por diversos anos após sua implantação – monopólio, esse, que, em regra, não sofria regulação ou fiscalização forte a impedir exploração indevida de usuários e do Poder Público. Não foi incomum ao longo do processo de tramitação da Lei trazer-se ao debate público informações sobre tais parcerias sempre descontextualizadas do ponto de vista histórico e com um viés pejorativo, não raro com intuito de associar aquelas parcerias às previstas na Lei de PPP.[106]

São formas de contraprestação:

(a) ordem bancária; (b) cessão de créditos não tributários; (c) outorga de direitos sobre bens públicos dominicais; e (d) outros meios permitidos em direito, sendo admitido o vínculo do pagamento da remuneração ao desempenho do parceiro privado, consoante metas e padrões de qualidade previamente estabelecidos conforme dispõe o parágrafo único).

É de se anotar a natureza meramente exemplificava dos objetos de contraprestação elencados no dispositivo e comentados a seguir, haja vista o indicado no inc. V, que aponta a viabilidade de se adotar como contraprestação "outros meios admitidos em lei", o que torna a enumeração *numerus abertus*.

– **Ordem bancária**: Documento adotado na Administração Pública que configura uma determinação do titular da conta pública à instituição financeira na qual os recursos governamentais estão depositados, para que pague determinado título ou transfira parte do ativo financeiro para a conta de terceiros.

---
[106] *Ibidem*, p. 185.

– Cessão de créditos não tributários: Crédito tributário é um valor que o Estado pode exigir do contribuinte decorrente de uma obrigação tributária. Logicamente, o não tributário é aquele que não decorre de obrigação tributária, como, por exemplo, os devidos em virtude de condenação judicial.

– Outorga de direitos em face da Administração Pública: Os particulares podem ser detentores de créditos em face da Administração, e, em consequência, estarem aguardando o pagamento dos chamados precatórios, que, não raro, atrasam muitíssimo. Nesse caso, poderão utilizar esses créditos como contraprestação.

O dispositivo tem largo espectro, alcançando quaisquer direitos que possam ser outorgados em face da Administração e, por isso, como observam Portugal e Navarro Prado, cria abertura para viabilizar a realização de formas de contraprestação em projetos cuja estrutura de implementação fuja ao usual.[107] Nesse viés, Cretella Neto observa que a expressão "direitos em face da Administração Pública", por abranger vasta gama de créditos, "parece não vedar a que se inclua, também, os tributários – e estes podem, também, ser dados em contraprestação ao empreendedor privado".[108]

– Outorga de direitos sobre bens públicos dominicais: No que tange à propriedade, os bens são classificados como particulares e públicos. A definição de bens públicos consta dos artigos 20 e 26 da CF. São bens públicos aqueles que estão sob o domínio nacional, pertencentes às pessoas jurídicas de direito público interno, sendo todos os outros particulares, conforme, de forma genérica, dispõe o art. 98 do Código Civil brasileiro (CC) – Lei nº 10.406/02, o qual subdivide os bens públicos em três categorias: (a) os de uso comum do povo, tais como os rios, os mares, as praças e as ruas; (b) os de uso especial, que são os utilizados pela Administração Pública para exercer suas atividades, tais como os edifícios onde estão instaladas repartições públicas; e (c) os dominicais (ou dominiais), que constituem o patrimônio da União, ou dos estados, ou dos

---

[107] *Comentários à Lei de PPP – Parcerias Público-Privada*: fundamentos econômico-jurídicos. São Paulo: Malheiros, 2007.
[108] *Comentários à lei de Parcerias Público-Privadas*. 2 ed. Rio de Janeiro: GZ, 2010.

municípios, como objeto de direito pessoal ou real de cada uma dessas entidades, tais como os terrenos de marinha, as terras devolutas, os automóveis utilizados pelos agentes públicos, etc.; são bens patrimoniais da Administração Pública sem nenhuma finalidade pública, submetendo-se, assim, a regime idêntico aos dos bens particulares.

Como o art. 100 do CC prevê a inalienabilidade dos bens públicos, poder-se-ia questionar a possibilidade da adoção da outorga de direitos sobre bens públicos dominicais como contraprestação da Administração nos contratos de PPP. Contudo, na verdade, o que o CC informa é que os bens públicos não podem sair do domínio da Administração enquanto destinados ao uso comum do povo ou a fins administrativos específicos, isto é, enquanto guardarem afetação pública. Essa proibição de alienação só vigora, portanto, enquanto o bem público estiver "afetado", ou seja, enquanto estiver destinado ao uso comum do povo ou ao uso especial por parte da Administração Pública. Ocorrendo, entrementes, uma "desafetação" (através da autorização legislativa), o bem poderá ser alienado, obedecido o regramento previsto no art. 17 da Lei Geral de Licitações.

É o que também sustenta Cretella Neto: "Melhor interpretação seria a de que os bens dominicais poderiam ser alienados pelo Poder Público, na forma dos arts. 17, 22 e 23 da Lei nº 8.666/93 (que exige demonstração de interesse público, prévia avaliação, licitação e autorização legislativa, no caso de bens imóveis) e o produto da venda entregue ao empreendedor".[109]

– *Outros meios admitidos em lei*: Como já mencionado, o preceptivo é explícito quanto à natureza exemplificativa dos meios de contraprestação. Assim, é perfeitamente lícito o uso de outras formas desde que, é claro, não sejam contrárias à lei.

Nesse particular, Lucas Martins da Rocha vislumbra uma alternativa interessante.[110] Considerando que a norma é bastante aberta, permitindo diferentes modelagens para o pagamento da contraprestação, avalia, em linha com uma das diretrizes das PPPs – que persegue o máximo aproveitamento da eficiência que o setor

---

[109] *Comentários à lei de Parcerias Público-Privadas*, 2 ed, Rio de Janeiro: GZ, 2010. p. 67.
[110] As alternativas para o desenvolvimento das PPPs no Brasil. *Valor Econômico*, 14 abr. 2010.

privado pode agregar na execução de um projeto público – que uma forma de se buscar reduzir o montante de dinheiro público despendido seria a possibilidade de outorgar ao particular a escolha da maneira que a contraprestação lhe será feita, em caso de vitória na licitação. A justificativa seria relativamente simples, uma vez que, via de regra, os compromissos da Administração com o pagamento de salários, dívidas, custeio de serviços essenciais etc. são saldados por meio de pagamentos em dinheiro, não podendo ser honrados com a outorga de direitos, o que, no entanto, é admitido para uma PPP. Nessa hipótese, o edital de licitação apresentaria opções de contraprestação que poderiam ser escolhidas (por exemplo, o licenciamento de uma marca ou patente registrada em nome do poder concedente; a outorga de direito de uso de diferentes imóveis de propriedade do poder concedente; a outorga de autorização pelo poder concedente para que o licitante vencedor explore certa atividade; ou o empréstimo de um lote de ações de uma empresa estatal que pague dividendos regularmente) e, a partir das diferentes opções a serem consideradas, e não apenas a opção do pagamento em dinheiro, cada licitante analisaria o projeto, traçaria seu plano de negócios e elaboraria sua proposta para a execução dos serviços a serem delegados por meio da PPP, considerando a modalidade de contraprestação mais eficiente do seu ponto de vista empresarial. Assim, o Poder Público consideraria como mais vantajosa a proposta – sempre quantificável em dinheiro, para assegurar um julgamento objetivo – que solicitasse o pagamento da contraprestação inteiramente por meio da outorga de direitos, sem a necessidade de desembolso pecuniário.

Ainda sobre o assunto, é de se ressaltar que o art. 7º da Lei preceitua que a contraprestação da Administração Pública será obrigatoriamente precedida da disponibilização do serviço objeto do contrato de parceria público-privada. Destarte, só poderá ter início quando o serviço objeto do contrato estiver disponível (total ou parcialmente), ficando claro que, se a prestação do serviço depender de obra pública ou de instalação de bens, o parceiro privado terá que cumprir tais tarefas às suas expensas, já que a tarifa do usuário também não poderá ser cobrada antes que o serviço comece a ser prestado. Trata-se de regra relevante, pois desatrela o Poder Público de sempre disponibilizar o erário.

Importante frisar que as formas de pagamento deverão estar previamente definidas no edital de licitação, principalmente no caso de opção por remuneração variável, e, é claro, consignadas posteriormente no contrato de PPP.

Já dissemos que, quanto menor for a exigência de utilização de dinheiro público em um projeto de PPP, maiores serão as chances de sua concretização, sendo a busca de alternativas nesse sentido um trabalho constante.

O §1º prevê que o contrato de PPP poderá prever o pagamento ao parceiro privado de remuneração variável vinculada ao seu desempenho, conforme metas e padrões de qualidade e disponibilidade definidos no contrato.

A possibilidade de a remuneração ser fixada de acordo com o desempenho do parceiro privado configura outro aspecto destacável no diploma. Atrelar o pagamento da Administração à performance do contratado é, efetivamente, uma inovação meritória.

Para o alcance desse intento far-se-á necessário, contudo, que o instrumento convocatório da licitação preveja, com bastante acuidade, os critérios de medição, uma vez que, quanto maior for o padrão de qualidade dos serviços, maior será a remuneração. Da mesma forma, é claro, nos termos contratuais. Nesse particular, Toshio Mukai alude que a ideia de remuneração variável vinculada ao desempenho é de complicada aplicação, devendo ser precisamente detalhada no contrato.[111] [112]

Sem dúvida, como bem visualizou Aline Paola de Almeida, a grande vantagem do regime de remuneração estabelecido pela Lei é a plausibilidade de a Administração poder ofertar ao parceiro privado modalidades de pagamento que não se sujeitam às disponibilidades financeiras do erário, determinando que a

---

[111] *Parcerias Público-privadas*: comentários à lei federal n. 11.079/2004, às leis estaduais de Minas Gerais, Santa Catarina, São Paulo, Distrito Federal, Goiás, Bahia, Ceará, Rio Grande do Sul e à lei municipal de Vitória-ES. Rio de Janeiro: Forense Universitária, 2005.

[112] Estudos indicam no Reino Unido uma economia percentual de 10% a 17% em termos de gastos públicos na comparação entre os contratos de PPP e os acordos tradicionais, em função, sobretudo, da vinculação dos pagamentos ao desempenho dos particulares (Cf. BRITO, Bárbara Monteiro Barbosa de; SILVEIRA, Antônio Henrique Pinheiro. Parceria público-privada: compreendendo o modelo brasileiro. *Revista do Serviço Público*, Rio de Janeiro, p. 7-21, jan./mar. 2005).

escolha da melhor maneira de pagamento seja objeto do estudo técnico previsto no art. 10, inc. I, com vistas à economicidade. "Neste aspecto pode ser constatada sensível redução do poder discricionário do administrador na adoção da forma de pagamento que mais se adequar ao caso em concreto".[113]

Levando em conta tudo que foi exposto, verifica-se que, praticamente como regra geral, há imposição ao parceiro privado no sentido de obter um financiamento junto a terceiros, pois, embora a Lei não disponha de forma direta, há algumas referências à figura do financiador (arts. 5º, §2º, 18, §2º, e 24).

O financiamento do setor privado é, asseguradamente, mais uma característica marcante das PPPs, dado que a Administração não disponibilizará integralmente os recursos financeiros para os empreendimentos públicos que contratar, cabendo ao parceiro privado a incumbência de realizar investimentos no setor da concessão, seja com recursos próprios, seja por intermédio de recursos obtidos externamente. Esse aspecto é de tamanha significância que José Carvalho Filho chega a anotar que esse talvez seja o ponto que mais de perto justifique a ideia de PPP.[114]

Aline Paola de Almeida também o classifica como característica diferencial das PPPs:

> Ainda que a participação financeira do Estado possa ser vital para o sucesso do contrato, uma vez que os projetos envolvidos são, em princípio, considerados de baixa rentabilidade para o setor privado (já que, se não fossem, a opção da Administração Pública seria a concessão comum, com receitas advindas exclusiva e diretamente dos usuários do serviço), esta só se realizará em momento posterior, sendo fundamental a busca de parceiros que acreditem no projeto e que garantam seu impulso inicial.

O financiamento externo aos parceiros privados é de tamanha monta que, para a garantia dos financiadores, a Lei estabeleceu a possibilidade de o acordo prescrever vários atos asseguradores:

---

[113] ALMEIDA, Aline Paola de. A remuneração nos Contratos de PPP. *In*: MEDINA, Osório Fábio; SOUTO, Marcos Juruena V. (Coord.). *Direito administrativo*: estudos em homenagem a Diogo de Figueiredo Moreira Neto. Rio de Janeiro: Lumen Juris, XXXX, p. 547.
[114] *Manual de direito administrativo*. 15. ed. Rio de Janeiro: Lumen Juris, 2006.

condições para a transferência do controle ou a administração temporária da SPE (art. 5º, §2º, I); emissão de empenho em nome do financiador (art. 5º, §2º, II); e recebimento de indenização por término antecipado do contrato e pagamentos pelos fundos e estatais garantidores art. (5º, §2º, III).

Embora o diploma já previsse contribuições pecuniárias da Administração Pública por meio de contraprestações, a Lei nº 12.766/12 trouxe à baila os §2º e 3º que, inovando, previram "aportes" de recursos públicos para a construção e aquisição de bens reversíveis, desde que autorizados no edital licitatório, no caso de contratos novos, ou através de lei específica, nos acordos celebrados até 08.08.2012, proporcionalmente às etapas efetivamente executadas (art. 7º, §2º).

Sobre a questão, observou Ivan Barbosa Rigolin:

> Pode o contrato prever aportes públicos para o contratado executar obras ou mesmo adquirir bens reversíveis, ou seja, os que depois de encerrado o contrato serão devolvidos ao Poder Público, observado o ponto anteriormente comentado. Se essas hipóteses ocorrerem deve o contrato explicitar condições, regras, datas e valores, além de antecipar fórmulas de apreciação e depreciação de bens, de modo a viabilizar economicamente essa parte do ajuste.[115]

Os aportes poderão ser excluídos da determinação do lucro líquido para fins de apuração do lucro real e da base de cálculo da Contribuição Social sobre o Lucro Líquido – CSLL; da base de cálculo da Contribuição para o PIS/Pasep; da Contribuição para o Financiamento da Seguridade Social – COFINS; da Contribuição Previdenciária sobre a Receita Bruta – CPRB devida pelas empresas referidas nos arts. 7º e 8º da Lei nº 12.546/11, a partir de 01.01.2015, conforme inclusão realizada pela Lei nº 13.043/14.

Segundo o previsto no §7º, nos casos preceituados no §6º – que informa que, a partir de 01.01.2014, para os optantes conforme o art. 75 da Lei nº 12.973/14, e de 1.01.2015, para os não optantes, a parcela excluída nos termos do §3º deverá ser computada na determinação do lucro líquido para fins de apuração do lucro real, da base de cálculo da CSLL e da base de cálculo da Contribuição

---

[115] *Licitações menos comuns*. São Paulo: SINICESP, 2013. p. 26.

para o PIS/Pasep e da Cofins em cada período de apuração durante o prazo restante do contrato, considerado a partir do início da prestação dos serviços públicos – o valor a ser adicionado em cada período de apuração deverá ser o da parcela excluída, dividida pela quantidade de períodos de apuração contidos no prazo restante do contrato.

O §8º prevê que, para os contratos de concessão em que a concessionária já tenha iniciado a prestação dos serviços públicos nas datas referidas no §6º, as adições subsequentes serão realizadas em cada período de apuração durante o prazo restante do contrato, considerando o saldo remanescente ainda não adicionado.

O §9º dispõe que a parcela excluída nos termos do inc. III do §3º deverá ser computada na determinação da base de cálculo da contribuição previdenciária de que trata o inc. III em cada período de apuração, durante o prazo restante previsto no contrato para construção, recuperação, reforma, ampliação ou melhoramento da infraestrutura que será utilizada na prestação de serviços públicos. Nesse caso, o valor a ser adicionado em cada período de apuração deve ser o valor da parcela excluída dividida pela quantidade de períodos de apuração contidos no prazo restante previsto no contrato para construção, recuperação, reforma, ampliação ou melhoramento da infraestrutura que será utilizada na prestação de serviços públicos (§10º).

Caso ocorra a extinção da concessão antes do advento do termo contratual, o §11º informa que o saldo da parcela excluída nos termos do §3º, ainda não adicionado, deverá ser computado na determinação do lucro líquido para fins de apuração do lucro real, da base de cálculo da CSLL e da base de cálculo da Contribuição para o PIS/Pasep, da Cofins e da contribuição previdenciária de que trata o inc. III do §3º no período de apuração da extinção.

O §12º dispõe que se aplicarão às receitas auferidas pelo parceiro privado nos termos do §6º o regime de apuração e as alíquotas da contribuição para o PIS/Pasep e da Cofins aplicáveis às suas receitas decorrentes da prestação dos serviços públicos.

É certo que as diversas alterações impostas à Lei trouxeram maior segurança jurídica e removeram obstáculos que, além de dificultarem a implementação das PPPs, punham em risco os investimentos em infraestrutura.

Art. 7º A contraprestação da Administração Pública será obrigatoriamente precedida da disponibilização do serviço objeto do contrato de parceria público-privada.

§1º É facultado à administração pública, nos termos do contrato, efetuar o pagamento da contraprestação relativa à parcela fruível do serviço objeto do contrato de parceria público-privada. (Incluído pela Lei nº 12.766, de 2012)

§2º O aporte de recursos de que trata o §2º do art. 6º, quando realizado durante a fase dos investimentos a cargo do parceiro privado, deverá guardar proporcionalidade com as etapas efetivamente executadas. (Incluído pela Lei nº 12.766, de 2012)

Artigo 7º

Reza o dispositivo que a contraprestação do Poder Público só se efetivará se o parceiro privado tiver efetivamente disponibilizado o objeto do acordo ao usuário, salvo a hipótese de pagamento relativo à parcela fruível do serviço objeto do contrato de PPP.

Assim, a contraprestação do Poder Público só poderá ter início quando o serviço objeto do contrato estiver disponível integralmente, ou parcialmente, desde que se refira à uma parcela disponível para utilização (fruível) do serviço objeto do contrato (§1º).

Entenda-se, portanto, que, se a prestação do serviço depender de disponibilização de obra ou serviço públicos, terá o parceiro privado que cumprir essas tarefas às suas próprias expensas, assumindo todo o investimento inicial de implantação, uma vez que a tarifa do usuário também não poderá ser cobrada antes que o serviço comece a ser prestado.

Ao elogiar esse aspecto condicional da contraprestação da Administração, Aline Paola de Almeida alerta, providencialmente, que não se trata de mero diferimento do pagamento:

> O objetivo é que o Poder Público só arque com a remuneração do que foi efetivamente utilizado. Enquanto o objeto do contrato não estiver sendo

oferecido, o Estado poderá alocar recursos financeiros e operacionais para outros setores: a ideia é que o Estado possa solucionar a sua escassez imediata de recursos, substituindo-a por um planejamento de pagamento a médio e longo prazo.[116]

Mauricio Portugal e Lucas Navarro[117] exemplificam a situação imaginando uma PPP para a construção de uma rodovia de 400 km, e que o contrato preveja que, no sexto mês de vigência, os 100 primeiros quilômetros da rodovia deverão estar concluídos, com tal trecho ligando duas cidades relevantes da região. Isso configuraria, autonomamente, uma utilidade para os usuários, independentemente do restante da rodovia. Como o dispositivo comentado tem por meta viabilizar que, em uma situação desse tipo, a Administração possa iniciar o pagamento da contraprestação após a disponibilização do mencionado trecho da rodovia, seria preciso apenas observar que a parcela do serviço esteja efetivamente fruível (ou seja, que de fato está trazendo utilidade econômica ao usuário), e não potencialmente fruível, pois se o trecho disponibilizado estiver ligando dois pontos no deserto e a viagem entre esses dois, por si, não puder trazer qualquer utilidade para os usuários, não seria possível iniciar o pagamento da contraprestação pública.

Zanella Di Pietro ressalva que, quando muito, o parceiro privado poderá, mesmo antes de iniciar a prestação do serviço, receber as receitas previstas no art. 11 da Lei nº 8.987/95,[118] desde que não constituam encargos do Poder Público, previstos no art. 6º. Nesse passo, como alerta a jurista, é de vital importância a figura do financiador do projeto de PPP, que está protegido pelas medidas prescritas no §2º do art. 5º.

---

[116] A remuneração nos Contratos de PPP. In: MEDINA, Osório Fábio; SOUTO, Marcos Juruena V. (Coord.). Direito administrativo: estudos em homenagem a Diogo de Figueiredo Moreira Neto. Rio de Janeiro: Lumen Juris. p. 533.

[117] RIBEIRO, Maurício Portugal; PRADO, Lucas Navarro. Comentários à Lei de PPP – Parcerias Público-Privada: fundamentos econômico-jurídicos. São Paulo: Malheiros, 2007.

[118] Lei nº 8.987/95: Art. 11. No atendimento às peculiaridades de cada serviço público, poderá o poder concedente prever, em favor da concessionária, no edital de licitação, a possibilidade de outras fontes provenientes de receitas alternativas, complementares, acessórias ou de projetos associados, com ou sem exclusividade, com vistas a favorecer a modicidade das tarifas, observado o disposto no art. 17 desta Lei.

O §2º, com redação trazida pela Lei nº 12.766/12, diz respeito aos "aportes de recursos" (mencionados no art. 6º),[119] prevendo que, quando realizados durante a fase dos investimentos a cargo do parceiro privado, deverão guardar proporcionalidade com as etapas efetivamente executadas.

Tal providência certamente implicará em redução dos custos financeiros dos investimentos, que, sem essa iniciativa, teriam que ser suportados pelo parceiro privado até o término da disponibilização da infraestrutura.

Nesse sentido, ao tratarem da necessidade da proporcionalidade, Floriano Marques Neto e Marina Zago concluíram que "se a fundamentação e finalidade do aporte é ressarcir os investimentos do privado realizado na estrutura pública, lógico então que o aporte corresponda a eles".[120]

É isso que reza o inc. XI do art. 5º, que informa que o contrato de concessão deverá prever o cronograma e os marcos para o repasse das parcelas do aporte de recursos ao parceiro privado, na fase de investimentos do projeto e/ou após a disponibilização dos serviços, sempre que verificada a hipótese desse §2º.

---

[119] §2º O contrato poderá prever o aporte de recursos em favor do parceiro privado para a realização de obras e aquisição de bens reversíveis, nos termos dos incisos X e XI do caput do art. 18 da Lei nº 8.987, de 13 de fevereiro de 1995, desde que autorizado no edital de licitação, se contratos novos, ou em lei específica, se contratos celebrados até 8 de agosto de 2012.

[120] O aporte de recursos: evolução na busca de maior eficiência para as PPP. *In*: JUSTEN FILHO, Marçal; SCHWIND, Rafael Wallbach. *Parcerias Público-Privadas*: Reflexões sobre os 10 anos da Lei 11.079/2004. São Paulo: RT, 2015.

CAPÍTULO III

DAS GARANTIAS

Art. 8º As obrigações pecuniárias contraídas pela Administração Pública em contrato de parceria público-privada poderão ser garantidas mediante:

I – vinculação de receitas, observado o disposto no inciso IV do art. 167 da Constituição Federal;

II – instituição ou utilização de fundos especiais previstos em lei;

III – contratação de seguro-garantia com as companhias seguradoras que não sejam controladas pelo Poder Público;

IV – garantia prestada por organismos internacionais ou instituições financeiras que não sejam controladas pelo Poder Público;

V – garantias prestadas por fundo garantidor ou empresa estatal criada para essa finalidade;

VI – outros mecanismos admitidos em lei.

Parágrafo único. (VETADO).

Artigo 8º

Para que haja boa aceitabilidade das PPPs por parte dos futuros parceiros privados, considerando serem ajustes de longa duração e de grande impacto econômico-financeiro, é relevante que transpareçam demonstrações palpáveis de segurança jurídica do modelo.

Nesse diapasão – de substancial importância na pavimentação das PPPs –, emerge a previsão de garantias ao cumprimento das obrigações assumidas, com a eliminação (ou, ao menos, a redução) dos riscos do parceiro privado.

Não foi por outra razão que Luciano Ferraz obtemperou que a nota essencial aos contratos de PPP são cláusulas de garantia do parceiro privado, reputando-as como o ponto mais sensível a ser trabalhado nos arranjos de PPP, uma vez que a tradição da Administração Pública não é a de adimplência temporânea dos contratos administrativos:

> Com efeito, o bom êxito das PPP é diretamente proporcional à perspectiva de lucratividade e segurança do particular no empreendimento, porquanto os investimentos serão de larga monta e os ajustes de longa data.[121]

Interessante notar que, diversamente do que ocorre tradicionalmente com os contratos administrativos em geral, nos quais as garantias preservam a Administração (*vide* art. 56 da Lei Geral de Licitações), nos ajustes de PPPs essa cautela deve partir do particular, uma vez que só terá direito à contraprestação após a execução do objeto.

Dessa forma, intencionando assegurar as obrigações pecuniárias assumidas pelo Poder Público, a Lei disponibiliza um elenco não exaustivo de garantias:[122]

---

[121] Parcerias público-privadas: sistemática legal e dinâmica de efetivação. *Revista da Procuradoria-Geral do Município de Belo Horizonte – RPGMBH*, Belo Horizonte, ano 1, n. 1, p. 209-217, jan./jun. 2008.

[122] Especialistas em gestão fiscal têm apresentado críticas quanto às garantias oferecidas pela Administração: "A crítica mais razoável reside nas garantias ofertadas pelo parceiro público que, ao se configurarem como passivos fiscais contingentes, não são consideradas no cômputo da emissão de dívida pública. A lei deveria estabelecer que os compromissos com a concessão de garantias fossem incorporados à dívida pública, por meio de métodos de avaliação de obrigações contingentes. (...) ao se comprometer com garantias relacionadas na lei da PPP, o governo está assumindo um passivo que tem de ser devidamente contabilizado, mesmo que seu caráter contingente possa exigir análise de risco adequada e contabilização mais elaborada (Cf. MESQUITA, Arlan Mendes; MARTINS, Ricardo S. Desafios logísticos às redes de negócios no Brasil: o que podem as Parcerias Público-Privadas (PPPs)?. *Revista de Administração Pública* v. 42, n. 4, Rio de Janeiro, jul./ago. 2008).

a) vinculação de receitas, observado o disposto no inc. IV do art. 167 da Constituição Federal (inc. I);
b) instituição ou utilização de fundos especiais previstos em lei (inc. II);
c) contratação de seguro-garantia com as companhias seguradoras que não sejam controladas pelo Poder Público (inc. III);
d) garantia prestada por organismos internacionais (Bird, Bid etc.) ou instituições financeiras que não sejam controladas pelo Poder Público (inc. IV);
e) garantias prestadas por fundo garantidor ou empresa estatal criada para essa finalidade (inc. V); e
d) outros mecanismos admitidos em lei (inc. VI).

A previsão de admissão de quaisquer outras formas de garantias previstas no direito pátrio confirma que o rol disponibilizado não é taxativo.

- Vinculação de receitas, observado o disposto no Inc. IV do art. 167 da CF

O inc. I admite a vinculação de receitas públicas para garantia das obrigações pecuniárias da Administração em contratos de PPP, respeitada a proibição do art. 167, IV, da CF.
Prevê o citado preceptivo constitucional:

Art. 167. São vedados: (...)
IV – a vinculação de receita de impostos a órgão, fundo ou despesa, ressalvadas a repartição do produto da arrecadação dos impostos a que se referem os arts. 158 e 159, a destinação de recursos para as ações e serviços públicos de saúde, para manutenção e desenvolvimento do ensino e para realização de atividades da administração tributária, como determinado, respectivamente, pelos arts. 198, §2º, 212 e 37, XXII, e a prestação de garantias às operações de crédito por antecipação de receita, previstas no art. 165, §8º, bem como o disposto no §4º deste artigo; (...).

Como se percebe, o ditame constitucional consagra o princípio da não vinculação (ou da não afetação) da receita de impostos a órgão, fundo ou despesa, ressalvada a repartição do produto de arrecadação dos impostos a que se referem os artigos 158 (que cabe aos municípios)[123] e 159 (que se refere à entrega de impostos pela União).[124]

Tal vedação guarda íntima relação com o pressuposto de que o arrecadado com os impostos destinar-se-á ao custeio de serviços públicos, ainda que mencione "prestação de garantia", uma vez que essa menção diz respeito à operação de crédito da União.

Deriva daí que, embora o dispositivo condicione sua existência à observação do disposto no inc. IV do art. 167 da CF, na verdade, inopinadamente, o infringe. O preceptivo é, por conseguinte, deveras curioso, porquanto busca supedâneo exatamente no ditame constitucional que inadmite o por ele preconizado.

Kiyoshi Harada ratifica esse entendimento, descortinando, em didático e detalhado parecer,[125] a impossibilidade jurídica de tal ato, concluindo que "do contrário, violados restariam os princípios da impessoalidade e da moralidade, insertos no art. 37 da CF e que são de observância impositiva, nos precisos termos do art. 100 da Carta Política".

---

[123] CF: **Art. 158.** Pertencem aos Municípios: I – o produto da arrecadação do imposto da União sobre renda e proventos de qualquer natureza, incidente na fonte, sobre rendimentos pagos, a qualquer título, por eles, suas autarquias e pelas fundações que instituírem e mantiverem; II – cinquenta por cento do produto da arrecadação do imposto da União sobre a propriedade territorial rural, relativamente aos imóveis neles situados; III – cinquenta por cento do produto da arrecadação do imposto do Estado sobre a propriedade de veículos automotores licenciados em seus territórios; IV – vinte e cinco por cento do produto da arrecadação do imposto do Estado sobre operações relativas à circulação de mercadorias e sobre prestações de serviços de transporte interestadual e intermunicipal e de comunicação.

[124] CF: **Art. 159.** A União entregará: I – do produto da arrecadação dos impostos sobre renda e proventos de qualquer natureza e sobre produtos industrializados, quarenta e sete por cento na seguinte forma: a) vinte e um inteiros e cinco décimos por cento ao Fundo de Participação dos Estados e do Distrito Federal; b) vinte e dois inteiros e cinco décimos por cento ao Fundo de Participação dos Municípios; c) três por cento, para aplicação em programas de financiamento ao setor produtivo das Regiões Norte, Nordeste e Centro-Oeste, através de suas instituições financeiras de caráter regional, de acordo com os planos regionais de desenvolvimento, ficando assegurada ao semiárido do Nordeste a metade dos recursos destinados à Região, na forma que a lei estabelecer; II – do produto da arrecadação do imposto sobre produtos industrializados, dez por cento aos Estados e ao Distrito Federal, proporcionalmente ao valor das respectivas exportações de produtos industrializados.

[125] Elaborado por solicitação da OAB/SP, que conclui pela inconstitucionalidade do Fundo Garantidor das Parcerias Público-Privadas.

O tributarista, após transcrever jurisprudência que não discrepa desse posicionamento, assevera, com proficiência:

> Ora, se a própria vinculação de receita de impostos, permitida pela Constituição Federal, em caráter excepcional, para prestação de garantias visando à obtenção de receita creditícia, de natureza temporária, não pode ser interpretada em sentido amplo, permitido pelo direito privado, o que não dizer de vinculação de receita pública para garantia de obrigações outras, decorrentes de contratos de parcerias público-privadas? Evidente que não se pode invocar a regra excepcional do art. 167, IV da CF para concluir que demais receitas públicas não estão abrangidas pela proibição. A regra geral, que decorre do sistema constitucional, é a não vinculação das receitas públicas para garantia dessas ou daquelas obrigações contraídas pelo poder público. A exceção contida no inciso IV do art. 167 da CF não tem o sentido emprestado pelo legislador infraconstitucional que, por meio de uma interpretação literal e isolada, ignora em bloco os rígidos princípios de direito público. Aliás, o referido inciso, ao excepcionar a vinculação para um fim específico, *ipso facto*, afastou a vinculação para fim outro.

Evidencia-se, portanto, a inconstitucionalidade deste inc. I, uma vez que seu regramento constitui uma verdadeira inversão da ordem pública, afrontando aos princípios da moralidade e da impessoalidade, insertos no art. 37 da CF, de observância impositiva na forma do seu art. 100, *caput*.

A regra é tão lesiva à CF que Celso Bandeira de Mello chega a tratá-la como "grosseira inconstitucionalidade", uma vez que uma receita pública jamais poderá vincular-se à garantia de créditos de particulares.[126]

Nesse passo, ratificamos a apreensão de Binenbojm, que, preocupado, avalia que a simples existência de uma suspeita de inconstitucionalidade já pode representar um elemento problemático de risco e insegurança para os investidores privados. Nesta toada, inteligentemente recomenda o encaminhamento de um projeto de lei complementar ao Congresso que venha a espancar dúvidas acerca da firmeza das garantias oferecidas pelos parceiros públicos em contratos de PPP.[127]

---

[126] *Curso de direito administrativo*. 27. ed. São Paulo: Malheiros, 2010.
[127] As parcerias público-privadas (PPPs) e a Constituição. *In*: BINENBOJM, Gustavo. *Temas de direito administrativo e constitucional*: artigos e pareceres. Rio de Janeiro: Renovar, 2008.

- **Instituição ou utilização de fundos especiais previstos em lei**

    O inc. II lista como garantia a instituição ou utilização de fundos especiais previstos em lei.

    Já registramos que os fundos especiais são meras alocações financeiras destinadas por lei ao custeio de atividades específicas que, normalmente, não possuem personalidade jurídica e são administrados por um órgão (*vide* considerações sobre esses fundos nos comentários ao parágrafo único do art. 1º).

    Dessa forma, como fazem parte do patrimônio do ente que o criou, eventuais garantias prestadas serão consideradas como prestadas por tal ente.

    Assim, como anotam Portugal e Navarro,[128] os fundos especiais só poderão prestar garantias pessoais, como fiança ou aval, nos termos da lei que o instituir, não se admitindo que prestem garantias reais, eis que os bens que eventualmente estejam alocados no fundo continuam a pertencer ao patrimônio do ente federativo instituidor, e, portanto, por serem bens públicos, devem se submeter aos princípios da inalienabilidade e impenhorabilidade.

    Assinale-se que, para os efeitos deste inciso, o art. 16 prevê a criação de um Fundo Garantidor de Parcerias Público-Privadas (FGP), autorizando a União, seus fundos especiais, suas autarquias, suas fundações públicas e suas empresas estatais dependentes a dele participarem no limite global de R$ 6.000.000.000,00 (seis bilhões de reais), com o objetivo exclusivo de prestação de garantia de pagamento de obrigações pecuniárias assumidas pelos parceiros públicos federais, distritais, estaduais ou municipais, em virtude dos acordos de PPPs (sobre esse Fundo, remetemos o leitor aos comentários ao art. 16).

---

[128] *Comentários à Lei de PPP – Parceria Público-Privada*: fundamentos econômico-jurídicos. São Paulo: Malheiros, 2007.

- Contratação de seguro-garantia com as companhias seguradoras que não sejam controladas pelo Poder Público

Como prescreve o art. 757 do CC, pelo contrato de seguro o segurador se obriga, mediante o pagamento do prêmio, a garantir interesse legítimo do segurado, relativo à pessoa ou à coisa, contra riscos predeterminados.

O seguro-garantia consiste em salvaguarda de maior elastério. Contudo, diversamente do que ocorre nos Estados Unidos, onde o seguro-garantia é adotado com enorme frequência e com bastante eficácia, no Brasil, consoante dados levantados pela Federação Nacional das Empresas de Seguros Privados e de Capitalização (FENASEG), o seguro tem sido relegado a plano secundário, sendo considerado encarecedor.

Realmente, como avaliam Portugal e Navarro, parece não haver no mercado seguradoras dispostas a assumir o risco pelo não pagamento de contraprestações públicas em contratos que podem chegar a 35 anos. "Por certo, se houver, é provável que exijam um prêmio de risco excessivamente elevado, o que acabaria por inviabilizar sua utilização prática, ao menos enquanto a percepção de risco do Governo brasileiro se mantiver elevada nesse particular".[129]

Anote-se que o seguro-garantia deve ser contratado com companhias seguradoras que não sejam controladas pelo Poder Público.

- Garantias prestadas por fundo garantidor ou empresa estatal criada para essa finalidade

A prestação de garantia por fundo garantidor constituído para esse fim mereceu disposições específicas na Lei das PPPs, ao estabelecer, nos arts. 16 a 21, as regras aplicáveis ao Fundo

---

[129] *Comentários à Lei de PPP – Parceria Público-Privada*: fundamentos econômico-jurídicos. São Paulo: Malheiros, 2007. p. 227.

Garantidor de Parcerias Público-Privadas – FGP (sobre o tema, observem-se os comentários aos artigos mencionados).

Reserve-se, contudo, que esse fundo pode ser qualquer outro. Como registra Cretella Neto,[130] parece improvável a criação de uma empresa estatal, especialmente voltada para garantir pagamentos do órgão público, "justamente dada à orientação da política econômica de retirar do Estado algumas de suas atribuições, inclusive privatizando empresas, processo que teve seu auge na década de 1990 e que não deve apresentar retrocesso".

✓ Outros mecanismos admitidos em lei

O intuito do legislador foi ampliar as opções para a obtenção de garantia de contraprestação pública em contratos de PPP.

Essa providência teve referências elogiosas por parte de toda a doutrina:

Observe-se, por exemplo, a manifestação de Marcelo Viveiros de Moura e Décio Pio Borges de Castro:

> Identifica-se uma preciosa "janela legal" que os legisladores sabiamente deixaram aberta. Isto porque a possibilidade de adoção de quaisquer mecanismos de garantias legalmente aceitos, confere flexibilidade suficiente para atender às peculiaridades de cada caso concreto.[131]

---

[130] *Comentários à lei de Parcerias Público-Privadas*. 2 ed. Rio de Janeiro: GZ, 2010. p. 71.
[131] A importância das garantias para o sucesso da Parceria Público Privada ("PPP"). Disponível em: https://www.migalhas.com.br/dePeso/16,MI9749,91041-A+importancia+das+garantias+para+o+sucesso+da+Parceria+Publico. Acesso em: 10 out. 2019.

CAPÍTULO IV

DA SOCIEDADE DE PROPÓSITO ESPECÍFICO

Art. 9º Antes da celebração do contrato, deverá ser constituída sociedade de propósito específico, incumbida de implantar e gerir o objeto da parceria.

§1º A transferência do controle da sociedade de propósito específico estará condicionada à autorização expressa da Administração Pública, nos termos do edital e do contrato, observado o disposto no parágrafo único do art. 27 da Lei nº 8.987, de 13 de fevereiro de 1995.

§2º A sociedade de propósito específico poderá assumir a forma de companhia aberta, com valores mobiliários admitidos à negociação no mercado.

§3º A sociedade de propósito específico deverá obedecer a padrões de governança corporativa e adotar contabilidade e demonstrações financeiras padronizadas, conforme regulamento.

§4º Fica vedado à Administração Pública ser titular da maioria do capital votante das sociedades de que trata este Capítulo.

§5º A vedação prevista no §4º deste artigo não se aplica à eventual aquisição da maioria do capital votante da sociedade de propósito específico por instituição financeira controlada pelo Poder Público em caso de inadimplemento de contratos de financiamento.

Artigo 9º *caput*

A Lei determina, antes da celebração do contrato de PPP, a constituição de uma Sociedade de Propósito Específico (SPE), que assumirá a incumbência de implantar e gerir o objeto da parceria. Entender o que seria uma SPE não chega a ser difícil, uma vez que o próprio nome já indica o porquê de sua existência: o atingimento de um único objetivo.

José Edwaldo Borba discorre sobre as características da SPE:

> Não tem interesse próprio, não cumpre um objeto social próprio, não se destina a desenvolver uma vida social. Trata-se do que se poderia chamar uma sociedade ancilar, mero instrumento de sua controladora A rigor, essas sociedades nascem para prestar um serviço a sua controladora, para cumprir uma simples etapa de um projeto, ou até mesmo para desenvolver um projeto da controladora. Normalmente, cumprindo esse projeto, o seu destino é a liquidação. Nascem, normalmente, já marcadas para morrer. São nada menos que uma sociedade escrava, sem vida própria, e sem qualquer interesse particular capaz de justificá-la como empresa.[132]

As SPEs têm sido muito utilizadas no meio jurídico imobiliário, tendo tomado força no ordenamento pátrio na esteira da falência da Construtora Encol. A ideia, diante da catástrofe socioeconômica de repercussão nacional causada pela mencionada falência, foi deflagrar uma política de proteção aos mutuários.

Francisco Maia Neto dispõe com objetividade sobre o tema:

> O raciocínio é muito simples, uma vez não fazer sentido que o adquirente de um imóvel seja afetado e veja frustrados seus sonhos por uma administração empresarial terceirária, que transfira os recursos de uma obra para outra, comprometendo a conclusão de um empreendimento. Este mesmo raciocínio vale para os investidores institucionais, que alocam seus recursos em determinado edifício e precisam ter garantias de retorno do capital com entrega da unidade, que poderia ser contaminado em decorrência de má gestão de recursos por parte de um incorporador. Ao ser adotada a aplicação de uma SPE no empreendimento todos os agentes envolvidos, desde o comprador até a

---

[132] *Direito societário*. 9. ed. Rio de Janeiro: Renovar, 2004.

instituição financeira, passam a ter a tranquilidade de que o único risco que irão correr é aquele decorrente da própria obra. A operacionalização dessa medida é feita de forma simples, onde se cria um CNPJ próprio para a nova entidade, que passará a ter todos os registros próprios de uma empresa comercial, cuja única diferença reside no objeto social, específico para o desenvolvimento daquela empreitada, devendo se extinguir após sua conclusão, ou ser renovada para um novo negócio.[133]

Em função de suas semelhanças com a tradicional forma de associação denominada *consórcio*, as SPEs são muito confundidas com os *Consórcios Societários*. Confrontando-se, todavia, os instrumentos, ver-se-á que as SPEs possuem características especiais que as tornam mais seguras e práticas nas relações entre as empresas. Dentre outras diferenças, avulta a questão da personalidade jurídica, embora seja o consórcio dela destituído, é obrigado a se cadastrar no CNPJ, o que, entretanto, não o torna passível de obrigações tributárias (como, por exemplo, emitir uma nota fiscal para recolhimento de ICMS). Noutra banda, as SPEs são sociedades com personalidade jurídica, escrituração contábil e demais características comuns às empresas limitadas ou sociedades anônimas, sendo também, uma sociedade patrimonial que, diversamente dos consórcios, pode adquirir bens móveis, imóveis e participações.[134]

Dentre outras, uma justificativa plausível que já explicaria a exigência de constituição de uma SPE nas PPPs seria a facilitação do controle exercido pela Administração sobre o cumprimento do contrato.[135]

Sobre o assunto, acrescentam Renata de Oliveira e Daniel Gruenbaum:

> Mas não só pelo controle pela Administração é justificada a exigência. Trata-se de previdência igualmente interessante para o parceiro privado, a quem

---

[133] Disponível em: http://www.precisao.eng.br/fmnresp/proposito.htm. Acesso em: 2 abr. 2016.
[134] Em dezembro de 2008, a Lei Complementar nº 128 alterou o artigo 56 da Lei Geral das Microempresas e Empresas de Pequeno Porte (LC nº 123/06), introduzindo a figura da Sociedade de Propósito Específico, constituída exclusivamente de microempresas e empresas de pequeno porte optantes pelo Simples Nacional.
[135] Em suma, note-se, a SPE não trouxe grandes novidades à ordem jurídica, exceto a autorização para que o Estado nela concorra, subordinadamente, para a realização de um interesse por ele ditado no curso da antecedente licitação (Marcelo Andrade Feres, As sociedades de propósito específico [SPEs] no âmbito das parcerias público-privadas [PPPs]: algumas observações de direito comercial sobre o art. 9º da lei n. 11.079, de 30 de dezembro de 2004).

muitas vezes convém isolar o exercício do serviço concedido das demais atividades exercidas, por exemplo, como decorrência de planejamento tributário ou de estruturação societária do grupo econômico.[136]

Além disso, apontam os analistas, com absoluta razão, que as SPEs apresentam vantagens ainda para o investidor, que terá como devedor uma sociedade com atividade bem delineada e cujo controle poderá adquirir para reestruturação financeira, caso seja necessário.

Da mesma forma, Alexandre Santos Aragão:[137]

> A grande vantagem da SPE nas PPPs é facilitar o controle da execução do contrato e a saúde financeira da concessionária e do respectivo *project finance*,[138] tanto por parte do Poder Concedente, como dos financiadores da concessionária, em virtude da segregação patrimonial, contábil e jurídica que a SPE implica.[139]

---

[136] Sociedades de propósito específico nas parcerias público-privadas. *In*: SOUZA, Mariana Campos de (Coord.). *Parceria público privada, aspectos jurídicos relevantes*. São Paulo: Quartier Lantin.

[137] As parcerias público-privadas: PPPs no direito positivo brasileiro. *Revista de Direito Administrativo*, v. 240, p. 143, abr./jun. 2005, *apud* Sociedades de propósito específico nas parcerias público-privadas. *In*: SOUZA, Mariana Campos de (Coord.). *Parceria público privada, aspectos jurídicos relevantes*. São Paulo: Quartier Lantin.

[138] *Project finance* é um mecanismo que prevê a remuneração por intermédio da exploração econômica da própria atividade. O *project finance* é uma técnica para financiar projetos usada em quase todos os processos de privatização. Baseia-se na performance do projeto e no compartilhamento de seus riscos entre os diversos participantes. Dadas as características da PPP, o *project finance* mostra-se o instrumento ideal para ser usado como modelador dos riscos envolvidos. O *project finance* não é apenas uma forma de financiar um projeto com base em seus recebíveis, mas, acima de tudo, é um meio de compartimentar e compartilhar os riscos, encontrando formas para mitigá-los e permitindo que cada participante escolha a parcela de risco/retorno que lhe é mais atrativa. Na PPP, o Estado poderá negociar com a iniciativa privada qual papel deseja ter, contando com as ferramentas do *project finance* para viabilizar seus acordos, tais como os seguros-garantia – que transferem parte do risco para as seguradoras –, os contratos de execução de obras EPC (*Engineering, Procurement and Constrution*) para as empreiteiras, e os diversos tipos de contratos de financiamento que foram criados e aprimorados para financiar a privatização (Cf. BONOMI, Cláudio A.; MALVESSI, Oscar. PPP: unindo o público e o privado. Disponível em: http://www16.fgv.br/rae/artigos/2271.pdf). Acesso em: 5 jun. 2010. Para aprofundamento no assunto, com enfoque nas PPPs, *vide Project Finance – Financiamento com foco em empreendimentos* (Cf. ENEI. *Project finance*: financiamento com foco em empreendimentos: parcerias público-privadas, *leveraged buy-outs* e outras figuras afins).

[139] Carolina Previtalli, especialista em direito societário, detalha, em texto extremamente elucidativo, as vantagens da adoção da alternativa *project finance* nas SPEs: "O *projetct finance* confere maior segurança ao empreendedor, pois se autofinancia, sua estrutura é baseada no fluxo de caixa do projeto e utiliza-se de garantias calcadas nos recebíveis do projeto, para o pagamento das prestações do financiamento. Essa modalidade de financiamento é geralmente destinada a obras de infraestrutura para concessões de serviços públicos, pois geralmente são projetos grandes, que envolvem diversas partes e grande

quantidade de capital, daí a necessidade de uma estrutura específica a fim de não onerar excessivamente nenhuma das partes. A utilização de financiamentos corporativos (...), as do *corporate finance*, envolvem riscos diretos para a tomadora na pessoa jurídica principal. Alternativamente se apresenta o *project finance* como uma vertente de projeto financeiro em que os riscos podem ser segregados fora da pessoa jurídica principal e dentro de uma sociedade de propósito específico 'SPE' destinada exclusivamente ao Projeto, esta SPE poderá ser uma sociedade limitada ou anônima de acordo com as características de cada uma que melhor se adaptem ao projeto. Todas as partes se tornam sócias do *project finance* em questão por meio de sua participação na SPE, unindo os interesses e riscos à intenção de obtenção de sucesso das partes sendo uma estrutura que delimita os compromissos e os riscos dos agentes envolvidos. Nessa SPE será segregado todo o Projeto e deverá ser constituída especificamente para tanto, podendo até mesmo ser atribuído um valor simbólico ao seu capital, as partes envolvidas podem atuar de maneira clara e com equivalência entre elas uma vez que estão dentro da mesma sociedade, a gestão pode ser compartilhada, além disso, o instrumento constitutivo (estatuto ou contrato social) associado a um acordo de acionistas é capaz de criar regras específicas para gestão da sociedade, definição das formas de remuneração variável, estipulações sobre o retorno aos investidores, dentre outros. Muitas são as vantagens para a criação de uma SPE específica para o *project finance*, como a transparência do projeto por meio de demonstrações financeiras claras e sem quaisquer outras operações que não estejam relacionadas ao projeto, dessa forma é mais fácil administrar o giro do capital, a viabilidade comercial do projeto e rede de contratos. A Sociedade de Propósito Específico (SPE) melhora a forma de contratação de garantias uma vez que se utiliza dos recebíveis e fluxo de caixa do próprio projeto, preservando o investidor e evitando as garantias pessoais que poderiam ser requeridas no caso da pessoa jurídica principal, também afasta a nova sociedade desta última em matérias como credores trabalhistas, pendências de outra natureza que dizem respeito somente à sociedade principal e não à SPE. Serve também para trazer personalidade jurídica ao projeto e mantém concentrados ativo, passivo e fluxo de caixa, o patrimônio da empresa é destinado exclusivamente ao cumprimento de obrigações perante os investidores do projeto, com o que merece destaque a questão da governança corporativa dentro do projeto. O projeto uma vez segregado pode ser totalmente reservado ao sigilo especificamente aos investidores do negócio e cumprir requisitos de governança corporativa na medida em que os empreendedores deverão dar transparência à gestão do capital, alocação de recursos, forma de contratação de serviços, de fornecimento, trabalhadores, etc., e exigências dos principais contratos e toda a rotina em geral da SPE, afinal os investidores estão financiando o projeto em conjunto com os empreendedores principais e querem acompanhar a gestão *pari passu* das atividades da sociedade. Além de financiar o projeto, a SPE deve ser capaz de gerar o fluxo de caixa projetado a fim de ser bem-sucedido o financiamento, senão de nada adiantaria a criação de projeto tão sofisticado e intrincado que não fosse capaz de gerar o retorno do investimento pretendido sequer para suprir o investimento inicial. Não apenas o objetivo é trazer o retorno para os investidores como também gerar lucro para os empreendedores e, no caso, de projetos nas áreas de concessões públicas, também atender de maneira exemplar o serviço público a que se destina, pois na maioria dos financiamentos dessa modalidade *project finance* são destinados a projetos de infraestrutura na área de serviços públicos mediante concessões pelo Poder Público. Com a criação da SPE o risco dos investidores limita-se à qualidade dos créditos de que a sociedade é titular. Para a mensuração de riscos existe toda uma sistemática própria voltada para tanto, o que é de extrema importância em projetos dessa natureza para classificação de risco e análise do retorno do investimento, por sua vez, reflete na forma de remuneração do projeto, garantias e fluxo de caixa em si" (Criação de sociedades de propósito específico na estrutura de *Project Finance* e aspectos relevantes sobre a questão. Disponível em: http://www.societario.com.br/colunista/carolinaprevitalli/ SPEprojectfinance.php. Acesso em: 5 maio 2010).

Também nesse viés, Marcelo Andrade Féres:[140]

A afetação da parceria a uma nova entidade, criada especificamente para esse propósito, permite que o Estado melhor possa fiscalizá-la ou mesmo concorrer para eventualmente adequá-la às sucessivas realidades do palco social. A Lei de PPPs modela, dessa maneira, uma parceria institucionalizada, ou seja, demanda que uma instituição se forme para lhe ser adjudicado o objeto comum.[141]

---

[140] As sociedades de propósito específico (SPEs) no âmbito das Parcerias Público-Privadas (PPPs): algumas observações de direito comercial sobre o art. 9º da lei n. 11.079, de 30 de dezembro de 2004. Disponível em: http://www.planalto.gov.br/ccivil_03/revista/Rev_75/artigos/Marcelo_rev75.htm. Acesso em: 29 maio 2010.

[141] Um bom exemplo do uso eficaz da SPE verifica-se no acordo celebrado entre Marinha do Brasil e estatal francesa DCNS, objetivando, em linhas gerais, dotar o Brasil de conhecimento tecnológico para a construção de um submarino com propulsão nuclear. Impende aclarar que esse acordo, malgrado os rigores do princípio da legalidade que rege os atos da Administração Pública, enquadra-se nos denominados contratos atípicos, que, inobstante a crítica dos legalistas arraigados, é permitido pela Lei nº 8.666/93, uma vez que a indicação dos tipos de contratos a serem celebrados pelo Poder Público não é *numerus clausus*. Ivana Maria Napoli, uma das integrantes do grupo que estudou e viabilizou a contratação, explana com desenvoltura sobre a matéria: "Numa contratação que engloba a transferência de tecnologia e prestação de serviços técnicos para capacitação da Marinha do Brasil em projeto e construção de submarinos convencionais e nucleares, bem como engloba a própria construção de quatro submarinos convencionais, um submarino nuclear, um estaleiro naval e uma base naval, era fundamental que, mesmo havendo dificuldades operacionais relativas à prontificação de um submarino convencional ou atrasos na conclusão da base naval, por exemplo, o empreendimento, como um todo, não viesse a ser prejudicado. Em 03 de setembro de 2009, após intensas negociações (...), foram celebrados oito contratos, chamados de subordinados, pois decorreram das normas gerais estipuladas no contrato global. Cada contrato subordinado tem um objeto definido. Um contrato, por exemplo, versa sobre a construção de um estaleiro naval e de uma base naval, enquanto que outro contrato tem como objeto a compra e venda do pacote de material importado dos submarinos convencionais. No entanto, mesmo com objetos específicos, os contratos subordinados estão interligados por cláusulas que conectam o pagamento de eventos concluídos em um contrato à conclusão de marcos de outro contrato. Ou seja, ainda que tenha cumprido eventos programados num determinado contrato, as partes contratadas não terão direito a receber o pagamento se determinados eventos de um outro contrato estiverem em atraso. Esta arquitetura jurídica, decorrente do contrato global, é que permite que, mesmo com objetos distintos, a gestão dos contratos trate-os como um todo e o resultado final seja a capacitação para projeto e construção do submarino nuclear brasileiro. A magnitude do Programa é facilmente constatável em face dos produtos a serem obtidos e dos valores necessários para sua aquisição. A complexidade, por sua vez, é verificada pela existência de um contrato global coordenando oito contratos subordinados, o que demanda um esforço de gestão (...). Mas é a peculiaridade, o ineditismo das cláusulas do contrato global e dos contratos subordinados, que torna esse empreendimento único no país. Inclusive é pioneira e inovadora a própria arrumação jurídica das partes contratadas. Além da DCNS, Société Anonyme e da Construtora Norberto Odebrecht S.A, são também partes contratadas o Consórcio Baía de Sepetiba e a sociedade empresária Itaguaí Construções Navais S.A. A Itaguaí Construções Navais S.A. é uma Sociedade de Propósito Específico (SPE) que tem como sócios a DCNS, Société Anonyme e a Construtora Norberto Odebrecht S.A, e terá a missão de construir os submarinos convencionais e o submarino nuclear no Brasil. A Marinha detém uma *golden share*, uma ação preferencial

Verdadeiramente, ao constituir um ente para a consecução do objeto de parceria entre o Estado e o particular, essa sociedade toma ares de uma *joint venture*.[142] Tal expediente facilita de modo significativo as relações que daí se desenvolverão.

---

especial, que lhe confere direitos necessários ao acompanhamento das atividades da sociedade empresária. As *golden shares* existentes no ordenamento jurídico brasileiro são as decorrentes do processo de privatização. No caso da Itaguaí Construções Navais S.A, a *golden share* foi criada no momento da constituição da sociedade empresária. Essa iniciativa teve por fim montar uma estrutura de controle sem par entre os contratos públicos. A Marinha, de forma pioneira, tomou para si ainda mais deveres de fiscalização do que os listados nas leis que regem as contratações públicas. Tudo para assegurar a consecução dos objetos contratados, em face da responsabilidade da Força para com as atividades de defesa." (NAPOLI, Ivana Maria. Arquitetura jurídica dos contratos do Programa de Submarinos da Marinha – PROSUB. *Revista da Intendência*, 2010).

[142] Analisando a situação das SPE quanto à natureza jurídica, no âmbito das PPP, Marcelo Andrade Féres conduz o raciocínio nessa linha: "Em verdade, a sociedade em exame, ao concretizar um ente para a consecução do objeto de parceria entabulada entre o Estado e o particular, assume nítida feição de uma *joint venture*. (...) Nomeadamente, a SPE é uma *corporate joint venture* ou *incoporated joint venture*, em que se cria uma pessoa distinta das dos parceiros para a realização da finalidade comum. Tal expediente facilita de modo significativo as relações que, na espécie, desenvolvem-se em caráter duradouro ou permanente entre os sujeitos. A afetação da parceria a uma nova entidade, criada especificamente para esse propósito, permite que o Estado melhor possa fiscalizá-la ou mesmo concorrer para eventualmente adequá-la às sucessivas realidades do palco social. A Lei de PPP modela, dessa maneira, uma parceria institucionalizada, ou seja, demanda que uma instituição se forme para lhe ser adjudicado o objeto comum. No campo das PPP, as SPE serão personificadas, não podendo, assim, adotar o regime da sociedade em conta de participação, por exemplo. Por outro lado, a SPE pode organizar-se sob a forma da sociedade simples pura, que foi concebida pelo Código Civil de 2002 em oposição às sociedades de índole empresarial. Não há, no campo legal, qualquer norma que vede a eleição desse tipo. Com essas considerações, para efeitos da nova Lei de PPP, pode-se conceituar a SPE como aquela organizada sob um dos tipos societários personificáveis existentes na ordem jurídica, objetivando a criação de um ente, com o concurso dos setores público e privado, para a realização de um contrato de parceria, que lhe é concedido após licitação. (...) A SPE poderá revestir-se de qualquer tipo societário, desde que personificável, inclusive sociedade anônima aberta, com valores mobiliários admitidos à negociação no mercado (§2º do art. 9º da Lei de PPP). Entre seus membros, podem figurar particulares e a Administração Pública, sendo vedado a esta ser titular da maioria do capital votante (§4º do art. 9º da Lei de PPP), salvo sua eventual aquisição por instituição financeira controlada pelo Poder Público em caso de inadimplemento de contratos de financiamento. O que interessa, pois, é que o controle da SPE se reserve nas mãos daquele que saiu vitorioso ao final do processo da licitação, e sua transferência fica condicionada à autorização expressa da Administração Pública, nos termos do edital e do contrato, observado o parágrafo único do art. 27 da Lei nº 8.987, de 13 de fevereiro de 1995 (§2º do art. 9º da Lei de PPP). (...). Apesar de a doutrina inclinar-se em dizer que pessoas naturais não podem participar de *joint ventures*, não se pode assim entender na hipótese das SPE. Primeiro, porque são personificáveis e assumem regime societário que, de modo algum, impede o concurso de pessoas físicas. A par disso, lembre-se de que empresários singulares podem participar de licitações e, nesse contexto, suas firmas individuais podem concorrer com o Estado na seara das SPE". Disponível em: http://www.planalto.gov.br/ccivil_03/revista/Rev_75/artigos/Marcelo_rev75.htm. Acesso em: 5 maio 2010.

Parágrafos 1º a 5º

Consoante o preconizado no §1º deste art. 9º, a transferência do controle das SPEs depende de autorização da Administração, devendo o edital de licitação prever a possibilidade, bem como, evidentemente, o contrato.[143] Essa transferência, mesmo com a anuência da Administração, tem sido considerada inconstitucional, como expõe, por exemplo, Celso Bandeira de Mello:

> Remeditando, acabamos por concluir que, como o controlador é que tem poderes para imprimir à empresa rumos, à higidez, à seriedade de conduta e eficiência — ou seja, sua própria feição — a mudança de controle acionário afeta a própria identidade dela. Logo, não seria possível, sem ofensa ao princípio da licitação, reconhecer a qualidade de concessionário a quem, em virtude da aludida mudança, não pode ser considerado o mesmo que participou do certame responsável pela escolha de quem deveria prestar o serviço.[144]

Em edição posterior de sua obra, o autor ratifica a posição:

> É desenganadamente inconstitucional a possibilidade conferida à Administração (...) de autorizar a transferência do controle de tal sociedade para os financiadores da parceria sem que estes previamente demonstrem "capacidade técnica, idoneidade financeira e regularidade jurídica e fiscal necessários à assunção do serviço" quando o objetivo for reestruturá-la financeiramente e assegurar a continuidade da prestação dos serviços. O art. 37, XXI, da CF, mesmo pretendendo reduzir ao máximo as exigências a serem feitas para os pretendentes a eventual travamento de contrato com a Administração, não abriu mão de "exigências de qualificação técnica e econômica indispensáveis à garantia do cumprimento das obrigações". É claro, pois, que a lei das PPPs não poderá fazê-lo.[145]

Enfim, independentemente dos contornos inconstitucionais, a Lei exige, para operacionalizar a transferência, que o novo

---

[143] *Vide* que o inc. I do §2º do art. 5º registra que os contratos poderão prever adicionalmente os requisitos e condições em que o parceiro público autorizará a transferência do controle da sociedade de propósito específico para os seus financiadores, com o objetivo de promover a sua reestruturação financeira e assegurar a continuidade da prestação dos serviços, não se aplicando para este efeito o previsto no inciso I do parágrafo único do art. 27 da Lei nº 8.987/95.
[144] BANDEIRA DE MELLO. *Curso de direito administrativo*, 21. ed.
[145] BANDEIRA DE MELLO. *Curso de direito administrativo*, 21. ed.

controlador atenda plenamente às regras dispostas no parágrafo único, do art. 27 da Lei nº 8.987/95 – Lei das Concessões (renumerado para §1º pela Lei nº 11.196, de 2005). Ocorre, que o §2º do art. 5º informa que, na transferência de controle ao financiador se teria afastado a aplicação do parágrafo único (renumerado §1º pela Lei nº 11.196/05) do art. 27 da Lei nº 8.987/95. Essa situação tem causado embaraços na aplicação do diploma.

Como expusemos na avaliação do art. 5º, com relação ao direito de assunção de controle da SPE, a Lei dispôs pela inaplicabilidade do inc. I do parágrafo único do art. 27 da Lei nº 8.987/95 (renumerado para §1º pela Lei nº 11.196/05), que requer o atendimento das exigências de capacidade técnica, idoneidade financeira e regularidade jurídica e fiscal. Tal determinação causa perplexidade, haja vista que a regra de reavaliação habilitatória é um procedimento natural no caso de substituição da contratada. A perplexidade se maximiza em função do disposto, mais à frente, no §1º do art. 9º, que, tratando da SPE, exige para a operacionalização da transferência para os financiadores, o pleno atendimento pelo novo controlador das regras preconizadas no parágrafo único do art. 27 da Lei nº 8.987/95 (renumerado para §1º pela Lei nº 11.196/05). Esse aparente conflito de procedimento dentro do mesmo diploma tem causado embaraços na aplicação.

Alguns analistas, perseguindo uma interpretação que permita entender que inexiste contradição das regras, concluem que, apesar de ambas as situações tratarem da transferência do controle da SPE, o art. 5º, §2º, I, trata dos casos em que o parceiro público autorizará a transferência do controle para os seus financiadores, e o art. 9º, da transferência do controle da SPE para sujeitos estranhos à sua composição inicial.

A ideia, bastante plausível, é o pressuposto de que os sujeitos financiadores da SPE já tenham sofrido apreciação quanto à capacidade e idoneidade. Daí, a dispensa de aplicação do art. 27, parágrafo único, I, da Lei nº 8.987/95 (renumerado para §1º pela Lei nº 11.196/05) constante no art. 5º, §2º, I. No art. 9º, entretanto, a hipótese seria a de transferência para sujeitos que não possuem a condição de financiadores. Nesse caso, a lei teria condicionado a realização da transferência à comprovação de que os interessados disponham da qualificação técnica, econômica, fiscal e jurídica indispensáveis para assumir os serviços.

Logo, inexistiria contradição, em função de tratarem de situações distintas. Enquanto uma trataria da transferência do controle da SPE para os seus financiadores, a outra estaria tratando da transferência para sujeitos que não possuem essa condição.

Não cremos, entretanto, que seja essa a avaliação correta dos textos legais mencionados, já que não se encontra no diploma a determinação de verificação *a posteriori* da qualificação dos financiadores.

Destarte, a nosso ver, as regras denotam uma aparente antinomia jurídica (normas conflitantes regulando a mesma situação).

Consoante as lições de Maria Helena Diniz,[146] antinomia é o conflito entre duas normas, dois princípios, ou de uma norma e um princípio geral de direito em sua aplicação prática a um caso particular. É a presença de duas normas conflitantes, sem que se possa saber qual delas deverá ser aplicada ao caso singular. As antinomias próprias caracterizam-se pelo fato de o sujeito não poder atuar segundo uma norma sem violar a outra, devendo optar, e esta sua opção implica a desobediência a uma das normas em conflito, levando-o a recorrer a critérios para sair dessa situação. Nesses casos, como ensinava Hans Kelsen,[147] a solução para o aplicador se dá decidindo, num ato de vontade, pela aplicação de uma ou de outra das duas normas, pelo que permaneceria a existir o conflito entre ambas as normas jurídicas gerais.

Nesse diapasão, o imbróglio se resolveria com escolha da norma que determina a verificação habilitatória, porquanto, de regra, há de se verificar se aquele que pretende assumir a execução do objeto detém condições para tal.

Não obstante, como já dito, a nosso ver, a antinomia é aparente. Senão, vejamos: o §2º e seu inc. I prescrevem que, mesmo não sendo a previsão obrigatória, poderão os contratos conter cláusula prevendo os requisitos e as condições em que a Administração autorizará a transferência do controle da SPE para os seus financiadores, com o objetivo de promover a sua reestruturação financeira e assegurar a continuidade da prestação dos serviços. Entrementes, "para este

---

[146] *Compêndio de introdução à ciência do direito.* 4. ed. São Paulo: Saraiva, 1992.
[147] *Teoria geral das normas.* Trad. José Florentino Duarte. Porto Alegre: Sergio Antonio Fabris, 1986. Título original: *Allgemeine Theorie Der Normen.*

efeito" não será aplicável o constante no inc. I do parágrafo único do art. 27 da Lei nº 8.987/95 (renumerado para §1º pela Lei nº 11.196/05), ou seja, não se verificará a habilitação dos financiadores (capacidade técnica, idoneidade financeira e regularidade jurídica e fiscal necessárias à assunção do serviço). Como o §1º do art. 9º prevê que a transferência do controle da SPE dependerá de autorização expressa do Poder Público, (sendo que tal autorização estará atrelada à forma que o edital prever e, logicamente, o contrato estabelecer) e de observação do preconizado no parágrafo único do art. 27 da Lei nº 8.987/95 (renumerado para §1º pela Lei nº 11.196/05), o que se infere é que o "para este efeito" não tem conexão com a transferência em si, mas sim com a inserção dessa previsão adicional no contrato. Explica-se: caso o contrato preveja a possibilidade de transferência, não se deverá naquele momento já se exigir a documentação habilitatória dos financiadores; todavia, se essa possibilidade vir a se concretizar, aí sim se exigirá dos mesmos a demonstração habilitatória.

O dispositivo não define a forma de constituição da SPE, contendo apenas indicações ou elementos que propiciam algumas constatações, poderá assumir, por exemplo, a forma de companhia de capital aberto, caso os valores mobiliários emitidos possam ser negociados no mercado (§2º), vedada, entretanto, a assunção da forma de economia mista, já que o §4º não permite que a Administração seja titular da maioria do capital votante.

Aliás, os parágrafos 2º e 4º se intercambiam: um autoriza a assunção da SPE como companhia aberta, com valores mobiliários negociáveis na bolsa; o outro não permite que a Administração assuma a titularidade da maioria do capital votante nas sociedades.

Há, todavia, uma exceção a essa vedação: o §5º permite a eventual aquisição da maioria do capital votante por instituição financeira que seja controlada pelo Poder Público, na hipótese única de inadimplência da sociedade em contratos de financiamento.

Insta aclarar, nesse particular, que a lei não obriga ser a SPE uma sociedade anônima, ainda que, caso pretenda negociar valores mobiliários, essa providência seja necessária.

Impende também esclarecer que, apesar de essa sociedade ser conhecida por SPE, o seu nome empresarial não deve ser formado com a inclusão dessa sigla, devendo ater-se às regras de regência do tipo societário adotado para a sua constituição.

Com propriedade, Luiz Alberto Blanchet alerta que, mesmo com a aquisição da maioria do capital votante por instituição financeira controlada pela Administração, ela jamais passaria a ser uma sociedade de economia mista, assumindo, isto sim, certas peculiaridades das chamadas economias mistas de segundo grau, de que trata a parte final do inc. III do art. 5º do Decreto-Lei nº 200/67.

Entende o autor, entrementes, que "nada impediria, porém, que uma lei autorizasse essa aquisição, hipótese em que a sociedade passaria a ser uma economia mista, segundo os termos do art. 37, inc. XIX, da Constituição da República".[148]

Quanto à vedação do §4º, que impede que a Administração assuma a titularidade da maioria do capital votante nas sociedades, é cediço, como preleciona Ivan Rigolin, que o Poder Público é indesejado no polo privado das PPP, em face da coerência do significado de uma verdadeira colaboração Estado x Iniciativa Privada. Nessa matéria, João Luiz da Rocha observa que a proibição de titularidade da maioria do capital votante da SPE pela gestão pública deve ser compreendida na sua dimensão sistêmica, e não apenas formal, valendo dizer que eventuais acordos de acionistas (ou de cotistas) não poderão prever tal prevalência decisória para as ações ou cotas minoritárias da Administração Pública.[149]

Além disso, as SPEs deverão tomar corpo seguindo as modernas tendências e técnicas administrativas, como informa o §3º, obedecendo a padrões de governança corporativa[150] e adoção de contabilidade e demonstrações financeiras padronizadas, conforme regulamento.

---

[148] *Parcerias público-privadas*: comentários à Lei 11.079, de 30 de dezembro de 2004.
[149] Afinal as parcerias público-privadas. *Gazeta Mercantil*.
[150] Marcelo Andrade Féres comenta, com propriedade, que, do ponto de vista jurídico, a exigência da governança corporativa baliza a conduta do sócio particular controlador. Trata-se de paradigma de gestão superior aos níveis normalmente delineados pela legislação nacional. Por seu intermédio, incrementa-se a transparência das relações dos sócios entre si, bem como entre eles e a sociedade, o que confere maior segurança ao negócio, consoante, inclusive, explicação emanada pelo Instituto Brasileiro de Governança Corporativa: "Na teoria econômica tradicional, a governança corporativa surge para procurar superar o chamado 'conflito de agência', presente a partir do fenômeno da separação entre a propriedade e a gestão empresarial. O 'principal', titular da propriedade, delega ao 'agente' o poder de decisão sobre essa propriedade. A partir daí surgem os chamados conflitos de agência, pois os interesses daquele que administra a propriedade nem sempre estão alinhados com os de seu titular. Sob a perspectiva da teoria da agência, a preocupação maior é criar mecanismos eficientes (sistemas de monitoramento e incentivos) para garantir que o comportamento dos executivos esteja alinhado com o interesse dos

Diogo de Figueiredo Moreira Neto elogia a possibilidade de a Administração valer-se da criação de uma SPE e das inovações administrativas:

> Outra vantagem (...) é a possibilidade de se valerem da criação de uma *sociedade de propósito específico*, que poderá assumir a forma de companhia aberta e lançar valores mobiliários à negociação no mercado, facilitando, desse modo a sua capitalização, cumprindo-lhe obedecer a padrões de governança corporativa e adotar contabilidade e demonstrações financeiras padronizadas (...) até mesmo para a afirmação de sua credibilidade econômico-financeira. Tais características a tornam um instrumento de grande importância no Direito Administrativo pós-moderno, mormente para uma desejável aceleração do desenvolvimento sem criação de novos encargos tributários sobre a sociedade.[151]

Por fim, questão aflitiva, que não verificamos solução no diploma, diz respeito à possibilidade das cotações das ações da SPE caírem a níveis desconfortáveis. Nesse caso, ao que tudo indica, o Poder Público deverá assumir bônus e ônus.

---

acionistas. A boa governança corporativa proporciona aos proprietários (acionistas ou cotistas) a gestão estratégica de sua empresa e a efetiva monitoração da direção executiva. As principais ferramentas que asseguram o controle da propriedade sobre a gestão são o Conselho de Administração, a Auditoria Independente e o Conselho Fiscal." (As sociedades de propósito específico (SPE) no âmbito das Parcerias Público-Privadas (PPP): algumas observações de direito comercial sobre o art. 9º da Lei nº 11.079/2004. Disponível em: http://jus2.uol.com.br/doutrina/texto.asp?id=6804. Acesso em: 7 jun. 2010).

[151] *Curso de direito administrativo.* 15. ed.

CAPÍTULO V

DA LICITAÇÃO

Art. 10. A contratação de parceria público-privada será precedida de licitação na modalidade de concorrência, estando a abertura do processo licitatório condicionada a:

I – autorização da autoridade competente, fundamentada em estudo técnico que demonstre:

a) a conveniência e a oportunidade da contratação, mediante identificação das razões que justifiquem a opção pela forma de parceria público-privada;

b) que as despesas criadas ou aumentadas não afetarão as metas de resultados fiscais previstas no Anexo referido no §1º do art. 4º da Lei Complementar nº 101, de 4 de maio de 2000, devendo seus efeitos financeiros, nos períodos seguintes, ser compensados pelo aumento permanente de receita ou pela redução permanente de despesa; e

c) quando for o caso, conforme as normas editadas na forma do art. 25 desta Lei, a observância dos limites e condições decorrentes da aplicação dos arts. 29, 30 e 32 da Lei Complementar nº 101, de 4 de maio de 2000, pelas obrigações contraídas pela Administração Pública relativas ao objeto do contrato;

II – elaboração de estimativa do impacto orçamentário-financeiro nos exercícios em que deva vigorar o contrato de parceria público-privada;

III – declaração do ordenador da despesa de que as obrigações contraídas pela Administração Pública no decorrer do contrato são compatíveis com a lei de diretrizes orçamentárias e estão previstas na lei orçamentária anual;

IV – estimativa do fluxo de recursos públicos suficientes para o cumprimento, durante a vigência do contrato e por exercício financeiro, das obrigações contraídas pela Administração Pública;

V – seu objeto estar previsto no plano plurianual em vigor no âmbito onde o contrato será celebrado;

VI – submissão da minuta de edital e de contrato à consulta pública, por meio de publicação na imprensa oficial e em sítio eletrônico oficial, que deverá informar a justificativa para a contratação, a identificação do objeto, o prazo de duração do contrato e o seu valor estimado, com a indicação do prazo mínimo de trinta dias para recebimento de sugestões, cujo termo final ocorrerá com, no mínimo, sete dias de antecedência em relação à data prevista para a publicação do edital;[152] e (Redação dada pela Medida Provisória nº 896, de 2019)

VII – licença ambiental prévia ou expedição das diretrizes para o licenciamento ambiental do empreendimento, na forma do regulamento, sempre que o objeto do contrato exigir.

§1º A comprovação referida nas alíneas "b" e "c" do inciso I do caput deste artigo conterá as premissas e metodologia de cálculo utilizadas, observadas as normas gerais para consolidação das contas públicas, sem prejuízo do exame de compatibilidade das despesas com as demais normas do plano plurianual e da lei de diretrizes orçamentárias.

§2º Sempre que a assinatura do contrato ocorrer em exercício diverso daquele em que for publicado o edital, deverá ser precedida da atualização dos estudos e demonstrações a que se referem os incisos I a IV do *caput* deste artigo.

---

[152] Em função de decisão proferida nos autos da Ação Direta de Inconstitucionalidade 6229/19, na qual o ministro relator Gilmar Mendes, do STF, suspendeu os efeitos da MP até a conclusão de sua análise pelo Congresso Nacional ou até o julgamento de mérito pelo Plenário da Corte, o texto do inciso continua sendo, até segunda ordem, o original: "VI – submissão da minuta de edital e de contrato à consulta pública, mediante publicação na imprensa oficial, em jornais de grande circulação e por meio eletrônico, que deverá informar a justificativa para a contratação, a identificação do objeto, o prazo de duração do contrato, seu valor estimado, fixando-se prazo mínimo de 30 (trinta) dias para recebimento de sugestões, cujo termo dar-se-á pelo menos 7 (sete) dias antes da data prevista para a publicação do edital; e".

§3º As concessões patrocinadas em que mais de 70% (setenta por cento) da remuneração do parceiro privado for paga pela Administração Pública dependerão de autorização legislativa específica.

Artigo 10 *caput* e Inciso I

Para a celebração de um contrato de PPP, a modalidade licitatória a ser adotada é a concorrência.

Este art. 10 aponta a modalidade, porém não a define, o que faz com que se infira que seu conceito é aquele previsto na Lei Geral de Licitações (art. 22, §1º).

Concorrência, nos termos da Lei Geral, é a modalidade licitatória voltada para as contratações de grande vulto, com limite mínimo previsto. Trata-se de modalidade com maiores exigências, em relação às demais, além de ser mais detalhista e morosa, em face dos elevados recursos financeiros que envolvem a contratação.

A Administração também é obrigada a instaurá-la em condições especiais, desconsiderando o valor da contratação, quando a intenção é adquirir ou alienar bem imóvel[153] ou na pretensão de celebrar um contrato de concessão de direito real de uso.

Com a sanção da Lei nº 11.079/04, mais uma situação especial passou a ser prevista para utilização da concorrência: os contratos de PPP.

Apesar de ter como alicerce as regras e os conceitos de Lei Geral de Licitações, verifica-se que nas PPPs o certame não atenderá estritamente aos procedimentos ditados nesse diploma. A concorrência para as PPPs tem contornos próprios, inovadores, extraídos de uma modalidade mais contemporânea, criada pela Lei nº 10.520/02, que é o pregão.

Foi extremamente feliz o legislador nesse mister, considerando as inúmeras vantagens que a utilização do pregão tem demonstrado ao longo dos anos de aplicação, privilegiando a agilidade, a transparência, a economicidade e a competitividade.

---

[153] A lei admite a adoção do leilão quando da alienação de bens originários de procedimentos judiciais ou de dação em pagamento.

A instauração do processo licitatório para os contratos de PPP está condicionada à:

I – autorização da autoridade competente, fundada em estudo técnico que demonstre:
a) a conveniência e a oportunidade da contratação, mediante identificação das razões que justifiquem a opção pela forma de parceria público-privada;
b) que as despesas criadas ou aumentadas não afetarão as metas de resultados fiscais previstas no Anexo referido no §1º do art. 4º da Lei Complementar nº 101, de 4 de maio de 2000, devendo seus efeitos financeiros, nos períodos seguintes, ser compensados pelo aumento permanente de receita ou pela redução permanente de despesa; e
c) quando for o caso, conforme as normas editadas na forma do art. 25 desta Lei, a observância dos limites e condições decorrentes da aplicação dos arts. 29, 30 e 32 da Lei Complementar nº 101, de 4 de maio de 2000, pelas obrigações contraídas pela Administração Pública relativas ao objeto do contrato.

A demonstração de conveniência

São condições preliminares para a instauração da concorrência de PPP a conveniência e a oportunidade (margem de discricionariedade quanto ao mérito). A demonstração dessas condições se faz necessária no processo, com total identificação das razões justificadoras da opção pela parceria.

Não é novidade que a decisão para a celebração de qualquer contrato pela Administração Pública deve estar jungida à sua conveniência e oportunidade, devidamente motivada. No caso das PPPs, contudo, esse dever se maximiza, diante do grande período de vigência desses acordos (não pode ser inferior a 5 nem superior a 35 anos),[154] prazo que excederão ao da gestão no qual forem celebrados, com comprometimento de recursos.

---

[154] Cf. art. 2º, §4º, II, e art. 5º, I.

A demonstração quanto às despesas

A preocupação com os resultados fiscais, ante a Lei de Responsabilidade Fiscal (LRF – Lei Complementar nº 101/00), é fator importante nas licitações de PPP.

O §1º do art. 4º da LRF prescreve:

> Integrará o projeto de lei de diretrizes orçamentárias Anexo de Metas Fiscais, em que serão estabelecidas metas anuais, em valores correntes e constantes, relativas a receitas, despesas, resultados nominal e primário e montante da dívida pública, para o exercício a que se referirem e para os dois seguintes.

O Anexo de Metas Fiscais é, terminantemente, peça fundamental para a gestão responsável dos recursos públicos. Nele, o ente federativo expõe, com memória e metodologia própria de cálculos, seus objetivos de resultado entre receita e despesa para o próximo exercício e os dois posteriores. O descumprimento das regras da LRF sujeita os agentes públicos responsáveis a sanções administrativas e penais, além da perda dos repasses financeiros da União, bem como a reprovação de contas de Tribunal de Contas da União (TCU).

O art. 29 da LRF está assim estabelecido:

> Art. 29. Para os efeitos desta Lei Complementar, são adotadas as seguintes definições:
> I – dívida pública consolidada ou fundada: montante total, apurado sem duplicidade, das obrigações financeiras do ente da Federação, assumidas em virtude de leis, contratos, convênios ou tratados e da realização de operações de crédito, para amortização em prazo superior a doze meses;
> II – dívida pública mobiliária: dívida pública representada por títulos emitidos pela União, inclusive os do Banco Central do Brasil, Estados e Municípios;
> III – operação de crédito: compromisso financeiro assumido em razão de mútuo, abertura de crédito, emissão e aceite de título, aquisição financiada de bens, recebimento antecipado de valores provenientes da venda a termo de bens e serviços, arrendamento mercantil e outras operações assemelhadas, inclusive com o uso de derivativos financeiros;
> IV – concessão de garantia: compromisso de adimplência de obrigação financeira ou contratual assumida por ente da Federação ou entidade a ele vinculada;
> V – refinanciamento da dívida mobiliária: emissão de títulos para pagamento do principal acrescido da atualização monetária.

§1º Equipara-se a operação de crédito a assunção, o reconhecimento ou a confissão de dívidas pelo ente da Federação, sem prejuízo do cumprimento das exigências dos arts. 15 e 16.
§2º Será incluída na dívida pública consolidada da União a relativa à emissão de títulos de responsabilidade do Banco Central do Brasil.
§3º Também integram a dívida pública consolidada as operações de crédito de prazo inferior a doze meses cujas receitas tenham constado do orçamento.
§4º O refinanciamento do principal da dívida mobiliária não excederá, ao término de cada exercício financeiro, o montante do final do exercício anterior, somado ao das operações de crédito autorizadas no orçamento para este efeito e efetivamente realizadas, acrescido de atualização monetária.

Este art. 29 da LRF apresenta conceitos para dívida consolidada e mobiliária, bem como os mecanismos que fomentam tal passivo de longo prazo: as operações de crédito, a concessão de garantias, o refinanciamento da dívida mobiliária e a confissão de dívidas. Conforme bem pontuam Flávio Toledo Jr. e Sérgio Rossi, apesar de a Lei nº 4.320/64[155] dispor que a dívida mobiliária é parte integrante da consolidada, o legislador da LRF houve por bem separá-las, tendo em mira que a Carta de 1988 já fizera tal distinção:

De fato, compete ao Senado fixar, por proposta do Presidente da República, limites para a dívida consolidada (inc. VI do art. 52 da CF), bem assim outros deles, específicos para a dívida mobiliária (inc. IX do mesmo artigo).[156]

O art. 30 da LRF está assim prescrito:

Art. 30. No prazo de noventa dias após a publicação desta Lei Complementar, o Presidente da República submeterá ao:
I – Senado Federal: proposta de limites globais para o montante da dívida consolidada da União, Estados e Municípios, cumprindo o que estabelece o inciso VI do art. 52 da Constituição, bem como de limites e condições relativos aos incisos VII, VIII e IX do mesmo artigo;
II – Congresso Nacional: projeto de lei que estabeleça limites para o montante da dívida mobiliária federal a que se refere o inciso XIV do art. 48 da Constituição, acompanhado da demonstração de sua adequação aos limites fixados para a dívida consolidada da União, atendido o disposto no inciso I do §1º deste artigo.

---

[155] Que estatui Normas Gerais de Direito Financeiro para elaboração e controle dos orçamentos e balanços da União, dos estados, dos municípios e do Distrito Federal.
[156] *Lei de Responsabilidade Fiscal comentada artigo por artigo*. São Paulo: NDJ, 2001, p. 159.

§1º As propostas referidas nos incisos I e II do *caput* e suas alterações conterão:
I – demonstração de que os limites e condições guardam coerência com as normas estabelecidas nesta Lei Complementar e com os objetivos da política fiscal;
II – estimativas do impacto da aplicação dos limites a cada uma das três esferas de governo;
III – razões de eventual proposição de limites diferenciados por esfera de governo;
IV – metodologia de apuração dos resultados primário e nominal.
§2º As propostas mencionadas nos incisos I e II do *caput* também poderão ser apresentadas em termos de dívida líquida, evidenciando a forma e a metodologia de sua apuração.
§3º Os limites de que tratam os incisos I e II do *caput* serão fixados em percentual da receita corrente líquida para cada esfera de governo e aplicados igualmente a todos os entes da Federação que a integrem, constituindo, para cada um deles, limites máximos.
§4º Para fins de verificação do atendimento do limite, a apuração do montante da dívida consolidada será efetuada ao final de cada quadrimestre.
§5º No prazo previsto no art. 5º, o Presidente da República enviará ao Senado Federal ou ao Congresso Nacional, conforme o caso, proposta de manutenção ou alteração dos limites e condições previstos nos incisos I e II do *caput*.
§6º Sempre que alterados os fundamentos das propostas de que trata este artigo, em razão de instabilidade econômica ou alterações nas políticas monetária ou cambial, o Presidente da República poderá encaminhar ao Senado Federal ou ao Congresso Nacional solicitação de revisão dos limites.
§7º Os precatórios judiciais não pagos durante a execução do orçamento em que houverem sido incluídos integram a dívida consolidada, para fins de aplicação dos limites. (...)

O art. 32 da LRF dispõe:

Art. 32. O Ministério da Fazenda verificará o cumprimento dos limites e condições relativos à realização de operações de crédito de cada ente da Federação, inclusive das empresas por eles controladas, direta ou indiretamente.
§1º O ente interessado formalizará seu pleito fundamentando-o em parecer de seus órgãos técnicos e jurídicos, demonstrando a relação custo-benefício, o interesse econômico e social da operação e o atendimento das seguintes condições:
I – existência de prévia e expressa autorização para a contratação, no texto da lei orçamentária, em créditos adicionais ou lei específica;
II – inclusão no orçamento ou em créditos adicionais dos recursos provenientes da operação, exceto no caso de operações por antecipação de receita;

III – observância dos limites e condições fixados pelo Senado Federal;
IV – autorização específica do Senado Federal, quando se tratar de operação de crédito externo;
V – atendimento do disposto no inciso III do art. 167 da Constituição;
VI – observância das demais restrições estabelecidas nesta Lei Complementar.

§2º As operações relativas à dívida mobiliária federal autorizadas, no texto da lei orçamentária ou de créditos adicionais, serão objeto de processo simplificado que atenda às suas especificidades.

§3º Para fins do disposto no inciso V do §1º, considerar-se-á, em cada exercício financeiro, o total dos recursos de operações de crédito nele ingressados e o das despesas de capital executadas, observado o seguinte:
I – não serão computadas nas despesas de capital as realizadas sob a forma de empréstimo ou financiamento a contribuinte, com o intuito de promover incentivo fiscal, tendo por base tributo de competência do ente da Federação, se resultar a diminuição, direta ou indireta, do ônus deste;
II – se o empréstimo ou financiamento a que se refere o inciso I for concedido por instituição financeira controlada pelo ente da Federação, o valor da operação será deduzido das despesas de capital;
III – (VETADO)

§4º Sem prejuízo das atribuições próprias do Senado Federal e do Banco Central do Brasil, o Ministério da Fazenda efetuará o registro eletrônico centralizado e atualizado das dívidas públicas interna e externa, garantido o acesso público às informações, que incluirão:
I – encargos e condições de contratação;
II – saldos atualizados e limites relativos às dívidas consolidada e mobiliária, operações de crédito e concessão de garantias.

§5º Os contratos de operação de crédito externo não conterão cláusula que importe na compensação automática de débitos e créditos.

Incisos II e III

Os incs. II e III condicionam a contratação de PPP a:
a) elaboração de estimativa do impacto orçamentário-financeiro nos exercícios em que deva vigorar o contrato; e
b) declaração do ordenador da despesa de que as obrigações contraídas no decorrer do contrato são compatíveis com a lei de diretrizes orçamentárias e estão previstas na lei orçamentária anual.

Os incisos estão relacionados, por conseguinte, às despesas públicas destinadas à expansão da atividade estatal, que sempre recebem tratamento mais severo no que diz respeito à sua geração.

O art. 16 da LRF determina que qualquer criação, expansão ou aperfeiçoamento de ação governamental, que acarrete aumento da despesa pública, far-se-á acompanhado de:

a) estimativa do impacto orçamentário-financeiro no exercício que deva entrar em vigor e nos dois subsequentes; e

b) declaração dos ordenados das despesas de que o aumento tem adequação orçamentária e financeira com a lei orçamentária anual, além de compatibilidade com o plano plurianual e com a Lei de Diretrizes Orçamentárias (LDO).

Vê-se, portanto, que o legislador da lei das PPPs apenas repetiu as recomendações da LRF, adaptando-os ao contexto de parceria.

As despesas que venham a ocorrer sem o atendimento dessas regras serão consideradas irregulares, lesivas, portanto, ao patrimônio público, com caracterização de crime de responsabilidade. Conforme precisas lições de Benedicto de Tolosa, "a observação rigorosa dessas regras é condição prévia para o empenho e licitação (...), devendo ser demonstrada no respectivo processo administrativo".[157]

Nesse mesmo sentido, Kleber Luiz Zanchim:

> Com essas regras o que a Lei nº 11.079/04 faz nada mais é que enquadrar as PPPs nos mandamentos da Lei nº 4.320/64 e da LRF. Os dispêndios públicos ou serão despesa corrente ou despesa de capital (correspectivos de uma "tomada de crédito" – dívida pública), como prevê aquela lei de orçamento. Os limites a esses dispêndios conformam-se com o anexo de metas fiscais, previsto no artigo 4º, §1º, da LRF, e com o regramento dos artigos 29, 30 e 32 desta lei. Também são compatíveis com a LRF as exigências de (i) estimativa do impacto orçamentário dos projetos, (ii) declaração do ordenador de despesa de que eles estão adequados à lei orçamentária anual e (iii) previsão dos projetos no plano plurianual (artigo 16 da LRF). Dessa forma, a Lei nº 11.079/04 não dispõe, como querem alguns, sobre finanças públicas, o que só poderia ser feito por lei complementar nos termos do artigo 163, I, da Constituição Federal. Citada lei não inova, mas apenas enquadra os projetos de PPP desígnios das duas normas que tratam propriamente de direito financeiro, essas sim com *status* de lei complementar.[158]

---

[157] *Comentários à nova Lei de Responsabilidade Fiscal*: Lei Complementar nº 101, de 4.5.2000: comentada e anotada. 2. ed. ampl. e atual. Rio de Janeiro: Temas & Ideias, 2001. p. 87.

[158] PPP e orçamento público: uma análise da Portaria nº 614/06, da STN, à luz da Lei nº 4.320/64 e da Lei de Responsabilidade Fiscal. *Biblioteca Digital Fórum de Contratação e Gestão Pública – FCGP*, Belo Horizonte, ano 6, n. 68, ago. 2007. Disponível em: http://www.editoraforum.com.br/bid/bidConteudoShow.aspx?idConteudo=46745. Acesso em: 6 jun. 2010.

Inciso IV

O inc. IV indica outra condicionante para a contratação de PPP: a estimativa do fluxo de recursos públicos suficientes para o cumprimento, durante a vigência do contrato e por exercício financeiro, das obrigações contraídas pela Administração.

A regra é de fácil entendimento, mas bastante dificultosa na prática. Estimar o fluxo de recursos com precisão em contratos de duração elevadíssima é, a nosso ver, tarefa para videntes. Ivan Rigolin tem a mesma opinião, asseverando que "(...) a possível tremenda dificuldade em se precisar de antemão o fluxo dos recursos públicos para atender um contrato imensamente vultoso e que pode durar até 35 anos, dificuldade essa que precisará ser arrostada, como for possível, por planejadores, economistas, orçamentistas e financistas públicos".[159]

Incisos V e VI

Os incs. V e VI condicionam a contratação de PPP a:
a) seu objeto estar previsto no plano plurianual em vigor no âmbito onde o contrato será celebrado; e
b) segundo o texto indicado pela MP nº 896, de 6.09.2019, submissão da minuta de edital e de contrato à consulta pública, por meio de publicação na imprensa oficial e em sítio eletrônico oficial, que deverá informar a justificativa para a contratação, a identificação do objeto, o prazo de duração do contrato e o seu valor estimado, com a indicação do prazo mínimo de 30 dias para recebimento de sugestões, cujo termo final ocorrerá com, no mínimo, sete dias de antecedência em relação à data prevista para a publicação do edital.

A modificação desenhada pela MP intenciona a busca de total transparência, com novidades interessantes como a exigência de submissão de minutas de editais e contratos à consulta pública, indo fundo na ideia de que a ampla publicidade auxilia no controle da legalidade.

---

[159] As PPP: parcerias público-privadas: breve análise jurídica. *Fórum de Contratação e Gestão Pública* – FCGP, p. 5319.

No texto indicado pela MP a divulgação do certame licitatório sofre importante alteração, com a supressão da obrigação de publicação em jornais de grande circulação, justificada plenamente não só pela economia de recursos despendidos, como pelo completo atendimento ao contemporâneo avanço das informações, com o uso da internet.

Nesse passo, Ivan Barbosa Rigolin enalteceu a inovação:

> A imprensa escrita, inclusive a oficial, assim como as petições judiciais escritas, se convertem rapidamente em formas mais e mais obsoletas, arcaicas, ultrapassadas, antiquadas – para não dizer, talvez, indesejadas... e será isso uma vantagem? A conclusão não é muito importante, porque a implacável evolução dos meios de comunicação é uma realidade irreversível, contra a qual qualquer resistência é bem pouco inteligente. Alterou-se a legislação [...] de modo a dela excluir toda obrigatoriedade de publicação na imprensa particular dos atos convocatórios de licitações. *Simplifica-se e se barateia grandemente aquela comunicação*, resta evidente. Barateia-se porque se livra o ente público licitador de um custo bastante considerável com jornais, e se simplifica porque publicar algo em um *site* eletrônico tornou-se já uma atividade das mais acessíveis pela população, ao alcance de uma criança de cinco anos. [...] Não se imagina como privar o universo de licitantes de *mais um* meio de contato com os editais – o escrito, que aliás sempre foi o *principal* meio – possa favorecer o acesso aos atos convocatórios, ou a sua simples ciência pelos interessados. Nesse sentido a desobrigação de o aviso ser publicado em periódicos de grande circulação em nada ajuda, mas nitidamente prejudica, a divulgação e a disseminação dos editais. Mas aquele impacto negativo vem sendo entretanto progressivamente compensado pela rápida *transferência da atenção*, pelos interessados, dos meios impressos para os meios eletrônicos, que, cada dia mais, ditam as regras da comunicação entre os homens. A imprensa escrita perde importância a cada dia, realidade essa que todos sem exceção, gostando ou não, precisam aceitar.[160]

Ocorre que, infelizmente, em face de decisão proferida nos autos da Ação Direta de Inconstitucionalidade 6229/19, o ministro relator Gilmar Mendes suspendeu os efeitos da MP até a conclusão de sua análise pelo Congresso Nacional ou até o julgamento de mérito pelo Plenário da Corte. Destarte, o texto do inciso continua sendo, até segunda ordem, o original, que submete a minuta de edital e de contrato à consulta pública, mediante divulgação na

---

[160] RIGOLIN, Ivan Barbosa. Medida Provisória nº 896, de 6 de setembro de 2.019 – publicação apenas eletrônica de editais.

imprensa oficial, no meio eletrônico e na obsoleta publicação em jornais de grande circulação.

Ficando um ou outro texto, censura se faz à confusa redação do dispositivo – notadamente na parte final, deixando indefinido o local em que os dados deverão ser expressos (nas minutas ou nos avisos?), ou mesmo o marco inicial para contagem do prazo –, pois não há qualquer indicação de subordinação do Poder Público às sugestões por acaso oferecidas, a não ser que o "termo final", que ocorrerá com, no mínimo, sete dias de antecedência em relação à data prevista para a publicação do edital, tenha por objetivo a apresentação das razões da Administração quanto ao que for sugerido.[161]

Por fim, resta anotar que o prazo de 30 (trinta) dias é mínimo, podendo a Administração estendê-lo, se julgar conveniente, considerando sempre a magnitude do objeto pretendido.

Inciso VII

O inc. VII aponta mais uma condicionante para a contratação de PPP: licença ambiental prévia ou expedição das diretrizes para o licenciamento ambiental do empreendimento, na forma do regulamento, sempre que o objeto do contrato exigir.

Prescreve a CF, em seu art. 225, que "todos têm direito ao meio ambiente ecologicamente equilibrado, bem de uso comum do povo e essencial à sadia qualidade de vida, impondo-se ao Poder Público e à coletividade o dever de defendê-lo e preservá-lo para as presentes e futuras gerações."

Por conseguinte, o *meio ambiente* passou a constituir um direito fundamental do ser humano, cabendo tanto ao governo quanto a cada indivíduo o dever de resguardá-lo.

---

[161] Nesse sentido, Flávio Amaral Garcia pondera que de nada adianta estabelecer a consulta pública se não houver uma resposta motivada e objetiva do Poder Público: "É dever do Estado dar uma satisfação em relação às sugestões que foram colhidas. Se assim não for, a consulta pública será um instrumento meramente formal que não vai concretizar a legitimação administrativa" (*Licitações & contratos administrativos*: casos e polêmicas. 3. ed. Rio de Janeiro: Lumen Juris, 2010).

Ressalte-se que o assunto foi elevado ao nível de princípio constitucional de ordem econômica, condicionando a atividade produtiva ao respeito irrestrito ao meio ambiente, possibilitando ao Poder Público interferir, quando necessário, para que a exploração econômica preserve a vida.[162] Consequentemente, não se pode admitir atividades que violem a proteção do meio ambiente.

Como já anotamos,[163] há de ser compreendido como *meio ambiente* qualquer espaço que reúna condições favoráveis ao desenvolvimento de um considerável número de seres vivos. São ambientes naturalmente formados ao longo de muitos anos, caracterizados pela diversidade de espécies que neles vivem dependentemente.

A diversidade de espécies em nosso planeta tem uma razão de ser. O simples número de seres diferentes em complexa interação, por si só, não é o principal motivo para a sua preservação. Os seres vivos necessitam de uma série de fatores condicionantes para a sua existência. Quando estes fatores inexistem, ou estão aquém do necessário, a espécie entra em um estágio delicado de interação, tornando-se vulnerável e perigosamente instável. Seu desaparecimento implica a modificação de toda a trama ecossistêmica local e, até mesmo, com influência em lugares remotos.[164]

Verifica-se, portanto, que a CF elevou o *meio ambiente* à condição de *bem de uso comum* do povo, o que determina que todos, inclusive o Poder Público, zelem por ele. Igor Moreira situou com exatidão a questão do meio ambiente em face do irreversível fenômeno da globalização, alertando que, com os avanços da revolução técnico-científica, tornou-se mais evidente o que muitos já sabiam: que as questões ambientais têm dimensão mundial.[165]

Assim, problemas como efeito estufa; redução da camada de ozônio; desertificação; desmatamento e emissão de poluentes no ar, na água e no solo, entre tantos outros, afetam, embora de maneira diferenciada, países desenvolvidos e subdesenvolvidos, uma vez que tais questões resultam de uma relação com a

---

[162] Os princípios constitucionais de ordem econômica.
[163] *Comentários à Lei de Crimes Contra o Meio Ambiente e suas infrações administrativas*. 4. ed. Leme: JH Mizuno, 2016.
[164] PIOVESAN, Flávia. Biodiversidade na Amazônia. *Opinião Jurídica*, n. 2, p. 6-7, set./out. 1997.
[165] MOREIRA. *O espaço geográfico*: geografia geral e do Brasil, p. 226.

natureza baseada na exploração e devolução de dejetos, típica da chamada "racionalidade ocidental", característica de quase todos os países do globo terrestre.

Não se pode esquecer, portanto, que manter o meio ambiente sadio é condição indispensável para o bem-estar da humanidade, competindo aos Estados a sua preservação.

Dentre as ferramentas existentes para a manutenção do meio ambiente, uma das mais importantes é, indubitavelmente, o licenciamento ambiental – que se constitui num dos instrumentos da Política Nacional do Meio Ambiente –, cujo objetivo é a prevenção.

A previsão do licenciamento veio à tona no ordenamento jurídico nacional com a Lei nº 6.938/81, que, em seu art. 10, prevê: "A construção, instalação, ampliação e funcionamento de estabelecimentos e atividades utilizadoras de recursos ambientais, considerados efetiva ou potencialmente poluidores, bem como os capazes, sob qualquer forma, de causar degradação ambiental, dependerão de prévio licenciamento por órgão estadual competente, integrante do Sistema Nacional do Meio Ambiente – SISNAMA, e do Instituto Brasileiro do Meio Ambiente e Recursos Naturais Renováveis – Ibama, em caráter supletivo, sem prejuízo de outras licenças exigíveis".

A Resolução CONAMA nº 237/97 conceitua licenciamento ambiental como "procedimento administrativo pelo qual o órgão ambiental competente licenciar a localização, instalação, ampliação e a operação de empreendimentos e atividades utilizadoras de recursos ambientais, consideradas efetiva ou potencialmente poluidoras; ou aquelas que, sob qualquer forma, possam causar degradação ambiental". A mesma norma define a licença ambiental como um "ato administrativo pelo qual o órgão ambiental competente estabelece as condições, restrições e medidas de controle ambiental que deverão ser obedecidas pelo empreendedor, pessoa física ou jurídica, para localizar, instalar, ampliar e operar empreendimentos ou atividades utilizadoras dos recursos ambientais consideradas efetiva ou potencialmente poluidoras ou aquelas que, sob qualquer forma, possam causar degradação ambiental".

A licença ambiental, por conseguinte, constitui-se numa autorização emitida pela autoridade competente a todos que queiram exercer seu direito à livre iniciativa, desde que atendam às necessárias precauções que resguardem o direito coletivo ao meio ambiente. Conclui-se, consequentemente, que o sistema de licenciamento ambiental objetiva o asseguramento de que não sejam praticados atentados contra o meio ambiente.

Nas concessões tradicionais (regidas pela Lei nº 8.987/95), a questão está regulada no art. 18, que determina que o Poder Público deverá observar nas licitações as normas gerais da legislação própria sobre licitações e contratos. Por sua vez, a Lei nº 8.666/93 estabelece que os projetos básicos das licitações deverão considerar o adequado tratamento do impacto ambiental dos empreendimentos (art. 6º, IX) e, nos projetos de obras e serviços (básicos ou executivos), deverão ser considerados, entre outros, os requisitos de impacto ambiental (art. 12, VII).

A Lei das PPPs, entrementes, vai além, exigindo, para a abertura do procedimento licitatório, a licença ambiental prévia ou expedição das diretrizes para o licenciamento ambiental do empreendimento, na forma do regulamento, sempre que o objeto do contrato exigir.

O objetivo, a princípio, como se vê, é já iniciar a licitação com a licença atestadora da viabilidade ambiental do procedimento.

Estranhamente, entretanto, a lei autoriza a instauração da licitação até mesmo com a simples expedição das diretrizes para o licenciamento ambiental do empreendimento.

Como é cediço, no âmbito do licenciamento ambiental qualquer empreendimento de porte necessita tramitar por três fases para prosseguimento: licença prévia, licença de instalação e licença de operação.[166] Dessa forma, permitir o início de uma licitação, cujo objeto certamente demandará todos esses requisitos quando da execução contratual, é uma temeridade e, sem dúvida, atenta, no

---

[166] *Vide* a manifestação do TCU na 1ª. PPP da Administração Federal direta: *TCU, Processo nº 009.724/2008-7, Acórdão nº 2886/2008, Plenário, Rel. Min. Ubiratan Aguiar, Sessão 03.12.2008.* Acompanhamento. Parceria Público-Privada (PPP), na modalidade concessão patrocinada. Projeto de irrigação pontal. Necessidade de obtenção de licenciamento ambiental prévio antes do lançamento do edital da licitação. Competência legal da Secretaria do Tesouro Nacional (STN) para normatizar a contabilização das PPP. 1º Estágio. Aprovação com ressalvas. Determinações e recomendação. Continuidade do acompanhamento.

mínimo, contra o princípio da economicidade, haja vista a possibilidade de dispêndio de dinheiro público para nada.

É o que também visualiza Pedro Niebuhr:

> A Administração não pode licitar, *em regra*, dispondo apenas de *diretrizes* para o licenciamento ambiental. Como exceção à regra, só é possível, assim sendo, licitar apresentando tão somente as *diretrizes* para o licenciamento ambiental nas hipóteses em que o interessado, e não o parceiro público, vier a apresentar o seu próprio projeto básico.[167]

Como assevera José Emílio Pinto, deve se ter em mente que a Lei perseguiu uma forma de mitigação do risco ambiental:

> Longe de eliminá-lo, ela atenua o risco, cabendo ao parceiro privado no empreendimento seguir fielmente as diretrizes para o licenciamento, sabendo *a priori* as dificuldades que poderá vir a encontrar. Vale lembrar que, em muitas oportunidades, o risco não pode ser medido por antecipação, já que não é impossível que venham a ser descobertos, ao longo da construção do empreendimento, tais como sítios arqueológicos e paleontológicos de grande impacto. [168] [169]

Insta relembrar que construir, reformar, ampliar, instalar ou fazer funcionar, em qualquer parte do território nacional, estabelecimentos, obras ou serviços potencialmente poluidores sem licença ou autorização dos órgãos ambientais competentes é considerado crime ambiental, como prescreve o ar. 60 da Lei de

---

[167] Licenciamento ambiental nas parcerias público-privadas. *Revista Governet – Boletim de Licitações e Contratos*, Curitiba, ano 4, n. 38, p. 536.

[168] A percepção de risco nas parcerias público-privadas e a lei nº 11.079 e seus mitigantes. *ILC – Informativo de Licitações e Contratos*, maio 2005. Doutrina.

[169] O autor relembra a história da construção de um gasoduto no Centro-Oeste, que teve a sua implementação retardada pela descoberta de cavernas de morcegos: "Até que se encontrasse uma solução que, a um só tempo, preservasse o habitat da espécie e fosse compatível com o traçado do gasoduto, a obra sofreu um atraso considerável. Fatos como esse poderão sempre ocorrer e afetarão o prazo de conclusão do empreendimento. Questões como essa devem ser reguladas nos instrumentos contratuais respectivos, especialmente as consequências daí decorrentes. A tarefa das partes será regulamentar o que possa vir a surgir, estabelecendo quem deverá suportar e em que medida os efeitos daí decorrentes". Outro exemplo recente foi o da construção do Arco Metropolitano no Rio de Janeiro, que possui 77 quilômetros de pistas que vão ligar Itaboraí ao Porto de Itaguaí. Uma obra orçada em R$1 bilhão que foi paralisada para a preservação de pererecas, uma vez que o momento era o período de reprodução da espécie.

Crimes contra o meio ambiente (Lei nº 9.605/98), com previsão de pena de detenção (de um a seis meses) ou multa, ou ainda a cumulação das duas.

Vide que o artigo tem conexão direta com o controle da poluição. Conforme lições de Hely Lopes Meirelles,[170] tal controle enquadra-se nos casos de poder de polícia administrativa[171] de todas as entidades federativas, atuando, cada uma delas, no limite de suas competências, e, unidas, colaborando nas providências de âmbito nacional, de prevenção e repressão às atividades poluidoras definidas em norma legal.

Relembra-se que poluir é sujar, macular, profanar, colocar em perigo a vida humana, vegetal ou animal, ou agravar algum perigo já existente. "Para o sistema do controle ambiental, poluir é lançar substâncias em quantidade acima da capacidade de autodepuração ou dispersão do meio ou de qualidade que não possa ser absorvida pela natureza".[172] [173]

---

[170] *Direito de construir*. São Paulo: Malheiros, 1983.

[171] Utilizando-se principalmente do "poder de polícia" é que o Poder Público protege o meio ambiente.
Caio Tácito leciona que o "poder de polícia é, em suma, o conjunto de atribuições concedidas à Administração para disciplinar e restringir, em favor do interesse público adequado, direitos e liberdades individuais" (O poder de polícia e seus limites. *Revista de Direito Administrativo – RDA*). Diogo de Figueiredo Moreira Neto conceitua-o assim: "a atividade administrativa de Estado que tem por fim limitar e condicionar o exercício de liberdades e direitos individuais visando a assegurar, em nível capaz de preservar a ordem pública, o atendimento de valores mínimos de convivência social, notadamente a segurança, a salubridade, o decoro e a estética" (Direito administrativo da segurança pública. *In*: CRETELLA JÚNIOR (Coord.). *Direito administrativo da ordem pública*). O mestre de Lisboa Marcello Caetano, como bem o definiu o administrativista Francisco Mauro Dias, conceituou tal poder como a atuação "da autoridade no exercício das atividades individuais suscetíveis de fazer perigar interesses gerais, tendo por objeto evitar que se produzam, ampliem ou generalizem os danos sociais que a lei procura prevenir" (*Princípios fundamentais do direito administrativo*).

[172] *Ecologia*: direito do cidadão. Rio de Janeiro: Gráfica JB; Secretaria de Estado de Educação do Rio de Janeiro, 1993.

[173] O crime de poluição passou a existir na legislação federal nacional quando da edição da Lei nº 7.804/89, que alterou a Lei da Política Nacional do Meio Ambiente (Lei nº 6.938/81). É relevante destacar, entrementes, que foi a Lei nº 6.938/81 que trouxe à tona a conceituação legal de poluição, dispondo, no inc. III do art. 3º, que poluição deve ser entendida como a degradação da qualidade ambiental resultante de atividades que direta ou indiretamente: prejudiquem a saúde, a segurança e o bem-estar da população; criem condições adversas às atividades sociais e econômicas; afetem desfavoravelmente a biota; afetem as condições estéticas ou sanitárias do meio ambiente; e lancem matérias ou energia em desacordo com os padrões ambientais estabelecidos (o conceito foi recepcionado pela Constituição Federal, no art. 225, que tutelou o meio ambiente ecologicamente equilibrado, afastando do solo brasileiro práticas causadoras de degradação ambiental).

Parágrafos 1º e 2º

O §1º ressalva que a comprovação referida nas alíneas "b" e "c" do inc. I do *caput* deste artigo (ou seja, a que demonstre que as despesas criadas ou aumentadas não afetarão as metas de resultados fiscais previstas no Anexo referido no §1º do art. 4º da Lei de Responsabilidade Fiscal – LRF) deverá conter as premissas e metodologia de cálculo utilizadas, com observação das normas gerais para consolidação das contas públicas, sem prejuízo do exame de compatibilidade das despesas com as demais normas do plano plurianual e da Lei de Diretrizes Orçamentárias (LDO).

Sempre que a assinatura do contrato ocorrer em exercício diverso daquele em que for publicado o edital, prevê o §2º que deverá ser precedido da atualização dos estudos e demonstrações a que se referem os incs. I a IV.

Os dois parágrafos demonstram a louvável preocupação do legislador com o perfeito planejamento do edital, dotando os seus autores de dados técnicos atuais.

Parágrafo 3º

Por fim, reza o §3º que, nas hipóteses de concessões patrocinadas em que mais de 70% (setenta por cento) da remuneração do parceiro privado venha a ser paga pelo Poder Público, há a necessidade de autorização legislativa específica.

Consideramos de bom alvitre essa preocupação do legislador, dado que a despesa pública nas concessões patrocinadas é de grande monta, a exigir autorização legislativa específica, em nome do princípio constitucional da legalidade.

Nesse aspecto, tem razão Ivan Rigolin:

> Enquanto não assim autorizado, um contrato de PPP com essa característica não pode ser, entendemos, sequer licitado, já que não tem sentido licitar o que sabidamente não poderá ser contratado.[174]

---

[174] *Comentários às leis dos PPPs, dos Consórcios Públicos e das Organizações Sociais.* São Paulo: Saraiva, 2008. p. 24.

Há, conquanto, duas questões a serem enfrentadas: (a) a Lei não deixa claro se a autorização legislativa deva ser conferida sempre que o pagamento tiver que ser efetuado ou se ocorrerá de uma só vez, a cada contrato; e (b) quão específica deve ser tal autorização legislativa.

Para a primeira, cremos que a solução ideal seria obter a autorização legislativa para o contrato. Entendendo da mesma forma, Cretella Neto oferece uma sugestão interessante:

> O problema da autorização legislativa deve ser visto, também, sob a ótica das empresas privadas, pois quanto tempo decorrerá até que seja dada a autorização? E, na iniciativa privada, o tempo é da essência, não sendo possível aguardar a morosidade da máquina estatal (que só é célere e pontual quando no polo ativo da cobrança do particular). Além disso, certamente incidirão juros e correção monetária pela mora no pagamento, enquanto se aguarda o trâmite legislativo, acréscimos inúteis que só encarecem os custos operacionais. Melhor solução seria obter a autorização específica já na altura da conclusão do contrato, sempre que o estudo técnico mostrar que a tarifa cobrada pelos usuários não deverá alcançar os 30% (trinta por cento) do total a ser pago ao empreendedor privado. [175] [176]

Para elucidar a segunda questão, Portugal e Navarro trazem à colação a decisão do STF na ADI 1.649, na qual o Supremo expende sua interpretação sobre as expressões "lei específica" e "autorização legislativa, em cada caso", constantes dos incisos XIX e XX do art. 37 da CF:

> Diz o Min. Maurício Corrêa, em seu voto, que a exigência de lei específica constante do art. 37, XIX, não deve ser entendida como "lei especial" (no sentido de lei focada apenas no tema), mas, sim, como

---

[175] *Comentários à Lei das Parcerias Público-Privadas*. 2ª ed, Rio de Janeiro: GZ, 2010. p. 82.
[176] O jurista faz um adendo: "Certamente ocorrerão, na prática, casos limítrofes: digamos que o estudo aponte para 32% (trinta e dois por cento) sob a forma de tarifas cobradas dos usuários, restando para a Administração os demais 68% (sessenta e oito por cento). Essa proporção é a que aponta o estudo *na data da abertura do procedimento licitatório*. Mudanças no mercado, alterações tecnológicas ou variação nos preços de insumos, no entanto, podem levar a alteração na proporção inicialmente prevista, digamos, para 25 e 75%. Assim, anos depois de iniciado o procedimento licitatório e mesmo muito depois de entregue a obra, pode ser que o percentual supere os 70%. Então: terá de ser percorrido todo o *iter* legislativo para autorizar a remuneração?".

exigência de "norma específica", ou seja, disposição concernente especificamente ao assunto. (...) cremos que sua ideia, *mutatis mutandis,* aplica-se ao dispositivo (...). A exigência de autorização legislativa específica para realização de concessão patrocinada em que mais de 70% da remuneração do parceiro privado provenha da Administração Pública deve ser entendida como exigência de norma autorizativa específica. O grau de especificidade desta autorização depende apenas do Poder Legislativo. É ele quem, em vista das peculiaridades da situação a ser normatizada, determinará quão específica e circunstanciada deve ser tal autorização.[177]

Registre-se que, tratando da matéria, a Lei nº 13.334, de 13 de setembro de 2016, que cria o Programa de Parcerias de Investimentos – PPI, prevê, no art. 13, que a licitação e a celebração de parcerias dos empreendimentos públicos do PPI independem de lei autorizativa geral ou específica, anotando a necessidade de observação ao disposto neste §3º, bem como ao previsto no art. 3º da Lei nº 9.491/1997.

---

[177] *Comentários à Lei de PPP – Parceria Público-Privada.* São Paulo: Malheiros, 2007.

Art. 11. O instrumento convocatório conterá minuta do contrato, indicará expressamente a submissão da licitação às normas desta Lei e observará, no que couber, os §§3º e 4º do art. 15, os arts. 18, 19 e 21 da Lei nº 8.987, de 13 de fevereiro de 1995, podendo ainda prever:

I – exigência de garantia de proposta do licitante, observado o limite do inciso III do art. 31 da Lei nº 8.666, de 21 de junho de 1993;

II – (VETADO)

III – o emprego dos mecanismos privados de resolução de disputas, inclusive a arbitragem, a ser realizada no Brasil e em língua portuguesa, nos termos da Lei nº 9.307, de 23 de setembro de 1996, para dirimir conflitos decorrentes ou relacionados ao contrato.

Parágrafo único. O edital deverá especificar, quando houver, as garantias da contraprestação do parceiro público a serem concedidas ao parceiro privado.

Artigo 11

Tal como nas licitações tradicionais da Lei Geral de Licitações e no pregão (Lei nº 10.520/02), nas licitações de PPP faz-se também a obrigatória a anexação da minuta do futuro contrato ao instrumento convocatório.

Trata-se de excelente medida, porquanto permite que o interessado avalie o documento que celebrará e até impugnar supostas irregularidades encontradas, que poderão ser saneadas pela Administração, caso julgue pertinentes as alegações.

No tocante à submissão legislativa, o diploma obviamente determina sujeição a ele próprio e, quando cabíveis, a dispositivos da Lei de Concessões – Lei nº 8.587/95 (§3º e 4º do art. 15, os arts. 18, 19 e 21).

Art. 15. No julgamento da licitação será considerado um dos seguintes critérios:
(...)
§3º O poder concedente recusará propostas manifestamente inexequíveis ou financeiramente incompatíveis com os objetivos da licitação

§4º Em igualdade de condições, será dada preferência à proposta apresentada por empresa brasileira.

Art. 18. O edital de licitação será elaborado pelo poder concedente, observados, no que couber, os critérios e as normas gerais da legislação própria sobre licitações e contratos e conterá, especialmente:

I – o objeto, metas e prazo da concessão;

II – a descrição das condições necessárias à prestação adequada do serviço;

III – os prazos para recebimento das propostas, julgamento da licitação e assinatura do contrato;

IV – prazo, local e horário em que serão fornecidos, aos interessados, os dados, estudos e projetos necessários à elaboração dos orçamentos e apresentação das propostas;

V – os critérios e a relação dos documentos exigidos para a aferição da capacidade técnica, da idoneidade financeira e da regularidade jurídica e fiscal;

VI – as possíveis fontes de receitas alternativas, complementares ou acessórias, bem como as provenientes de projetos associados;

VII – os direitos e obrigações do poder concedente e da concessionária em relação a alterações e expansões a serem realizadas no futuro, para garantir a continuidade da prestação do serviço;

VIII – os critérios de reajuste e revisão da tarifa;

IX – os critérios, indicadores, fórmulas e parâmetros a serem utilizados no julgamento técnico e econômico-financeiro da proposta;

X – a indicação dos bens reversíveis;

XI – as características dos bens reversíveis e as condições em que estes serão postos à disposição, nos casos em que houver sido extinta a concessão anterior;

XII – a expressa indicação do responsável pelo ônus das desapropriações necessárias à execução do serviço ou da obra pública, ou para a instituição de servidão administrativa;

XIII – as condições de liderança da empresa responsável, na hipótese em que for permitida a participação de empresas em consórcio;

XIV – nos casos de concessão, a minuta do respectivo contrato, que conterá as cláusulas essenciais referidas no art. 23 desta Lei, quando aplicáveis;

XV – nos casos de concessão de serviços públicos precedida da execução de obra pública, os dados relativos à obra, dentre os quais os elementos do projeto básico que permitam sua plena caracterização, bem assim as garantias exigidas para essa parte específica do contrato, adequadas a cada caso e limitadas ao valor da obra;

XVI – nos casos de permissão, os termos do contrato de adesão a ser firmado.

Art. 19. Quando permitida, na licitação, a participação de empresas em consórcio, observar-se-ão as seguintes normas:

I – comprovação de compromisso, público ou particular, de constituição de consórcio, subscrito pelas consorciadas;

II – indicação da empresa responsável pelo consórcio;
III – apresentação dos documentos exigidos nos incisos V e XIII do artigo anterior, por parte de cada consorciada;
IV – impedimento de participação de empresas consorciadas na mesma licitação, por intermédio de mais de um consórcio ou isoladamente.

§1º O licitante vencedor fica obrigado a promover, antes da celebração do contrato, a constituição e registro do consórcio, nos termos do compromisso referido no inciso I deste artigo.

§2º A empresa líder do consórcio é a responsável perante o poder concedente pelo cumprimento do contrato de concessão, sem prejuízo da responsabilidade solidária das demais consorciadas.

Art. 21. Os estudos, investigações, levantamentos, projetos, obras e despesas ou investimentos já efetuados, vinculados à concessão, de utilidade para a licitação, realizados pelo poder concedente ou com a sua autorização, estarão à disposição dos interessados, devendo o vencedor da licitação ressarcir os dispêndios correspondentes, especificados no edital.

Na sequência, autoriza que o edital licitatório preveja: (a) a inconveniente garantia de proposta do licitante;[178] e (b) a adoção de mecanismos privados de resolução de conflitos, com a possibilidade do uso da arbitragem (a ser realizada em solo pátrio e em língua portuguesa), nos termos da Lei de Arbitragem (Lei nº 9.307/96).

✓ A *garantia de proposta* (Inc. I)

A garantia de proposta (*bid bond*) deverá estar prevista no instrumento convocatório da licitação, constituindo instrumento que se presta para a Administração se assegure da seriedade do licitante, limitando-se a 1% do valor estimado do objeto da contratação (consoante o previsto no inc. II do art. 31 da Lei Geral

---

[178] Essa garantia, que havia sido banida pelo vetusto Decreto-Lei nº 2.300/86, retornou na Lei nº 8.666/93. Consideramos um retrocesso em nosso *Licitação passo a passo*, criticando o absurdo retorno da possibilidade de garantia para a habilitação econômico-financeira e concordamos plenamente com a assertiva de Marcos Juruena Villela Souto, que expôs que "a possibilidade de ser exigida garantia como fator de habilitação, além de caracterizar retrocesso, sem amparo constitucional, nada prova. Acaba por haver distinção entre os que podem pagar seguro e os que não podem. A caução ou fiança não provam que ninguém é capaz, aliás, sequer podem garantir o cumprimento do contrato, mas tão somente penalidades" (*Licitações e contratos administrativos*: Lei nº 8.666, de 21.6.1993, comentada).

de Licitações), nas modalidades que prescreve no §1º do art. 56, quais sejam: caução em dinheiro ou títulos da dívida pública, seguro-garantia ou fiança bancária.

Cumpre alertar que o art. 26 da Lei ora analisada modificou o §1º do art. 56 da Lei nº 8.666/93, exigindo que os títulos da dívida pública a serem recebidos como garantias (contratuais ou de proposta) sejam emitidos sob a forma escritural, mediante registro em sistema centralizado de liquidação e de custódia autorizado pelo Banco Central do Brasil e avaliados pelos seus valores econômicos, conforme definido pelo Ministério da Fazenda (hoje, Ministério da Economia).

Isso significa que a aceitação desses títulos só se dará com a certeza da garantia efetiva.

Sobre o assunto, escrevemos:[179]

> A questão dos títulos tem causado, ao longo dos anos, intensa polêmica e, na prática, um sem-número de transtornos para a Administração. Além do questionamento quanto à validade de títulos muito antigos, havia o fator complicador referente ao valor real de cada um.
>
> Em novembro de 1997, por exemplo, como informa José Roberto de O. Pimenta Júnior,[180] o Superior Tribunal de Justiça, em autos de uma execução fiscal, determinou que a Fazenda Pública Estadual de São Paulo aceitasse Títulos da Dívida Agrária (TDA) pelo seu valor de face, como garantia de pagamento de débito do contribuinte executado.
>
> Ocorre, todavia, que tais títulos são negociados no mercado não pelo valor de face, mas sim pelo valor calculado de acordo com a data de vencimento, com deságio de 15 a 45%, dependendo do número de anos que faltem para o resgate, o que dificulta por demais a operacionalização. Outro exemplo transcorreu no Paraná, onde o Juiz da 3ª Vara Cível da Comarca de Maricá, Dr. Flávio C. de Almeida, concedeu liminar, aceitando como garantia de uma suposta dívida um título de dívida pública federal de 1956, tendo considerado, em sua decisão, que "a validade do título caucionado é inquestionável, devendo o Tesouro Nacional honrar o regular resgate do seu valor devidamente atualizado".[181]
>
> Como leciona Leon Frejda Szklarowsky, "os títulos da dívida pública derivam de empréstimos contraídos pelo Estado, ou, na expressão de

---

[179] *Licitação passo a passo*. 6. ed. Belo Horizonte: Fórum, 2010. p. 633.
[180] Cf. MOEDAS podres? o pagamento de tributos com títulos da dívida pública. *Consultor Jurídico*, São Paulo, 27 maio. 1998. Disponível em: http://www.conjur.com.br/1998-mai-27/pagamento_tributos. Acesso em: 1 jun. 2009.
[181] Conforme noticiado na *Gazeta Mercantil*, maio 1999.

Veiga Filho, o Estado tem o poder de dispor de capital alheio, por meio de empréstimo, comprometendo-se a reembolsar os credores".[182] Acontece que, como aponta Pimenta Júnior: "(...) no tocante a tais títulos, muito se tem discutido a respeito de sua validade, quando, em meados de 1996 foram descobertos por caçadores de oportunidades, que passaram a negociá-los depois de conseguirem um parecer da Fundação Getúlio Vargas definindo o valor de face destes títulos, lançados em contos de réis. A tentativa de resgate esbarrou, porém, no disposto no Decreto-Lei 263/67, que determinou o prazo para resgate, o que serviu não só para liquidar parte da dívida como para prescrever o lote restante."

Sempre defendemos a tese, entrementes, de que, o mencionado Decreto-Lei é de duvidosa constitucionalidade; pelo que considerávamos tais bônus como dívida pública passível de natural resgate e, por conseguinte, passíveis, também, de serem apresentados como garantias em contratos administrativos.

Quanto ao valor efetivo, dispúnhamos que o valor real (e não o de face) deveria ser considerado, para que a garantia surtisse os efeitos desejados. Tal questão importou em inovações acauteladoras em 2004, por intermédio da Lei nº 11.079, com alterações substanciais neste inciso no tocante aos títulos públicos.

Ressalte-se a desnecessidade desse emaranhado de normas que a Lei elenca, pois muito mais inteligente e objetivo seria dispor tão somente que as regras das Leis nº 8.987/95 e nº 8.666/93 são aplicáveis, no que couberem, uma vez que, como bem delineou Ivan Rigolin, "o só fato de este art. 11 mandar aplicar alguns artigos da Lei de Concessões evidentemente não impede que o edital da PPP adote outros artigos e outras ideias, tanto da Lei de Concessões quanto da Lei Geral de Licitações, ambas imprescindíveis à formação de um completo edital de PPP como bem logo fica evidente ao prático".[183]

✓ *A possibilidade do uso da arbitragem* (Inc. III)

Na prática, há de se ter cautela na adoção da arbitragem como mecanismo para solução de conflitos nos contratos de PPP.

---

[182] Títulos da dívida pública e garantia de execução. *Correio Braziliense*, 8 fev. 1999. Caderno Direito e Justiça.

[183] As PPP: parcerias público-privadas: breve análise jurídica. *Fórum de Contratação e Gestão Pública – FCGP.*

Não é de hoje que se discute sobre o uso da arbitragem em contratos administrativos, isto é, a delegação da solução das divergências a árbitros nomeados pelas partes.

Considerando a velha máxima de que em Direito Público, com base no Princípio da Legalidade, só é permitido à Administração fazer o que a lei autoriza, a utilização da arbitragem, em princípio, seria mansa e pacífica, já que não só o diploma em comento permite expressamente, como a Lei nº 9.307/96 (Lei da Arbitragem), em seu texto original, apontava que as pessoas capazes de contratar deveriam "valer-se da arbitragem para dirimir litígios relativos a direitos patrimoniais disponíveis" (art. 1º).

O alcance, portanto, se cingia aos direitos patrimoniais disponíveis, ou seja, aos de índole particular.

Logo, não estariam abarcados os "direitos indisponíveis", tais como os coletivos e os difusos. Logo, não seriam alcançados os direitos de família, os referentes à capacidade das pessoas, os falimentares e quase todos os referentes ao Direito Público.

Ocorre que a Lei nº 9.307/96 foi alterada pela Lei nº 13.129/2015. Uma das principais mudanças foi a inserção de dispositivo autorizando expressamente o uso da arbitragem pela Administração Pública direta e indireta na resolução de conflitos relativos a direitos patrimoniais disponíveis.

Leia-se o §1º do art. 1º da Lei de Arbitragem:

> Art. 1º As pessoas capazes de contratar poderão valer-se da arbitragem para dirimir litígios relativos a direitos patrimoniais disponíveis.
>
> §1º A administração pública direta e indireta poderá utilizar-se da arbitragem para dirimir conflitos relativos a direitos patrimoniais disponíveis.

A nosso ver, apesar da alteração legislativa, não se percebe diferenças procedimentais em relação ao texto pretérito, haja vista que a Administração, que é regida pelo regime jurídico de Direito Público, tem por obrigação levar em conta na sua atuação a supremacia do interesse público sobre o privado, considerando a indisponibilidade dos interesses públicos.

Nesse passo, em função do poder de império do Estado, nos contratos que celebra em prol do interesse público primário, que se relacionam a direitos indisponíveis, não há, a princípio, que se falar no uso do arbitramento com largo espectro nos contratos administrativos.

José Augusto Costa e Gabriele Tusa observam que a questão encontra solução na própria conceituação de contrato administrativo:

> [...] há contratos em que os entes públicos atuam como agentes privados, embora sempre tenham de respeitar os princípios que regulam a atividade administrativa. Neste campo, pode-se falar em direitos cujo titular é pessoa jurídica de direito público, mas em função dos próprios interesses da Administração, cunham-se como disponíveis.
> Vale dizer, sempre que o Estado esteja agindo como ente privado, pode ocorrer a situação em que a disponibilidade sobre certo direito venha justamente a proteger o interesse geral. É então que os sujeitos públicos podem recorrer à arbitragem como meio de solução dos litígios.
> Supondo as vantagens da celeridade e tecnicidade do juízo arbitral, não seria razoável afastar de plano estas do Estado. Ademais, no tráfico privado é importante observar que a igualdade jurídica entre os operadores constitui um importante fator na escolha dos contratados. Ora, a suposta proteção ao interesse geral pela apreciação exclusiva pelo Judiciário dos litígios em que um ente público está envolvido, constituiria nesses casos uma evidente desvantagem para o Estado, coisa que, por si só, estaria ferindo o interesse geral.
> A vinculação ao Direito Público implica necessariamente a impossibilidade do Estado de abrir mão de seus direitos por mera liberalidade para com a outra parte, pois diversamente estaria sendo prejudicado o próprio interesse público. Assim, a possibilidade de contratar — bem como a de submeter os litígios à arbitragem — do Estado é fruto das normas de interesse público das quais este não pode fugir, já que a finalidade precípua do ajuste é sempre o atendimento das necessidades coletivas.
> Poder-se-ia dizer, tendo em vista a possibilidade de aplicação subsidiária das normas de direito privado, que no tocante a estas disposições o Estado poderia livremente transigir, eis que estaria equiparado a um particular. Ocorre que, para tanto, seria necessário observar-se que o objeto desta transação culminasse por não ferir o interesse coletivo. Como argumentado [...], esta possibilidade pode ocorrer, o que impede concluir-se pela possibilidade do Poder Público, em situações bem especificadas e em benefício do interesse coletivo, poder servir-se da arbitragem para a solução de certos conflitos.[184]

---

[184] Expectativas e âmbito de aplicabilidade da nova lei de arbitragem. *In*: CASELLA (Org.). *Arbitragem*: a nova Lei brasileira 9.307/96 e a praxe internacional. São Paulo: LTr., 1997.

Também nesse sentido, as sensatas ponderações de José dos Santos Carvalho Filho:

> Não há dúvida de que o Estado há de ter cautela redobrada no que tange ao emprego dos recursos públicos, visto que estes se originam, em última instância, dos integrantes da coletividade. Entretanto, o sentido moderno do princípio da legalidade não implica a vedação para que o Estado celebre transações, sobretudo quando é a própria lei que o estabelece. Por outro lado, a indisponibilidade dos bens públicos significa apenas que o Poder Público não pode disponibilizar seus recursos com total liberdade, como o fazem os particulares em geral, mas, por outro lado, nada impede que os empregue dentro de parâmetros de necessidade, utilidade e razoabilidade, até porque semelhante atividade se configura como gestão dos interesses públicos, o que não se confunde com indisponibilidade. Desse modo, conquanto seja vedada para algumas condutas que importem o exercício de poder de império ou a autoridade pública (*ius imperli*), a arbitragem pode ser adotada em situações nas quais seja predominante o aspecto de patrimonialidade, com incidência de indisponibilidade relativa. É o caso, por exemplo, de cláusulas financeiras em contratos celebrados pela Administração, sejam privados, sejam administrativas.[185]

Na prática, verifica-se grande utilização do instituto nos contratos administrativos, sob a alegação de que a maioria de conflitos concernentes à inadimplência de obrigações contratuais é enquadrável no rol de litígios relativos a direitos patrimoniais disponíveis (notadamente os inerentes a adimplemento e inadimplemento).

Certamente, não raro os entes públicos atuam em contratos como agentes privados. Nessas hipóteses, é possível falar em direitos cujo titular é pessoa jurídica de direito público, mas, em função dos próprios interesses da Administração, cunham-se como disponíveis.

Vale dizer que, sempre que o Estado esteja agindo como ente privado, poderá ocorrer a situação em que a disponibilidade sobre certo direito venha justamente a proteger o interesse geral. É então que os sujeitos públicos poderão recorrer à arbitragem como meio de solução dos litígios. Supondo as vantagens da celeridade e tecnicidade do juízo arbitral, não seria razoável afastar de plano estas

---

[185] *Manual de Direito Administrativo*. Rio de Janeiro: Lumen Juris, 2007. p. 1244.

do Estado. Ademais, no tráfico privado é importante observar que a igualdade jurídica entre os operadores constitui um importante fator na escolha dos contratados. Ora, a suposta proteção ao interesse geral pela apreciação exclusiva pelo Judiciário dos litígios em que um ente público está envolvido, constituiria nesses casos uma evidente desvantagem para o Estado, coisa que, por si só, estaria ferindo o interesse geral.

Em função de tudo que foi exposto, ainda que o artigo em comento disponha pelo emprego dos mecanismos privados de resolução de disputas, inclusive a arbitragem, nos termos da Lei nº 9.307/96, para dirimir conflitos decorrentes ou relacionados aos contratos de PPP, concluímos que tais acordos somente poderão conter cláusula de juízo arbitral versando sobre matérias concernentes a direitos disponíveis.[186]

Enfrentando a questão, Zanella Di Pietro relembra que o emprego da arbitragem nas PPPs é controvertido, asseverando que "o certo seria que a Lei nº 11.079 delimitasse as hipóteses em que

---

[186] Nos acordos regidos pela Lei Geral de Licitações, a regra não é absoluta, de vez que o diploma legal não se cinge aos chamados "contratos administrativos", abrangendo também aos denominados "contratos da administração", cuja predominância, em termos de normas regedoras, é de direito privado. Nesses últimos, como os contratos de locação (em que a Administração seja a locatária) e de seguros, a aplicação do Direito Público é supletiva, sendo o atendimento ao interesse público — objetivo maior dos contratos administrativos — alcançado apenas de forma indireta. Consequentemente, em tais acordos não se visualiza impedimento na adoção pelo Estado da cláusula de arbitramento, pois as situações não são enquadráveis em direitos indisponíveis.
No mesmo sentido:
– Diogo de Figueiredo Moreira Neto: "Toda a questão do cabimento da arbitragem na órbita interna se reduz, assim, à definição do campo contratual em que a Administração negocia e estatui como qualquer particular, excluídas, portanto, quaisquer cláusulas em que seja prevista a satisfação de um interesse finalístico da sociedade, cometido ao Estado, este sim, indisponível" (Arbitragem nos contratos administrativos. *Revista de Direito Administrativo – RDA*).
– Alexandre Freitas Câmara: "Não se pode também deixar de afirmar que o Estado pode utilizar a arbitragem quando o conflito de interesses diga respeito aos atos negociais que ele pratica. Nestes atos, como se sabe, o Estado assume uma posição de igualdade com o outro sujeito da relação jurídica que se forma, sendo certo que tais atos negociais são regidos pelas normas de direito privado. Assim sendo, possível levar-se a um árbitro a solução do conflito. O mesmo não se dará, obviamente, quando o litígio se originar em relação jurídica em que o Estado seja sujeito e que provenha de um contrato administrativo. Nessa hipótese, torna-se inviável a arbitragem em razão da própria natureza da causa" (*Arbitragem*: Lei n. 9.307/96).

a arbitragem pode ser utilizada, restringindo a discricionariedade do poder concedente na elaboração do edital."[187] Essa também é a opinião de Toshio Mukai:[188]

> Ora, sabe-se que essa Lei (Lei nº 9.307/96) somente admite que o objeto em discussão se constitua em bens disponíveis. Por conseguinte, a arbitragem somente poderá ser utilizada em matéria de PPPs quando se tratar de questões em que o Poder Público não abrirá mão de bens de interesses (públicos) portadores da condição de indisponibilidade. Nessas condições, a via de solução de conflitos só pode ser a judicial.[189]

Destaque-se que, refletindo sobre o tema contemporaneamente, Flavio Amaral Garcia aduz que o grande desafio é verificar os limites

---

[187] *Parcerias na Administração Pública*: concessão, permissão, franquia, terceirização, parceria público-privada e outras formas, p. 162.

[188] *Parcerias público-privadas*: comentários à lei federal n. 11.079/2004, às leis estaduais de Minas Gerais, Santa Catarina, São Paulo, Distrito Federal, Goiás, Bahia, Ceará, Rio Grande do Sul e à lei municipal de Vitória-ES, p. 33.

[189] Há, entrementes, um grande número de estudiosos amplamente favoráveis à cláusula de arbitragem: *Eduardo Talamini*, no artigo "Idioma e local da arbitragem", não só tece elogios à previsão expressa, como chega a considerar desnecessária a menção na Lei (*In: PPPs: parcerias público-privadas*); *Marcos Juruena* comenta que "a previsão de arbitragem nesses contratos é inovação que espanca diversas dúvidas no sentido de que seu uso seria contrário ao princípio da legalidade e da jurisdição" (*Direito administrativo das parcerias*. Rio de Janeiro: Lumen Juris, 2004); *Gustavo Binenbojm* é de entendimento que a pactuação da cláusula compromissória não se caracteriza como típico ato de disposição: "Ao contrário, em muitos casos, a arbitragem poderá se apresentar como a melhor forma de resguardar o patrimônio público (interesse público secundário) e promover o interesse público (interesse público primário). Do ponto de vista estritamente patrimonial, a arbitragem poderá ser, em muitos casos, a mais vantajosa para a Administração do que a solução judicial" (As parcerias público-privadas (PPPs) e a Constituição. *In*: BINENBOJM. *Temas de direito administrativo e constitucional*: artigos e pareceres). *Arnoldo Wald* avaliou, ainda à época do projeto de lei, que "o projeto faculta, ainda, a adoção da arbitragem para solução de conflitos decorrentes da execução do contrato, no que foi particularmente feliz. Cabe lembrar que a legislação anterior se referia, genericamente, ao modo amigável de solução das divergências contratuais, o que ensejou algumas posições discordantes na jurisprudência. A explicitação foi útil, constituindo incontestável progresso. Para que não houvesse futuras discussões, a lei federal poderia ter sido um pouco mais completa no assunto, não se limitando a fixar o princípio, mas determinando que se previsse, desde logo, o modo de funcionamento do procedimento arbitral. Neste sentido, o projeto de lei de Minas Gerais acrescenta uma fórmula sintética que poderia ser introduzida na nova legislação federal. Efetivamente, esclarece-se, no mencionado diploma, que deverá o 'procedimento ser realizado de conformidade com regras de arbitragem de órgão arbitral institucional'. Evita-se, assim, a eventual necessidade de intervenção judiciária prévia para determinar o modo pelo qual a arbitragem deverá ocorrer." (O projeto das PPP. *Valor Econômico*, 11 dez. 2003. Legislação).

objetivos daquilo que pode ser arbitrável, considerando o núcleo do princípio da indisponibilidade do interesse público, pois é na denominada arbitrabilidade objetiva – ou seja, o que pode ser arbitrável nas relações contratuais administrativas, ou não – que está centrado o debate:

> Em termos gerais, três são os critérios que delimitam as matérias suscetíveis à arbitragem no plano do Direito Comparado: (i) litígios ligados à ordem pública; (ii) a natureza patrimonial da pretensão; (iii) a disponibilidade do direito em causa. No Direito Brasileiro o art. 1º da Lei 9.037/1996 adotou o critério dos direitos patrimoniais disponíveis, promovendo, em certa medida, uma junção entre o segundo e o terceiro critérios mencionados anteriormente.
> As relações jurídicas travadas pelas pessoas jurídicas de direito público são permeadas por diversos direitos patrimoniais disponíveis, os quais podem, portanto, ser submetidos à arbitragem. (...)
> Em regra, se o direito é patrimonial (avaliável economicamente) e disponível (negociável a partir da vontade das partes), tem lugar a arbitragem como mecanismo legítimo de composição do conflito nos contratos administrativos.
> (...) o princípio da indisponibilidade do interesse público está longe de produzir como consequência a impossibilidade absoluta de a Administração negociar ou transigir acerca daqueles direitos por ela tutelados e que sejam tipificados como *patrimoniais disponíveis*.
> (...) O litígio deve ser, tanto quanto possível, evitado, pois em nada contribui para o atendimento do interesse público instrumentalizado no contrato administrativo. A arbitragem é mecanismo processualmente justo para assegurar solução célere e técnica para as partes. Resolver o conflito é atender ao interesse público, que, em última análise, se beneficia do seu término, e não da sua perpetuação.
> Delimitar o alcance do que é arbitrável – e, portanto, não compreendido no conceito de interesse público indisponível – demandará esforço interpretativo de toda a comunidade jurídica.
> (...)
> A tendência legislativa tem sido no sentido de considerar como passíveis de ser arbitráveis as controvérsias relacionadas à recomposição do equilíbrio econômico-financeiro dos contratos. Essa foi a diretriz fixada no inc. I do §4º do art. 31 da Lei 13.448, de 5.6.2017, que disciplina sobre a prorrogação e a relicitação dos contratos de parceria definidos na Lei 13.334/2016 (Lei do PPI).[190]

---

[190] *Concessões, Parcerias e Regulação*. São Paulo: Malheiros, 2019. p. 67.

Cabe ressaltar que o Tribunal de Contas da União (TCU), instado a manifestar-se, em 1993, em relação à adoção do juízo arbitral, ou seja, em data anterior à Lei de Arbitragem nacional, além de mencionar a então falta de expressa autorização legal, elencou como motivo impeditivo da adoção de cláusula de juízo arbitral em contrato a ser celebrado pelo Ministério de Minas e Energia a "contrariedade a princípios básicos de direito público (princípio da supremacia do interesse público sobre o privado (...) princípio da indisponibilidade do interesse público, entre outros)".[191]

Relembra-se, por fim, que a doutrina e a jurisprudência (nacional e internacional) reconhecem que a nulidade da cláusula de juízo arbitral constante num acordo não desnatura o pacto, mantendo-se a validade do contrato.[192]

---
[191] Entendimento publicado na *RDA*, n. 193, p. 341-352, jul./set. 1993.
[192] Nesse sentido, BAPTISTA. *Dos contratos internacionais*: uma visão teórica e prática; e WALD. Validade das convenções sobre foro do contrato. Parecer. *In*: WALD. *Estudos e pareceres de direito comercial*: problemas comerciais e fiscais da empresa contemporânea.

Art. 12. O certame para a contratação de parcerias público-privadas obedecerá ao procedimento previsto na legislação vigente sobre licitações e contratos administrativos e também ao seguinte:

I – o julgamento poderá ser precedido de etapa de qualificação de propostas técnicas, desclassificando-se os licitantes que não alcançarem a pontuação mínima, os quais não participarão das etapas seguintes;

II – o julgamento poderá adotar como critérios, além dos previstos nos incisos I e V do art. 15 da Lei nº 8.987, de 13 de fevereiro de 1995, os seguintes:

a) menor valor da contraprestação a ser paga pela Administração Pública;

b) melhor proposta em razão da combinação do critério da alínea "a" com o de melhor técnica, de acordo com os pesos estabelecidos no edital;

III – o edital definirá a forma de apresentação das propostas econômicas, admitindo-se:

a) propostas escritas em envelopes lacrados; ou

b) propostas escritas, seguidas de lances em viva voz;

IV – o edital poderá prever a possibilidade de saneamento de falhas, de complementação de insuficiências ou ainda de correções de caráter formal no curso do procedimento, desde que o licitante possa satisfazer as exigências dentro do prazo fixado no instrumento convocatório.

§1º Na hipótese da alínea "b" do inciso III do *caput* deste artigo:

I – os lances em viva voz serão sempre oferecidos na ordem inversa da classificação das propostas escritas, sendo vedado ao edital limitar a quantidade de lances;

II – o edital poderá restringir a apresentação de lances em viva voz aos licitantes cuja proposta escrita for no máximo 20% (vinte por cento) maior que o valor da melhor proposta.

§2º O exame de propostas técnicas, para fins de qualificação ou julgamento, será feito por ato motivado, com base em exigências, parâmetros e indicadores de resultado pertinentes ao objeto, definidos com clareza e objetividade no edital.

Artigo 12 *caput* e Incisos I e II

Reafirmando nossas impressões sobre a adoção subsidiária da Lei Geral de Licitações e da Lei de Concessões, este art. 12 prescreve a utilização dessas normas no procedimento licitatório das PPPs.[193] O inc. I dá azo à possibilidade do uso de licitação que se poderia intitular de *melhor técnica*, com prévia verificação da qualificação técnica, inabilitando-se as proposições insuficientes, por não terem atingido a pontuação mínima prevista no instrumento convocatório.

O inc. II admite como critérios de julgamento, além do menor valor da tarifa (art. 15, I, da Lei de Concessões) ou o referente à melhor proposta em função da combinação da menor tarifa com melhor técnica (art. 15, II, da Lei de Concessões), os seguintes:

- menor valor da contraprestação a ser paga pela Administração; ou
- melhor proposta em função da combinação do critério de menor valor da contraprestação com o de melhor técnica.

Em resumo, compilando todos os possíveis procedimentos a serem adotados nas licitações de PPP, poderá a Administração optar entre os a seguir elencados, com a ressalva da possibilidade de adoção de uma fase de qualificação técnica, com afastamento dos que não alcançarem a pontuação mínima determinada no edital:

a) menor valor da tarifa do serviço público a ser prestado (inc. I do art. 15 da Lei nº 8.987/95) – critério objetivo, só utilizável para as concessões patrocinadas;

b) melhor proposta em função da combinação do critério de menor tarifa ofertada com o de melhor técnica (inc. II do art. 15 da Lei nº 8.987/95) – critério subjetivo, porquanto, por mais que se procure estabelecer objetividade na avaliação dos requisitos técnicos, a subjetividade sempre se fará presente;

c) menor valor da contraprestação a ser paga pela Administração Pública – critério objetivo e mais consentâneo com o princípio da licitação; ou

---

[193] Sobre o certame licitatório voltado para as PPPs, sugerimos a leitura do Capítulo "As Principais Inovações das licitações na contratação de Parceria Público-Privada", da obra *Licitações & contratos administrativos*: casos e polêmicas (3. ed. Rio de Janeiro: Lumen Juris), de Flávio Amaral Garcia, onde o autor apresenta um perfeito passo a passo do procedimento.

d) melhor proposta em função da combinação do critério de menor valor da contraprestação a ser paga pelo Poder Público com o de melhor técnica, de acordo com os pesos estabelecidos no instrumento convocatório – critério subjetivo, porquanto adota a avaliação técnica que é, como sabido, de uma subjetividade flagrante, conforme já comentado em "a".

Trata-se, efetivamente, da licitação do tipo técnica e preço, preconizada no §1º do art. 46 da Lei Geral de Licitações.[194]

Incisos III e IV

Os incs. III e IV dão contornos ao instrumento convocatório da licitação de PPP.

O inc. III, inusitadamente, oferece opções de escolha à Administração ao elaborar o edital para a propositura dos preços pelos licitantes. O instrumento convocatório poderá prever a forma convencional: propostas escritas em envelopes lacrados; ou a maneira inovadora – trazida ao ordenamento jurídico pátrio pela modalidade de licitação pregão –, que é a proposição escrita seguida de lances em viva voz. Aliás, prever regras semelhantes às estabelecidas para a modalidade licitatória pregão deveria ser uma constante na produção legiferante sobre assuntos correlatos, como bem procedeu o legislador das normas sobre PPP (como se verificará, também, no artigo seguinte, no qual adotou-se a inversão das fases licitatórias, tal como no pregão).

Queremos crer que, na grande maioria das licitações – senão em todas – a utilização da segunda hipótese (proposta escrita, seguida de lances verbais) será a tônica, por configurar ferramenta altamente favorável para a Administração.

O inc. IV traz novidade importante para o mundo das licitações, porquanto permite que o edital admita o saneamento de falhas, complementação de insuficiências e correções formais no curso do procedimento licitatório. O dispositivo, merecedor de

---

[194] Sobre a licitação de técnica e preço, vide o nosso *Licitação de Tecnologia da Informação*.

elogios, atende aos reclames de doutrinadores contemporâneos – notadamente aos proferidos pelo mestre Ivo Ferreira de Oliveira, ferrenho defensor do banimento do excesso de formalismo nas licitações, o qual, em obra singular,[195] além de elencar respeitadas opiniões de administrativistas estrangeiros opositores à tradição formalista (Agustin Gordillo, Jean Rivero, García de Enterría, Mário Esteves de Oliveira, Roberto Dromi, entre outros), conclui, com incomum brilhantismo, que "esse temperamento da rígida disciplina normativa que marcou as licitações e contratações tanto no Velho como no Novo Mundo com toda a certeza é um sinal dos tempos – tempos em que, sem prejuízo do reconhecimento do primado da lei (princípio da legalidade) e da igualdade (princípio da isonomia), abrem-se espaços cada vez maiores para a competitividade entre os interessados, em benefício, sempre, da Administração".[196]

Frise-se, entrementes, que os saneamentos estão voltados para falhas formais, e nunca materiais, o que impossibilita a inclusão de documentos faltantes.

Parágrafo 1º – Incisos I e II

O §1º disciplina, no inc. I, a forma de atuar da comissão de licitação na hipótese de ocorrência de lances de viva voz,[197]

---

[195] *Licitações*: formalismo ou competição?: apreciando todo o processo licitatório, sob a perspectiva das dificuldades das comissões de licitação e dos pregoeiros na avaliação documental, p. 99

[196] Toshio Mukai considera ilegal e inconstitucional o regramento que estipula a possibilidade de saneamento: "Ilegal porque atenta contra o princípio da competitividade nas licitações (art. 3º, §1º, I, da Lei nº 8.666/93), e inconstitucional porque atenta contra o princípio da igualdade (art. 37, XXI, da CF)" (*Parcerias público-privadas*: comentários à lei federal n. 11.079/2004, às leis estaduais de Minas Gerais, Santa Catarina, São Paulo, Distrito Federal, Goiás, Bahia, Ceará, Rio Grande do Sul e à lei municipal de Vitória-ES, p. 26). Por sua vez, Ivan Barbosa Rigolin, ao contrário, eufórico com a inovadora disposição, defende-a com entusiasmo: "(...) e também aqui não se enxerga motivo para não o fazer, em nome da maior competitividade e da racionalidade da disputa, já que por princípio não se deve prejudicar o correto e o superior pelo ruim e pelo inferior, e tal qual nas demais licitações, não deve ser a picuinha, a mesquinharia desimportante e não decisiva, que prejudique conteúdos sérios e elevados do trabalho dos proponentes" (As PPP: parcerias público-privadas: breve análise jurídica. *Fórum de Contratação e Gestão Pública – FCGP*).

[197] Quanto à possibilidade da adoção dessa inovação (lances) nas licitações de PPP, Flávio Amaral Garcia apresenta factíveis restrições: "Neste aspecto, um contrato tão complexo e com tantas variantes como é o caso das PPPs, esses lances poderão ser uma tarefa árdua.

informando, calcando-se mais uma vez nas regras do pregão, a obrigatoriedade de adoção de ordem inversa da classificação das proposições escritas. Assim, o licitante ofertante da proposta mais elevada será instado a apresentar o seu lance, procedendo-se do mesmo modo com os demais, com repetição do procedimento até que mais nenhum tenha lance a oferecer.

Também fortemente inspirado no pregão (o inc. VIII do art. 4º da Lei do Pregão limita as ofertas aos que tenham oferecido até 10% superiores a oferta mais baixa), o inc. II aventa a possibilidade de o edital restringir o oferecimento dos lances verbais aos licitantes que tenham apresentado propostas escritas até no máximo 20% (vinte por cento) superior ao valor da melhor proposta. Não vislumbramos muita lógica na determinação de circunscrever a permissão de lances nas PPPs entre os que oferecerem propostas até esse patamar. Rocha Nóbrega, tratando do pregão, questionou a regra: "Por que afastar do certame os demais licitantes que tenham cotado acima? É necessário considerar que variações de mercado podem ser verificadas em percentual maior, sem que isso represente impossibilidade de redução".[198] Criticou-a Rigolin, já apreciando a determinação das PPPs: "Péssima ideia, tal qual é na lei do pregão".[199]

O §2º, por fim, tentando minimizar a subjetividade intrínseca das avaliações técnicas, dispõe pela obrigatória necessidade da proclamação do resultado dessa verificação ser devidamente motivada, ou seja, que a comissão de licitação informe os parâmetros e os indicadores de resultados, alicerçada no que o edital detalhou referente às exigências, uma vez que a motivação dos atos consiste na explicitação dos pressupostos a ele vinculados, caracterizando-se como uma garantia de moralidade administrativa.[200]

Num projeto de PPP são várias as vertentes que se pode ter de formação de seu preço. Então, não identifico essa modificação como algo que irá produzir efeitos benéficos na PPP." (*Licitações & contratos...*).

[198] Licitação na modalidade pregão. *L&C – Revista de Licitações e Contratos.*

[199] As PPP: parcerias público-privadas: breve análise jurídica. *Fórum de Contratação e Gestão Pública – FCGP*, p. 5321.

[200] Diogo de Figueiredo Moreira Neto conceitua o motivo como o pressuposto, de fato ou de direito, que determina ou possibilita o ato administrativo (*Curso de direito administrativo*).

Art. 13. O edital poderá prever a inversão da ordem das fases de habilitação e julgamento, hipótese em que:

I – encerrada a fase de classificação das propostas ou o oferecimento de lances, será aberto o invólucro com os documentos de habilitação do licitante mais bem classificado, para verificação do atendimento das condições fixadas no edital;

II – verificado o atendimento das exigências do edital, o licitante será declarado vencedor;

III – inabilitado o licitante melhor classificado, serão analisados os documentos habilitatórios do licitante com a proposta classificada em 2º (segundo) lugar, e assim, sucessivamente, até que um licitante classificado atenda às condições fixadas no edital;

IV – proclamado o resultado final do certame, o objeto será adjudicado ao vencedor nas condições técnicas e econômicas por ele ofertadas.

Artigo 13

Este art. 13 autoriza que a Administração preveja no edital licitatório de PPP a inversão de ordem das fases de habilitação e julgamento.

Apesar de ser conduta facultativa, julgamos que será adotada praticamente como regra, por tratar-se de sistemática que proporciona simplicidade e celeridade ao procedimento licitatório, permitindo à Administração iniciar o certame pela abertura das propostas e, só após a definição do licitante melhor classificado, analisar os documentos habilitatórios.

Optando pela inversão, a Administração obrigar-se-á a seguir um elenco de procedimentos, a saber:

    a) com o encerramento da etapa de classificação das propostas ou o oferecimento de lances (dependendo da opção escolhida entre as indicadas nas alíneas "a" ou "b" do inc. III do art. 12), abrir-se-á o envelope de documentação do licitante melhor classificado;

b) se este for habilitado, será declarado o vencedor da licitação;
c) se inabilitado, examinar-se-á a documentação do licitante classificado em segundo lugar, e assim, sucessivamente, até que algum classificado seja considerado habilitado e, por conseguinte, declarado vencedor do certame;
d) com a obtenção de um vencedor, ao mesmo será adjudicado o objeto da licitação nas condições por ele propostas (inc. IV).

O inc. IV estabelece que, divulgado o resultado do certame, o objeto da licitação deverá ser adjudicado ao titular da proposta melhor classificada "nas condições técnicas e econômicas por ele ofertadas".

Tal determinação segue importante regra constitucional que, versando sobre a matéria, aponta a necessidade de serem "mantidas as condições efetivas da proposta", (inc. XXI do art. 37 da CF).[201] Ao indicar esse caminho, a Constituição buscou evidenciar não só a necessidade do respeito a todo o processo licitatório, mas, também, o dever da manutenção, ao longo da prestação contratual, do equilíbrio econômico-financeiro, princípio básico da ordem econômica e jurídica de qualquer economia de mercado, sinalizando, em síntese, que todas as disposições estabelecidas concernentes às contraprestações pecuniárias deverão ser respeitadas nas condições previstas na proposta vencedora.

Como preleciona Luiz Alberto Blanchet,[202] esta condição é válida e obrigatória não somente no momento da adjudicação, mas até o encerramento do contrato de PPP. A manutenção das condições efetivas da proposta é, ao mesmo tempo, o principal dos parâmetros a serem utilizados em caso de ulterior necessidade de revisão do contrato e também o marco definidor dos limites da mutabilidade do contrato por ato unilateral da Administração. Como marco de tal natureza, aliás, é ele que levará à necessária revisão dos aspectos imutáveis do contrato sempre que os demais aspectos do contrato tiverem sido alterados por ato unilateral da Administração.

---

[201] Art. 37 (...) XXI – ressalvados os casos especificados na legislação, as obras, serviços, compras e alienações serão contratados mediante processo de licitação pública que assegure igualdade de condições a todos os concorrentes, com cláusulas que estabeleçam obrigações de pagamento, mantidas as condições efetivas da proposta, nos termos da lei, o qual somente permitirá as exigências de qualificação técnica e econômica indispensáveis à garantia do cumprimento das obrigações.
[202] *Parcerias público-privadas*: comentários à Lei 11.079, de 30 de dezembro de 2004. Curitiba: Juruá, 2005. p. 79.

Temos que a fase de abertura do envelope de documentação do licitante melhor classificado (letra "a" acima) deva ser revestida de cuidados quanto à publicidade. A não ser que o ato de abertura dos envelopes de documentação ocorra imediatamente após a divulgação da classificação, quando os licitantes estarão presentes, far-se-á necessária a convocação de todos para o ato, com marcação de dia, hora e local.

Interessante notar que a Lei não prevê a possibilidade de interposição de recursos após essas fases (classificação e habilitação). Consequentemente, aplicar-se-ão as disposições do art. 109 da Lei Geral de Licitações.

CAPÍTULO VI

DISPOSIÇÕES APLICÁVEIS À UNIÃO

Art. 14. Será instituído, por decreto, órgão gestor de parcerias público-privadas federais, com competência para:

I – definir os serviços prioritários para execução no regime de parceria público-privada;

II – disciplinar os procedimentos para celebração desses contratos;

III – autorizar a abertura da licitação e aprovar seu edital;

IV – apreciar os relatórios de execução dos contratos.

§1º O órgão mencionado no *caput* deste artigo será composto por indicação nominal de um representante titular e respectivo suplente de cada um dos seguintes órgãos:

I – Ministério do Planejamento, Orçamento e Gestão, ao qual cumprirá a tarefa de coordenação das respectivas atividades;

II – Ministério da Fazenda;

III – Casa Civil da Presidência da República.

§2º Das reuniões do órgão a que se refere o *caput* deste artigo para examinar projetos de parceria público-privada participará um representante do órgão da Administração Pública direta cuja área de competência seja pertinente ao objeto do contrato em análise.

§3º Para deliberação do órgão gestor sobre a contratação de parceria público-privada, o expediente deverá estar instruído com pronunciamento prévio e fundamentado:

I – do Ministério do Planejamento, Orçamento e Gestão, sobre o mérito do projeto;

II – do Ministério da Fazenda, quanto à viabilidade da concessão da garantia e à sua forma, relativamente aos riscos para o Tesouro

Nacional e ao cumprimento do limite de que trata o art. 22 desta Lei.

§4º Para o desempenho de suas funções, o órgão citado no *caput* deste artigo poderá criar estrutura de apoio técnico com a presença de representantes de instituições públicas.

§5º O órgão de que trata o *caput* deste artigo remeterá ao Congresso Nacional e ao Tribunal de Contas da União, com periodicidade anual, relatórios de desempenho dos contratos de parceria público-privada.

§6º Para fins do atendimento do disposto no inciso V do art. 4º desta Lei, ressalvadas as informações classificadas como sigilosas, os relatórios de que trata o §5º deste artigo serão disponibilizados ao público, por meio de rede pública de transmissão de dados.

Art. 14-A. A Câmara dos Deputados e o Senado Federal, por meio de atos das respectivas Mesas, poderão dispor sobre a matéria de que trata o art. 14 no caso de parcerias público-privadas por eles realizadas, mantida a competência do Ministério da Fazenda descrita no inciso II do §3º do referido artigo. (Incluído pela Lei nº 13.137, de 2015)

Artigo 14

O Capítulo VI – que se estende do art. 14 ao 22 –, afastando-se do que prevê a ementa da Lei (que estabelece que o diploma institui normas gerais para licitação e contratação de parceria público-privada no âmbito da Administração Pública), estabelece regras unicamente para a União.[203]

---

[203] Ivan Barbosa Rigolin, decepcionado com todo o Capítulo VI, comenta em tom de desabafo: "Uma impressão deve ser nítida ao leitor quanto a este Capítulo: o nível qualitativo de concepção legislativa baixou a olhos vistos. Uma essencial desinformação jurídica grassa desconsoladoramente pelos artigos desta província da lei das PPPs, e será preciso de um lado paciência e tolerância ao aplicador, e de outro a certeza de que nem tudo que consta do Capítulo é exequível; apenas para exemplificar do que se fala, ao tratar o garantidor de PPPs como pessoa jurídica (cf. art. 16) a lei se revela juridicamente intragável" (*Comentários às leis das PPPs, dos Consórcios Públicos e das Organizações Sociais*. São Paulo: Saraiva, 2008, p. 33).

Nesse contexto, impende trazer à colação o que destacou Ivan Rigolin sobre a adoção das concepções dispostas neste capítulo pelos outros entes federativos:[204]

(...) e se Estados e Municípios quiserem aplicar em seu âmbito, *mutatis mutandis*, alguma destas ideias, sempre poderão fazê-lo, exigindo-se lei vez que outra para tanto, e por vezes, conforme o assunto, bastando-lhes aplicar a lei federal sem maiores formalismos. Basta-lhes comodamente, como é correntio dizer, *encostar* na lei federal, indicando-o sempre de modo expresso, para que possam proceder nos seus exatos termos dentro do cabível e do materialmente aplicável em sede local.

Este art. 14 informa que será instituído, por decreto presidencial, um órgão pluripessoal que se encarregará da gestão das PPPs no âmbito federal, com assunção das seguintes atribuições: definição dos serviços considerados prioritários para execução nesse regime; disciplinamento dos procedimentos para celebração dos acordos; autorização para a abertura da licitação (a licitação deverá ser instaurada pelo próprio Ministério ou Agência Reguladora, nas suas áreas de competência, como prevê o art. 15); aprovação dos termos do instrumento convocatório (frisa-se que não se trata de aprovação jurídica, mas tão somente formal, já que a avaliação técnico-judicial tem sede própria); e realização do controle fiscal dos contratos, apreciando os relatórios emitidos referentes à execução dos acordos.[205]

Como a lei não faz menção alguma às parcerias propostas por entidades que compõem a Administração indireta, salvo às agências regulatórias, infere-se que cada entidade decidirá quanto ao assunto nas áreas de suas competências.[206]

---

[204] *Comentários às leis das PPPs, dos Consórcios Públicos e das Organizações Sociais*. São Paulo: Saraiva, 2008. p. 33.

[205] Pedro Raposo Lopes considera essa regra inconstitucional: "A lei, nesse ponto, ao delegar a criação de órgão público ao chefe do Executivo (decreto), incorre em vício de inconstitucionalidade material, por afronta ao art. 84, inciso VI, alínea 'a'. Cuida-se de matéria sujeita à reserva em sentido estrito" (Anotações preliminares à Lei nº 11.079/04: parceria público-privada. *Boletim de Licitações e Contratos – BLC*).

[206] Em São Paulo, a lei que instituiu o Programa de Parcerias Público-Privadas PPP (Lei nº 11.688, de 19 de maio de 2004, regulamentada pelo Decreto nº 48.867, de 10 de agosto de 2004) definiu que os acordos de PPPs serão de atribuição da Companhia Paulista de Parcerias, que, entrementes, submeter-se-á às políticas e diretrizes estabelecidos por outros órgãos com competência específica sobre as matérias que atuam. No âmbito do estado o programa

Marcos Juruena, ferrenho defensor do perfeito planejamento econômico governamental,[207] considera que a lei das PPPs restou omissa na menção ao planejamento, porquanto apenas limitou-se a estabelecer a competência do órgão gestor para definir os serviços prioritários, mantendo uma linha de centralização de poderes nas mãos de pessoas-chave no governo em exercício ao tempo da aprovação da norma. Relembra que diversa foi a linha da Lei nº 14.868, de 16.12.2003, do estado de Minas Gerais, que trata do tema como um *programa*, submetido a um *plano estadual de parcerias público-privadas* (arts. 1º, 3º e 7º), como também a lei paulista (Lei nº 11.688, de 19.05.2004) que prevê o *adequado planejamento* (art. 2º). Fazendo menção ao trabalho de Joaquim José Guilherme Aragão,[208] que, em diversas passagens da obra coletiva que participou, menciona a necessidade de inserção da PPP no planejamento estratégico nacional, não só para dar maior estabilidade política ao projeto como para evitar uma incompatibilidade entre o plano e as propostas orçamentárias, faz questão de registrar críticas à centralização política, o que suprime um espaço de participação do Legislativo para entregar tarefa fundamental para o desenvolvimento do país a um colegiado de autoridades executivas, sem qualquer participação da sociedade.[209]

Pelo sim pelo não, em atendimento ao demandando no preceptivo, foi expedido o Decreto nº 5.385, de 4 de março de 2005, instituindo o Comitê Gestor de Parceria Público-Privada Federal (CGP), o qual, além de detalhar a composição do comitê, as competências (do colegiado e do coordenador), as épocas de reuniões e as formas de deliberar, instituiu uma comissão técnica, denominada Comissão Técnica das Parcerias Público-Privadas (CTP), para o

---

está estruturado da seguinte forma: uma instância colegiada de coordenação, avaliação e fiscalização de todo o programa, na figura do Conselho Gestor de PPP, subordinado diretamente ao Gabinete do Governador, composto pelo Vice-Governador (Presidente do Conselho), Secretários, Procurador-Geral do Estado e até 3 (três) membros de livre escolha do Governador do Estado.

[207] Haja vista a sua singular obra *Aspectos jurídicos do planejamento econômico* (2. ed. Rio de Janeiro: Lumen Juris), que recomendamos com entusiasmo.

[208] ARAGÃO, Joaquim José Guilherme. Parcerias sociais para o desenvolvimento nacional e fatores críticos para o seu sucesso. Natal: EDUFRN, 2004.

[209] *Direito administrativo das parcerias*. Rio de Janeiro: Lumen Juris.

oferecimento de apoio técnico/administrativo necessário para o bom desempenho das atribuições do órgão gestor. Não obstante, anunciado com o propósito de reduzir gastos e entidades considerados supérfluos, extinguindo diversos órgãos **colegiados,** foi editado o Decreto nº 9.784, de 7 de maio de 2019, que revogou, entre outros, **o citado Decreto nº 5.385/05.**

Artigo 14-A

O art. 14-A, inserido pela Lei nº 13.137/15, preceitua que a Câmara dos Deputados e o Senado Federal, por meio de atos das respectivas Mesas, poderão dispor sobre a matéria de que trata o art. 14, no caso de PPPs por eles realizadas, mantida a competência do Ministério da Fazenda (hoje, Ministério da Economia) descrita no inc. II do §3º do referido artigo.

Art. 15. Compete aos Ministérios e às Agências Reguladoras, nas suas respectivas áreas de competência, submeter o edital de licitação ao órgão gestor, proceder à licitação, acompanhar e fiscalizar os contratos de parceria público-privada.

Parágrafo único. Os Ministérios e Agências Reguladoras encaminharão ao órgão a que se refere o *caput* do art. 14 desta Lei, com periodicidade semestral, relatórios circunstanciados acerca da execução dos contratos de parceria público-privada, na forma definida em regulamento.

Artigo 15

A Lei nº 11.079 buscou não se imiscuir nas competências dos Ministérios e das Agências Reguladoras quanto à contratação, acompanhamento e fiscalização das PPPs. Assim, este art. 15 reafirmou que a eles cabem essas tarefas.

"Ministério" é a "setorização da Administração Pública direta, com fundamento na divisão do trabalho, para descongestionamento das funções a cargo do chefe do Poder Executivo",[210] ou seja, é o órgão governamental, subordinado ao Presidente da República, que tem como incumbência desempenhar uma função específica.

Agência Reguladora (ou regulatória) são autarquias especiais (ou fundações autárquicas) criadas tipicamente com função de controle sobre a prestação dos serviços públicos de concessionárias de toda ordem, em substituição ao Estado, que afastou-se da atividade de prestar esse serviço (com a desestatização e, posteriormente, a privatização), pois o exercia de maneira dispendiosa e irregular (e muitas vezes indevida), e necessitava de uma ferramenta eficiente de controle efetivo.[211]

---

[210] Cf. CRETELLA JÚNIOR, José. *In*: ENCICLOPÉDIA Saraiva do Direito, v. 52, p. 455.

[211] Sobre a matéria, *vide* o art. 21, XI, CF, com a redação dada pela EC nº 8/95; e o art. 177, §2º, III, CF, com a redação das EC nº 9/95 e Lei nº 9.986/2000. Sobre o direito regulatório, aprofundou-se em estudo exemplar Marcos Juruena, na obra *Direito administrativo regulatório*.

Pelos termos do dispositivo, os elaboradores dos instrumentos convocatórios, que atuarão nas áreas de suas competências, deverão submeter os editais ao Comitê Gestor de Parceria Público-Privada Federal (CGP) e, após as aprovações, instaurarão os procedimentos licitatórios, deverão acompanhar o desenvolvimento das competições e fiscalizarão as execuções contratuais.

Além de comitê aprovador, o CGP atuaria também como controlador interno, porquanto, como define o parágrafo único, deverão os Ministérios e as Agências Reguladoras a ele encaminhar, semestralmente, relatórios circunstanciados acerca da execução dos contratos de PPP.

Verifica-se que, nesse aspecto, tanto os Ministérios quanto as Agências Reguladoras perderam uma boa parcela de autonomia, na medida em que passaram a ter que submeter seus editais de licitação para os contratos de PPP à apreciação e aprovação do órgão gestor, além da obrigatoriedade do envio de relatórios semestrais. Sobre a matéria, Alexandre Aragão assevera que a norma adentrou na seara das atribuições das agências reguladoras.

Algumas dessas competências parecem desbordar até mesmo da larga esfera de competências já conferida pelo art. 14 da Lei nº 11.079/04, que, por exemplo, atribui ao Comitê Gestor competência apenas para aprovar ao edital de licitação, não o contrato em si e as suas alterações. Outras competências do órgão gestor apenas acrescem atos de controle que continuarão a ser concorrentemente praticados também pelos órgãos setoriais competentes, com grandes riscos para os Princípios da Celeridade Processual e da Eficiência Administrativa (respectivamente, arts. 5º, LXXVIII, 37, *caput*, CF) em razão da desnecessária cumulação de instâncias.[212]

Como o Decreto nº 5.385/05, que instituía o CGP, foi revogado pelo Decreto nº 9.784/19, até o momento da atualização deste trabalho aguarda-se definição do governo federal sobre a matéria.

---

[212] As Parcerias Público-Privadas: PPPs no direito positivo brasileiro. *Revista Eletrônica de Direito Administrativo Econômico* – REDAE, Salvador, Instituto de Direito Público da Bahia, n. 2, maio/jul. 2005. Disponível em: http://www.direitodoestado.com.br. Acesso em: 6 jun. 2010.

Art. 16. Ficam a União, seus fundos especiais, suas autarquias, suas fundações públicas e suas empresas estatais dependentes autorizadas a participar, no limite global de R$ 6.000.000.000,00 (seis bilhões de reais), em Fundo Garantidor de Parcerias Público-Privadas – FGP que terá por finalidade prestar garantia de pagamento de obrigações pecuniárias assumidas pelos parceiros públicos federais, distritais, estaduais ou municipais em virtude das parcerias de que trata esta Lei. (Redação dada pela Lei nº 12.766, de 2012)

§1º O FGP terá natureza privada e patrimônio próprio separado do patrimônio dos cotistas, e será sujeito a direitos e obrigações próprios.

§2º O patrimônio do Fundo será formado pelo aporte de bens e direitos realizado pelos cotistas, por meio da integralização de cotas e pelos rendimentos obtidos com sua administração.

§3º Os bens e direitos transferidos ao Fundo serão avaliados por empresa especializada, que deverá apresentar laudo fundamentado, com indicação dos critérios de avaliação adotados e instruído com os documentos relativos aos bens avaliados.

§4º A integralização das cotas poderá ser realizada em dinheiro, títulos da dívida pública, bens imóveis dominicais, bens móveis, inclusive ações de sociedade de economia mista federal excedentes ao necessário para manutenção de seu controle pela União, ou outros direitos com valor patrimonial.

§5º O FGP responderá por suas obrigações com os bens e direitos integrantes de seu patrimônio, não respondendo os cotistas por qualquer obrigação do Fundo, salvo pela integralização das cotas que subscreverem.

§6º A integralização com bens a que se refere o §4º deste artigo será feita independentemente de licitação, mediante prévia avaliação e autorização específica do Presidente da República, por proposta do Ministro da Fazenda.

§7º O aporte de bens de uso especial ou de uso comum no FGP será condicionado a sua desafetação de forma individualizada.

§8º A capitalização do FGP, quando realizada por meio de recursos orçamentários, dar-se-á por ação orçamentária específica para esta finalidade, no âmbito de Encargos Financeiros da União. (Redação dada pela Lei nº 12.409, de 2011)

§9º (VETADO).

Artigo 16 caput e Parágrafo 1º

O dispositivo autoriza a União, seus fundos especiais, suas autarquias, suas fundações públicas e suas empresas estatais dependentes a participarem, no limite global de R$6.000.000.000,00 (seis bilhões de reais), em Fundo Garantidor de Parcerias Público-Privadas (FGP), cuja finalidade será a de prestar garantia de pagamento de obrigações assumidas pelos parceiros públicos federais, distritais, estaduais ou municipais em virtude de suas parcerias.

Vide que a Lei nº 12.766/12 ampliou e trouxe flexibilização ao FGP, tornando a execução mais ágil, permitindo a utilização também por Estados e Municípios nas suas PPPs.

Não obstante, consideramos que, deste artigo em diante, aumentam na Lei as incongruências, irregularidades, impropriedades e até inconstitucionalidades.

Como já esposado, o art. 8º estabelece um questionável sistema de garantias das obrigações pecuniárias contraídas pelo Poder Público, tendo o seu inc. II determinado a "instituição ou utilização de fundos especiais previstos em lei". Em atenção a esse regramento, este art. 16 autorizou a instituição do Fundo Garantidor. Verificar-se-á, mais à frente, que o art. 17 prevê que esse Fundo será criado, administrado, gerido e representado judicial e extrajudicialmente por instituição financeira controlada, direta ou indiretamente, pela União, com observância às normas a que se refere o inc. XXII do art. 4º da Lei nº 4.595/64. Neste passo, vislumbra-se enorme incongruência, porquanto avistar-se-ão em outros dispositivos diversas menções à assembleia de cotistas, informando o §1º que o estatuto e o regulamento do Fundo serão aprovados nessa assembleia (estando a União nela representada, conforme prescreve o §2º, pelo Procurador-Geral da Fazenda ou seu delegado, consoante o art. 10 do Decreto-Lei nº 147/67). Nesse emaranhado, não se consegue saber ao certo quem efetivamente tem competência, já que a administração do Fundo caberá a uma instituição financeira.

Zanella Di Pietro, frente à impropriedade, procura engendrar uma saída:

> Tem-se que entender que a competência da Assembleia dos cotistas limita-se às hipóteses expressamente previstas na Lei, ou seja, à elaboração

do estatuto e regulamento, bem como à deliberação sobre dissolução do Fundo. Na realidade, sendo o Fundo constituído por lei, a sua extinção (e não dissolução, já que não se trata de sociedade) terá que ser prevista em lei; desse modo, a Assembleia dos cotistas dependerá de autorização legislativa para promover a extinção do Fundo.[213]

Não é ocioso concluir, portanto, que todos os dispositivos que regulam o Fundo Garantidor de PPPs são, no mínimo, emblemáticos, causadores de imensa perplexidade.

José Eduardo Alvarenga, por exemplo, conclui que há mais interrogações que respostas:

> Sendo o Fundo Garantidor de Parcerias Público-Privadas de natureza privada, não estará sujeito às regras de Direito Administrativo, mas às de direito comum. Entretanto, não se pode esquecer que nem todas as matérias envolvidas na parceria se referem a direitos disponíveis. Se formos nos aprofundar sobre a natureza jurídica desse fundo, verificaremos que ele é de difícil enquadramento. Será sujeito de direitos e obrigações (§1º), terá patrimônio separado da dos cotistas, responderá por suas obrigações com os bens e direitos integrantes de seu patrimônio, mas os cotistas não responderão por qualquer obrigação do Fundo, salvo pela integração das cotas que subscreverem (§5º). Se for pessoa jurídica — como aparentemente será — deverá assumir algum modelo de pessoa administrativa com criação admitida, pela União, autarquias ou fundações, com previstos no *caput*. Se for viver de frutos (conforme §2º), deverá ser fundação pública de direito privado e dependerá de lei complementar, conforme exigido pelo art. 37, XIX, da Constituição Federal.[214]

Gustavo Binenbojm, apesar de considerar legítima a constituição de uma pessoa estatal de direito privado com o objetivo específico de dar garantias a projetos especiais sob a forma de PPP, reconhecendo a validade do expediente de constituição de um fundo privado para lastrear os contratos dessa natureza, apresenta críticas ao art. 16:

> O que há de esdrúxulo na Lei nº 11.079 é o fato de não haver menção expressa ao tipo de entidade sob cuja forma seria constituído o fundo garantidor. Embora o art. 16, §1º afirme ter ele natureza privada e

---

[213] DI PIETRO. *Parcerias na Administração Pública*: concessão, permissão, franquia, terceirização, parceria público-privada e outras formas, p. 176-177.

[214] ALVARENGA. Parcerias público-privadas: breves comentários. *Revista Eletrônica de Direito Administrativo Econômico – REDAE*. Disponível em: http://www.direitodoestado.com.br. Acesso em: 20 mar. 2010.

patrimônio próprio, distinto daquele de seus cotistas, além de direitos e obrigações próprias, não há na Lei a definição sobre sua forma jurídica. Ora, a falta de definição legal transfere para a Administração Pública tal escolha. O que importa é que o fundo terá personalidade jurídica de direito privado, sujeitando-se, assim, ao regime próprio das empresas privadas, nos termos do art. 173, §1º, inciso III, da Constituição Federal.[215]

Tamanha foi a imperícia técnica do elaborador desse texto legal que Zanella Di Pietro não se conteve e proferiu o seguinte comentário: "A forma como o FGP está disciplinado bem revela a precipitação com que o tema foi tratado".[216]

Também decepcionado, Ivan Rigolin afirma, com eloquência:

A lei trata um fundo como se fosse pessoa, quando fundo é uma conta bancária, com tanta personalidade jurídica quanto a cadeira do gerente de banco, ou o teclado do seu computador. O legislador brasileiro involuiu no tempo e no espaço, e desde há algumas décadas esqueceu-se desse fato, e trata com frequência os fundos que cria qual se foram autarquias, ou fundações, ou seja, qual se foram pessoas jurídicas, dotadas de diretoria, conselho fiscal, conselho administrativo e demais instituições que uma simples conta bancária jamais pode ter. Aqui não foi diferente. Nota zero à sua cultura jurídica quanto a isso, nula e absolutamente nenhuma — e presentemente está envenenado o ensino e o conhecimento do direito, pois que aos incautos e aos desavisados parecerá que um fundo é uma pessoa jurídica, ou que assim pode ser tratado.[217]

Parágrafos 2º a 8º

Com as ressalvas necessárias, diante da precariedade jurídica dos §§2º a 8º deste artigo, há de se comentar que:

a) o §2º trata do patrimônio do Fundo Garantidor, assentando que sua formação defluirá de aporte de bens e direitos dos cotistas não integralizarem cotas e rendimentos obtidos

---

[215] As parcerias público-privadas (PPPS) e a Constituição. *In*: BINENBOJM. *Temas de direito administrativo e constitucional*: artigos e pareceres.
[216] *Parcerias na Administração Pública*: concessão, permissão, franquia, terceirização, parceria público-privada e outras formas, p. 162.
[217] As PPP: parcerias público-privadas: breve análise jurídica. *Fórum de Contratação e Gestão Pública – FCGP*, n. 40.

com sua administração (*vide* que o art. 19 informa que os rendimentos auferidos não revertem em prol dos cotistas, e sim acrescerão o patrimônio do Fundo);

b) o §3º obriga a uma avaliação dos bens e direitos, por parte de empresa especializada, antes da transparência para o Fundo Garantidor. Não temos dúvida de que a escolha dessa empresa far-se-á, obrigatoriamente, por intermédio de licitação;

c) o §4º elenca as maneiras de integralização das cotas, à escolha dos cotistas: dinheiro; títulos da dívida pública; bens imóveis dominicais; bens móveis; ações de sociedade de economia mista federal excedente ao necessário para a manutenção de seu controle pela União; e por qualquer outro direito de valor patrimonial;

d) o §5º prevê que o Fundo responderá por mais obrigações com os bens e os direitos integrantes de seu patrimônio, tal como ocorre no regramento das sociedades limitadas;

e) o §6º prescreve que a integralização das cotas do Fundo independerá, obviamente, de procedimento licitatório, exigindo-se a prévia avaliação e a autorização do Presidente da República, mediante proposta apresentada pelo Ministro de Estado da Fazenda;

f) o §7º chama a atenção para a necessária desafetação quando ocorrer aporte de bens públicos de uso especial ou de uso comum. Estando o bem sendo utilizado para determinado fim público (seja pelo Estado, quando ocorre o uso especial, seja pelo povo, quando há o uso comum), diz-se que ele está afetado, isto é, atrelado a um interesse público. Para que possa esse bem sofrer a transferência para o Fundo, há que desafetá-lo, qual seja, a ocorrência de fato ou ato que retire do bem a sua utilização pública; e

g) o §8º, incluído pela a Lei nº 12.409/11, dispõe que a capitalização do Fundo Garantidor de Parcerias Público-Privadas – FGP, quando realizada por meio de recursos orçamentários, ocorrerá por ação orçamentária específica, no âmbito de Encargos Financeiros da União.

Art. 17. O FGP será criado, administrado, gerido e representado judicial e extrajudicialmente por instituição financeira controlada, direta ou indiretamente, pela União, com observância das normas a que se refere o inciso XXII do art. 4º da Lei nº 4.595, de 31 de dezembro de 1964.

§1º O estatuto e o regulamento do FGP serão aprovados em assembleia dos cotistas.

§2º A representação da União na assembleia dos cotistas dar-se-á na forma do inciso V do art. 10 do Decreto-Lei nº 147, de 3 de fevereiro de 1967.

§3º Caberá à instituição financeira deliberar sobre a gestão e alienação dos bens e direitos do FGP, zelando pela manutenção de sua rentabilidade e liquidez

Artigo 17

O dispositivo dispõe sobre a criação, administração, gestão e representação do Fundo Garantidor das PPPs (FGP), remetendo essas responsabilidades a uma instituição financeira controlada pela União.[218]

Essa instituição financeira, como qualquer outra, consoante o regramento, estará submetida, entre outras normas, aos ditames da Lei nº 4.595/64, que dispõe sobre as instituições monetárias, bancárias e creditícias, e cria o Conselho Monetário Nacional (CMN). A Lei faz alusão específica ao inc. XXII do art. 4º, que informa que é de competência do Conselho Monetário Nacional, atendendo as diretrizes preconcebidas pelo Presidente da República, estatuir normas para as operações das instituições financeiras públicas, visando preservar a solidez e adequar o funcionamento das mesmas aos objetivos da norma.

---

[218] Tais como o Banco do Brasil ou a Caixa Econômica Federal.

Parágrafos 1º a 3º

O §1º dispõe que o estatuto e o regulamento do FGP deverão ser aprovados em assembleia dos cotistas.

O estatuto e o regulamento do FGP – administrado pelo Banco do Brasil, conforme designado pela Resolução nº 1, do Comitê Gestor das PPPs, de 5 de agosto de 2005 – foram aprovados pela assembleia dos cotistas em 27 de janeiro de 2006 e alterados em dia 31 de agosto de 2006.

Conforme predispõe o §2º, e consoante o previsto no inc. V do art. 10 do Decreto-lei 147/1967,[219] representa a União na assembleia de cotistas o Procurador-Geral da Fazenda Nacional, que poderá delegar essa competência a Procurador da Fazenda Nacional.

O §3º não deixa dúvidas sobre eventual necessidade de consulta à assembleia de cotistas para alienar os bens e direitos do FGP, pois é taxativa que é de responsabilidade única da instituição financeira deliberar sobre a gestão e alienação desses ativos, devendo selar pela manutenção de rentabilidade e liquidez. Como registram Portugal e Navarro, a participação da assembleia na gestão dos ativos dar-se-á na definição da política de investimentos do Fundo.

---

[219] Lei Orgânica da Procuradoria-Geral da Fazenda Nacional. O inc. V informa que compete ao Procurador-Geral da Fazenda Nacional, podendo delegar competência a Procurador da Fazenda.

Art. 18. O estatuto e o regulamento do FGP devem deliberar sobre a política de concessão de garantias, inclusive no que se refere à relação entre ativos e passivos do Fundo. (Redação dada pela Lei nº 12.409, de 2011)

§1º A garantia será prestada na forma aprovada pela assembleia dos cotistas, nas seguintes modalidades:

I – fiança, sem benefício de ordem para o fiador;

II – penhor de bens móveis ou de direitos integrantes do patrimônio do FGP, sem transferência da posse da coisa empenhada antes da execução da garantia;

III – hipoteca de bens imóveis do patrimônio do FGP;

IV – alienação fiduciária, permanecendo a posse direta dos bens com o FGP ou com agente fiduciário por ele contratado antes da execução da garantia;

V – outros contratos que produzam efeito de garantia, desde que não transfiram a titularidade ou posse direta dos bens ao parceiro privado antes da execução da garantia;

VI – garantia, real ou pessoal, vinculada a um patrimônio de afetação constituído em decorrência da separação de bens e direitos pertencentes ao FGP.

§2º O FGP poderá prestar contragarantias a seguradoras, instituições financeiras e organismos internacionais que garantirem o cumprimento das obrigações pecuniárias dos cotistas em contratos de parceria público-privadas.

§3º A quitação pelo parceiro público de cada parcela de débito garantido pelo FGP importará exoneração proporcional da garantia.

§4º O FGP poderá prestar garantia mediante contratação de instrumentos disponíveis em mercado, inclusive para complementação das modalidades previstas no §1º. (Redação dada pela Lei nº 12.766, de 2012)

§5º O parceiro privado poderá acionar o FGP nos casos de: (Redação dada pela Lei nº 12.766, de 2012)

I – crédito líquido e certo, constante de título exigível aceito e não pago pelo parceiro público após 15 (quinze) dias contados da data de vencimento; e (Incluído pela Lei nº 12.766, de 2012)

II – débitos constantes de faturas emitidas e não aceitas pelo parceiro público após 45 (quarenta e cinco) dias contados da data de vencimento, desde que não tenha havido rejeição expressa por ato motivado. (Incluído pela Lei nº 12.766, de 2012)

§6º A quitação de débito pelo FGP importará sua sub-rogação nos direitos do parceiro privado.

§7º Em caso de inadimplemento, os bens e direitos do Fundo poderão ser objeto de constrição judicial e alienação para satisfazer as obrigações garantidas.

§8º O FGP poderá usar parcela da cota da União para prestar garantia aos seus fundos especiais, às suas autarquias, às suas fundações públicas e às suas empresas estatais dependentes. (Incluído pela Lei nº 12.409, de 2011)

§9º O FGP é obrigado a honrar faturas aceitas e não pagas pelo parceiro público. (Incluído pela Lei nº 12.766, de 2012)

§10. O FGP é proibido de pagar faturas rejeitadas expressamente por ato motivado. (Incluído pela Lei nº 12.766, de 2012)

§11. O parceiro público deverá informar o FGP sobre qualquer fatura rejeitada e sobre os motivos da rejeição no prazo de 40 (quarenta) dias contado da data de vencimento. (Incluído pela Lei nº 12.766, de 2012)

§12. A ausência de aceite ou rejeição expressa de fatura por parte do parceiro público no prazo de 40 (quarenta) dias contado da data de vencimento implicará aceitação tácita. (Incluído pela Lei nº 12.766, de 2012)

§13. O agente público que contribuir por ação ou omissão para a aceitação tácita de que trata o §12 ou que rejeitar fatura sem motivação será responsabilizado pelos danos que causar, em conformidade com a legislação civil, administrativa e penal em vigor. (Incluído pela Lei nº 12.766, de 2012)

Artigo 18 *caput* e Parágrafo 1º

O dispositivo, que trata das garantias do Fundo Garantidor das PPPs (FGP), que, na versão original, seriam prestadas na forma aprovada pela assembleia dos cotistas, proporcionalmente ao valor da participação de cada cotista, vedada a concessão de garantia cujo valor presente líquido, somado ao das garantias anteriormente prestadas e demais obrigações, supere o ativo total do FGP, teve o texto do *caput* substituído pela Lei nº 12.766/12, remetendo o estatuto e a regulamentação à deliberação sobre a política de concessões, inclusive no que se refere à relação entre ativos e passivos. Indubitavelmente, essa mudança intenta impulsionar o uso.

O §1º elenca as modalidades de garantias a serem prestadas, aprováveis pela assembleia de cotistas:
- *Fiança*, com a ressalva de que o fiador não terá benefício de ordem (inc. I).

Tal benefício circunscreve-se no direito que cabe ao fiador em não ser compelido a pagar a dívida afiançada, sem que primeiro sejam executados os bens do devedor, sob o fundamento de que a sua obrigação é acessória e subsidiária. Dessa forma, consoante o disposto, o fiador não poderá se favorecer desse direito.
- *Penhor*, incidente sobre bens móveis ou direitos integrantes do patrimônio do Fundo, não sendo possível a transferência da posse da coisa empenhada enquanto não tenha havido a execução da garantia (inc. II).

Do latim *pigmus* (garantia), o penhor constitui-se numa obrigação acessória através da qual o devedor entrega coisa móvel para nela ser cumprida a obrigação principal, quando não resgatada a dívida.
- *Hipoteca*, que incidirá sobre bens imóveis integrantes do patrimônio do Fundo (inc. III).

Constituindo-se como direito real de garantia, a hipoteca é coisa dada pelo devedor, circunscrevendo contrato acessório, sob o pressuposto da existência de um acordo de obrigação principal.
- *Alienação fiduciária*, permanecendo a posse direta dos bens com o Fundo ou com agente fiduciário por ele contratado antes da execução da garantia (inc. IV).

A alienação fiduciária é uma garantia que se baseia na transferência de bens como pagamento de uma dívida.
- *Outros contratos que produzam efeito de garantia* (inc. V).

A possibilidade de uso de quaisquer outros contratos abre um significativo leque de possibilidades de garantia, com a ressalva da impossibilidade de transferência de titularidade ou posse direta dos bens ao parceiro privado antes da sua execução, tal como ocorre nas modalidades anteriormente citadas.

- *Garantia real ou pessoal*, desde que haja vinculação a um patrimônio de afetação do Fundo Garantidor (inc. VI).

No âmbito do Direito Imobiliário, "patrimônio de afetação" é a separação patrimonial de bens do incorporador para uma atividade específica, com o intuito de assegurar a continuidade e a entrega das unidades em construção aos futuros adquirentes, mesmo em caso de falência ou insolvência do incorporador.

Como leciona Francisco Maia, o patrimônio da afetação consignou um instrumento sistematizado no início do mês de agosto de 2004, quando o Presidente da República sancionou um conjunto de medidas intituladas "pacote da construção", com o objetivo de incentivar o mercado imobiliário. Entre as medidas, destacaram-se as que sinalizam boas perspectivas às empresas, através de linhas de créditos mais acessíveis e redução da carga tributária, e, quanto aos adquirentes das unidades, maiores garantias de recebimento dos imóveis.

> Dentre estas garantias está o patrimônio de afetação, que consiste na adoção de um patrimônio próprio para cada empreendimento, que passarão a ter a sua própria contabilidade, separada das operações da incorporada/construtora, o que confere segurança aos adquirentes quanto à destinação dos recursos aplicados na obra. Esta medida se torna relevante para evitar o que o mercado apelidou de "efeito bicicleta" ou "pedalada", que significa a situação das empresas em dificuldade econômica que desviam recursos de um novo empreendimento para um anterior e assim sucessivamente, formando um ciclo vicioso que tantos prejuízos já causou no passado, ainda vivos na memória recente do País.[220]

Pois bem, como o FGP tem patrimônio próprio apartado dos patrimônios de seus cotistas, a criação de um "patrimônio de afetação" significa separar, entre os bens do Fundo, uma parte, que passaria a ter tratamento distinto em relação ao restante dos bens, que responderão apenas por obrigações específicas.

Vide que, mais à frente, no art. 21, a Lei apresenta algumas características relativas ao patrimônio de afetação que venha a ser

---

[220] O que muda com o patrimônio de afetação? Disponível em: http://www.precisao.eng.br/fmnresp/afeta.htm. Acesso em: 10 out. 2019.

constituído no âmbito do FGP, determinando que o patrimônio de afetação "não se comunicará com o restante do patrimônio do FGP, ficando vinculado exclusivamente à garantia em virtude da qual tiver sido constituído, não podendo ser objeto de penhora, arresto, sequestro, busca e apreensão ou qualquer ato de constrição judicial decorrente de outras obrigações do FGP". Além disso, o parágrafo único do dispositivo aponta a constituição de um patrimônio de afetação no âmbito do FGP, ao estabelecer que "será feita por registro em Cartório de Registro de Títulos e Documentos ou, no caso de bem imóvel, no Cartório de Registro Imobiliário correspondente".

Assim, verifica-se que o patrimônio de afetação constituído no âmbito do FGP responderá perante o parceiro privado por obrigações de um parceiro público em contrato de PPP.

No mais, o dispositivo refere-se à "garantia real ou pessoal".

Portugal e Navarro explicitam a inutilidade da indicação de garantia real, na presença de patrimônio de afetação estabelecido no âmbito do FGP:

> A rigor, havendo um patrimônio de afetação, a existência de garantia real apenas faz sentido caso se imagine um conjunto de bens afetados a garantir mais de um contrato de PPP – o que está vedado, conforme se acaba de mencionar. Se o patrimônio de afetação for criado para um contrato específico, então, como nenhum outro parceiro privado poderá perseguir os bens que compõem esse patrimônio, será desnecessária a celebração de contrato de garantia real. Isso porque a vantagem da garantia real, consistente no fato de criar uma preferência sobre determinado bem em benefício de um credor específico, já existe por meio do patrimônio de afetação. Ademais, há um fator desfavorável na utilização da garantia real, conforme anteriormente apontado em relação ao penhor e à hipoteca. Enquanto a garantia pessoal obriga o garantidor por toda a dívida, respeitado o limite contratual, se houver, na garantia real, se não existir solidariedade estipulada no contrato, o garantidor estará livre se o produto da alienação do bem oferecido em garantia não for suficiente para pagar a dívida. Apenas o devedor (parceiro público) permanecerá responsável pelo saldo residual da dívida.[221]

---

[221] RIBEIRO, Maurício Portugal; PRADO, Lucas Navarro. Comentários à Lei de PPP – Parcerias Público-Privada: fundamentos econômico-jurídicos. São Paulo: Malheiros, 2007. p. 366.

Quanto à garantia pessoal, a norma não explicita quem poderia efetivamente prestá-la. Devido ao risco intrínseco desse tipo de garantia, cremos que também dificilmente será utilizada. Nesse mesmo sentido, Ivan Rigolin: "Parece difícil imaginar a aceitação de garantia pessoal por parte do empreendedor privado, quando a garantia real e outras formas de garantia constam do rol das modalidades permitidas pela lei. Há uma dificuldade prática: quem prestaria garantia pessoal?"[222]

Parágrafos 2º a 13

Tendo o art. 8º previsto que as obrigações pecuniárias da Administração poderão ser garantidas por seguro-garantia, o §2º faz menção às contragarantias a serem oferecidas pelo FGP, dispondo que o Fundo poderá prestá-las às seguradoras, instituições financeiras e aos organismos internacionais que garantirem o cumprimento das obrigações pecuniárias dos cotistas em contratos de PPPs.

O §3º, de lógica meridiana, dita procedimento voltado para as quitações pelo parceiro privado de parcelas do débito garantido pelo FGP, afiançando que tais atos importarão, obviamente, na exoneração proporcional da garantia. Só se presume possível a execução da garantia de um título de crédito[223] quando atendidos aos requisitos essenciais: líquido, certo e exigível.

Complementando as diferentes modalidades de garantias elencadas no §1º, robustecendo a concepção de variabilidade das formas de garantia pelo FGP, a Lei nº 12.766/12 inseriu o §4º, concedendo a possibilidade de o FGP prestar garantia mediante contratação de instrumentos disponíveis em mercado.

O §5º indica as duas situações em que o parceiro privado poderá acionar o FGP: (a) crédito líquido e certo, constante de título

---

[222] *Comentários à lei de Parcerias Público-Privadas*. 2 ed. Rio de Janeiro: GZ, 2010. p. 142.

[223] Título de Crédito é o documento formal que representa valor, dando a seu possuidor o direito de exigir de outrem o cumprimento da obrigação nele contida (Cf. CAMPINHO, Amaury. *Manual de títulos de crédito*: doutrina e legislação. 3. ed. Rio de Janeiro: Lumen Juris, 1997).

exigível aceito e não pago pelo parceiro público após 15 (quinze) dias contados da data de vencimento; e (b) débitos constantes de faturas emitidas e não aceitas pelo parceiro público após 45 (quarenta e cinco) dias contados da data de vencimento, desde que não tenha havido rejeição expressa por ato motivado.

Por sua vez, o §6º dispõe que a quitação de débito pelo FGP importará sua sub-rogação nos direitos do parceiro privado. No conceito do Direito Comercial, sub-rogação é a substituição de pessoa por outra, sobre a qual recaem as condições antes dispostas em relação à pessoa substituída. A sub-rogação de crédito é aquela que opera pela substituição do credor, em face de pagamento da dívida de outrem. Na hipótese aventada no parágrafo, a norma, "reinventando a roda", como observa Rigolin, prescreve o óbvio: a quitação de débito pelo Fundo implicará na sub-rogação deste nos direitos do parceiro privado.

O parceiro público poderá, todavia, recusar eventual fatura e, dessa forma, evitar que o parceiro privado acione o FGP nos prazos indicados. Providencialmente, a Lei nº 12.766/12 fez prever que o FGP deverá honrar as faturas aceitas e não pagas pelo parceiro público, tendo ainda prescrito a proibição de pagamento de faturas rejeitadas expressamente por ato motivado (§9º e 10º).

O §7º prescreve que, na hipótese de inadimplemento, os bens e direitos do FGP, para satisfazer as obrigações garantidas, poderão ser objeto de constrição judicial e alienação.

O §8º disciplina que o FGP poderá usar parcela da cota da União para prestar garantia aos seus fundos especiais, às suas autarquias, às suas fundações públicas e às suas empresas estatais dependentes.

Perseguindo a ideia de evitar o acionamento do FGP pelo parceiro privado, a Lei nº 12.766/12 inseriu o §11, que estabelece como dever de o parceiro público informar ao Fundo, no prazo de 40 (quarenta) dias, contados da data de vencimento, a existência de qualquer fatura rejeitada e os motivos da rejeição. Nesse passo, o §12, incluído pela mesma lei, define que a ausência de aceite ou rejeição expressa de fatura por parte do parceiro público no prazo de 40 (quarenta) dias contado da data de vencimento implicará aceitação tácita.

Buscando a eficácia do dever de decidir motivadamente, o mesmo diploma inseriu o §13, que prevê a responsabilização civil, administrativa e penal do agente público que venha a contribuir por ação ou omissão para a aceitação tácita ou que rejeite fatura sem motivação. Essa inclusão tem sido muito questionada pela doutrina. André Saddy, por exemplo, mesmo considerando que se trata de um avanço na doutrina do silêncio administrativo brasileiro, considera incorreta a vinculação de quaisquer dessas formas de responsabilização à existência de dano causado pelo agente:

> Ora, o simples silêncio positivo pode parecer e levar o intérprete a um entendimento de que não exista dano, isto é, o fato de ocorrer o aceite tácito, em princípio, pode transparecer que nenhum dano se gerou. É equivocado tal entendimento, pois a Administração possui sempre o dever de decidir, e sua ausência, por si, viola a ordem jurídica que, por conseguinte, enseja o dever sucessivo de reparação. Melhor, obviamente, seria a ausência da expressão "pelos danos que causar", além de desnecessária, evitaria interpretações errôneas.[224]

---

[224] Acionamento do fundo garantidor nas PPPS brasileiras. *BLC – Boletim de Licitações e Contratos* nº 1063, São Paulo: NDJ, out. 2014. p. 29.

Art. 19 O FGP não pagará rendimentos a seus cotistas, assegurando-se a qualquer deles o direito de requerer o resgate total ou parcial de suas cotas, correspondente ao patrimônio ainda não utilizado para a concessão de garantias, fazendo-se a liquidação com base na situação patrimonial do Fundo.

Artigo 19

Como o objetivo do Fundo é garantir o pagamento das obrigações assumidas, não se prestará, sob nenhuma hipótese, para pagamento de rendimentos aos cotistas, que, entretanto, têm assegurado o direito de resgate de suas cotas (referentes, obviamente, ao patrimônio ainda não utilizado).[225]

Far-se-á necessário, para tal resgate (parcial ou total), o levantamento da situação patrimonial do Fundo.[226]

Sobre o assunto, Bruno Rossi Doná infere que parece ser plenamente possível, embora a Lei seja omissa nesse ponto, haver remuneração das pessoas físicas e dos agentes representantes dos cotistas nas assembleias e demais deliberações do fundo, concluindo que, nesse ponto, há de se dizer que tal remuneração deverá ser paga pelos próprios cotistas, e não pelo FGP.[227]

Luiz Alberto Blanchet chama atenção para uma impropriedade no texto do dispositivo, uma vez que este se refere à possibilidade de resgate, por parte do cotista, apenas das "cotas correspondentes ao patrimônio ainda não utilizado para a concessão de garantias":[228]

---

[225] O §1º do art. 33 do Regulamento do Fundo Garantidor de Parcerias Público-Privadas (FGP) dispõe que não há prazo de carência.

[226] Análise das características primordiais do Fundo Garantidor de Parcerias Público-Privadas (FGP), bem como de sua (in)constitucionalidade. Disponível em: http://jus2.uol.com.br/doutrina/texto.asp?id=13790. Acesso em: 11 jun. 2010.

[227] DONÁ, Bruno Rossi. Análise das características primordiais do Fundo Garantidor de Parcerias Público-Privadas (FGP), bem como de sua (in)constitucionalidade. Disponível em: http://jus2.uol.com.br/doutrina/texto.asp?id=13790. Acesso em: 14 maio 2010.

[228] BLANCHET. *Parcerias público-privadas*: comentários à Lei 11.079, de 30 de dezembro de 2004, p. 101.

Se, porém, houver outra parte já utilizada para fins de garantia, mas já amortizada pelo cotista, este poderá regatar também as cotas correspondentes a essa parte.

Art. 20. A dissolução do FGP, deliberada pela assembleia dos cotistas, ficará condicionada à prévia quitação da totalidade dos débitos garantidos ou liberação das garantias pelos credores.

Parágrafo único. Dissolvido o FGP, o seu patrimônio será rateado entre os cotistas, com base na situação patrimonial à data da dissolução.

Artigo 20

Também disciplinando o óbvio, este artigo prescreve que, na dissolução do FGP – consignada por assembleia dos cotistas –, seu patrimônio será rateado entre os mesmos (parágrafo único).

Entretanto, são condicionantes necessárias para o alcance desse patamar:
a) os débitos garantidos pelo Fundo deverão estar totalmente quitados; ou
b) os credores deverão concordar com a liberação das garantias.

Impende salientar que a "situação patrimonial" do FGP não envolve somente os bens que estejam em seu domínio no momento da dissolução, pois, como bem anotam Portugal e Navarro,[229] quaisquer direitos do Fundo, como, por exemplo, os créditos que lhe sejam eventualmente devidos em face de sub-rogação, deverão fazer parte desse rateio.

---

[229] *Comentários à Lei de PPP – Parcerias Público-Privada*: fundamentos econômico-jurídicos. São Paulo: Malheiros, 2007.

Art. 21. É facultada a constituição de patrimônio de afetação que não se comunicará com o restante do patrimônio do FGP, ficando vinculado exclusivamente à garantia em virtude da qual tiver sido constituído, não podendo ser objeto de penhora, arresto, sequestro, busca e apreensão ou qualquer ato de constrição judicial decorrente de outras obrigações do FGP.

Parágrafo único. A constituição do patrimônio de afetação será feita por registro em Cartório de Registro de Títulos e Documentos ou, no caso de bem imóvel, no Cartório de Registro Imobiliário correspondente.

Artigo 21

Este artigo autoriza a constituição de um "patrimônio de afetação",[230] que não se comunicará com o restante do patrimônio do Fundo, ou seja, permite que o mesmo seja subdividido em partes incomunicáveis: uma composta pelos bens e direitos advindos dos aportes dos cotistas (*vide* §2º do art. 16); e outra, formada por bens afetados de origem.[231]

Cabe aqui repisar-se o explicitado nos comentários ao art. 18, §1º, VI sobre o "patrimônio de afetação".

No âmbito do Direito Imobiliário, "patrimônio de afetação" é a separação patrimonial de bens do incorporador para uma atividade específica, com o intuito de assegurar a continuidade e a entrega das unidades em construção aos futuros adquirentes, mesmo em caso de falência ou insolvência do incorporador.

Como leciona Francisco Maia, o patrimônio da afetação consignou um instrumento sistematizado no início do mês de agosto de 2004, quando o Presidente da República sancionou um conjunto de medidas intituladas "pacote da construção", com o objetivo de

---

[230] Sobre "patrimônio de afetação", *vide* a Lei nº 10.931/04.
[231] Cuja constituição será realizada por registro em Cartório de Registro de Títulos e Documentos, ou, na hipótese de bem imóvel, no Cartório de Registro Imobiliário.

incentivar o mercado imobiliário. Entre as medidas, destacaram-se as que sinalizam boas perspectivas às empresas, através de linhas de créditos mais acessíveis e redução da carga tributária, e, quanto aos adquirentes das unidades, maiores garantias de recebimento dos imóveis.

Como assevera Eduardo Alvarenga, com o "patrimônio de afetação" a Lei permite que se destaque parcela do patrimônio total do fundo para a garantia de determinada dívida, além de constituir uma forma especial de blindagem contra toada e qualquer pretensão executória de credores, inclusive do próprio fundo.[232]

Prevê o dispositivo, ainda, a impossibilidade de sequestro, penhora, arresto, busca e apreensão ou mesmo qualquer ato de constrição judicial, numa visível demonstração de preocupação do legislador quanto à proteção contra possíveis medidas judiciais.

Tal regramento é bastante questionável. Toshio Mukai, por exemplo, entende, na hipótese de dissolução do Fundo, que o patrimônio de afetação não ficaria a salvo do rateio:

> O art. 21 prevê a constituição de um patrimônio de afetação que não se comunicará com o restante do patrimônio do Fundo, ficando vinculado exclusivamente à garantia em virtude da qual tiver sido constituído, não podendo ser objeto de penhora, arresto, sequestro, busca e apreensão ou qualquer ato de constrição judicial decorrente de outras obrigações do FGP. Pergunta-se: no caso de dissolução do Fundo, esse patrimônio de afetação ficará também a salvo da dissolução e do rateio? Isso, evidentemente, a nosso ver, não poderá ocorrer, eis que, inexistente o Fundo, inexistirá qualquer garantia que for prestada por meio de todo o seu patrimônio, mesmo que não se comunique com o restante do patrimônio do Fundo..[233]

Relembra-se que o art. 18, §1º, VI, trata do patrimônio de afetação, dispondo sobre a possibilidade de garantia real ou pessoal, desde que haja vinculação a um patrimônio de afetação do Fundo Garantidor.

---

[232] *Parcerias público-privadas*: comentários à lei brasileira. São Paulo: M.A. Pontes, 2005.
[233] *Parcerias público-privadas*: comentários à lei federal n. 11.079/2004, às leis estaduais de Minas Gerais, Santa Catarina, São Paulo, Distrito Federal, Goiás, Bahia, Ceará, Rio Grande do Sul e à lei municipal de Vitória-ES, p. 31.

Art. 22. A União somente poderá contratar parceria público-privada quando a soma das despesas de caráter continuado derivadas do conjunto das parcerias já contratadas não tiver excedido, no ano anterior, a 1% (um por cento) da receita corrente líquida do exercício, e as despesas anuais dos contratos vigentes, nos 10 (dez) anos subsequentes, não excedam a 1% (um por cento) da receita corrente líquida projetada para os respectivos exercícios.

Artigo 22

Com inspiração na Lei de Responsabilidade Fiscal (LRF – Lei Complementar nº 101/00), a Lei das PPPs prescreve duas condicionantes orçamentárias para a celebração dos acordos de parceria:
 a) o ajuste somente poderá ocorrer quando, no exercício anterior, a soma das despesas de caráter continuado das parcerias já contratadas não supere o percentual de 1% (um por cento) da receita corrente líquida no exercício da contratação; e
 b) as despesas anuais dos contratos em vigor, nos 10 (dez) anos subsequentes, não poderão superar a 1% (um por cento) de receita corrente líquida projetada para os respectivos exercícios, o que demandará um sério planejamento no período.

Impende alertar que as duas condições se impõem conjuntamente, ou seja, ambas hão de estar satisfeitas para fins de celebração de um novo contrato de parceria público-privada.[234]

---

[234] Segundo José Eduardo de Alvarenga, a receita corrente líquida estaria sujeita às normas legais de contabilidade pública; já a receita projetada não teria nenhum parâmetro legal, podendo ser considerada como mero exercício de futurologia (Parcerias público-privadas: comentários à lei brasileira).

CAPÍTULO VII

DISPOSIÇÕES FINAIS

Art. 23. Fica a União autorizada a conceder incentivo, nos termos do Programa de Incentivo à Implementação de Projetos de Interesse Social – PIPS, instituído pela Lei nº 10.735, de 11 de setembro de 2003, às aplicações em fundos de investimento, criados por instituições financeiras, em direitos creditórios provenientes dos contratos de parcerias público-privadas.

Artigo 23

Dirigido unicamente à União, o dispositivo autoriza a concessão de incentivo, nos termos do Programa de Incentivo à Implementação de Projetos de Interesse Social (PIPS), instituído pela Lei nº 10.735/03,[235] às aplicações em fundos privados de investimento, estabelecidos por instituições financeiras, em direitos creditórios oriundos de PPPs.

Insta relembrar que a Lei nº 10.735/03, conhecida como a lei do microcrédito, define, em seu art. 4º, que o PIPS é um programa voltado à implementação de projetos estruturados na área de

---

[235] Que dispõe sobre o direcionamento de depósitos à vista captados pelas instituições financeiras para operações de crédito destinadas à população de baixa renda e a microempreendedores, e autoriza o Poder Executivo a instituir o Programa de Incentivo à Implementação de Projetos de Interesse Social (PIPS).

desenvolvimento urbano em infraestrutura, nos segmentos de saneamento básico, energia elétrica, gás, telecomunicações, rodovias, sistema de irrigação e drenagem, portos e serviços de transporte em geral, habitação, comércio e serviços, por meio de Fundos de Investimento Imobiliário, e de Fundos de Investimentos em Direitos Creditórios, lastreados em recebíveis originados de contratos de compromissos de compra, de venda, de aluguéis e de taxas de serviços, provenientes de financiamento de projetos sociais, com a participação dos setores público e privado.[236]

---

[236] Prescreve o art. 5º da Lei nº 10.735/03:
"O PIPS terá por objetivos:
I – a criação e a implementação de núcleos habitacionais que tornem acessível moradia para os segmentos populacionais das diversas rendas familiares, mediante a construção de núcleos habitacionais providos de serviços públicos básicos, comércio e serviços; e
II – o desenvolvimento e a ampliação de infraestrutura nos segmentos de saneamento básico, energia elétrica, gás, telecomunicações, rodovias, sistemas de irrigação e drenagem, portos e serviços de transporte em geral, com o objetivo de universalizar e aumentar a eficiência dos produtos e serviços prestados.
§1º Os projetos compreendidos nos incisos I e II deste artigo deverão ter a participação do poder público, respeitadas as normas e a regulamentação específicas dos FII e dos FIDC.
§2º O Poder Executivo poderá incluir outros objetivos a serem abrangidos pelo PIPS."

Art. 24. O Conselho Monetário Nacional estabelecerá, na forma da legislação pertinente, as diretrizes para a concessão de crédito destinado ao financiamento de contratos de parcerias público-privadas, bem como para participação de entidades fechadas de previdência complementar.

Artigo 24

Consoante o regrado neste artigo, para que as PPPs efetivamente sejam implantadas, faz-se necessário que o Conselho Monetário Nacional,[237] órgão deliberativo máximo do Sistema Financeiro Nacional, estabeleça uma normatização sobre a concessão de créditos destinados ao financiamento dos contratos, cabendo também a este colegiado definir a participação das entidades fechadas de previdência complementar nas PPPs.

Acrescente-se que nada há de novo dessa determinação, já que Conselho Monetário Nacional já possuía competência para o estabelecimento de diretrizes para concessão de crédito por instituições financeiras e em face da participação de entidades de previdência complementar em sociedades.

Por conseguinte, o dispositivo apenas reafirma a competência geral do CMN para essas matérias também nos contratos de parceria público-privada.

Impende avaliar, entretanto, o real alcance da concessão de crédito destinado ao financiamento de contratos de PPP.

Não nos parece ter sentido imaginar que o CMN atuaria com o intuito de estabelecer diretrizes específicas para a concessão de crédito ao parceiro privado para financiamento de contrato de parceria público-privada. Daí, cremos que a regra está atrelada tão somente à concessão aos parceiros públicos com contratos de PPP.

---

[237] O Conselho Monetário Nacional (CMN), instituído pela Lei nº 4.595/64, é o órgão responsável por expedir diretrizes gerais para o perfeito funcionamento do Sistema Financeiro Nacional (SFN).

A preocupação do legislador quanto ao disciplinamento dos créditos é justificável, uma vez que eles são indispensáveis à viabilização dos acordos de PPP. A extensão dessa preocupação à participação das entidades fechadas de previdência complementar (os chamados fundos de pensão) também é sensata, pois possibilita uma injeção financeira de porte nos ajuntes.

Art. 25. A Secretaria do Tesouro Nacional editará, na forma da legislação pertinente, normas gerais relativas à consolidação das contas públicas aplicáveis aos contratos de parceria público-privada.

Artigo 25

O artigo prevê a edição de normas gerais por parte da Secretaria do Tesouro Nacional – STN, visando à consolidação das contas públicas aplicáveis aos contratos de PPP.

A regra é estranha, uma vez que não há respaldo constitucional autorizando a União, seja por intermédio da Secretaria do Tesouro ou por qualquer outro organismo de finanças públicas, a expedição de normas gerais sobre a matéria.

Em função dessa regra legal, a Portaria STN nº 614, de 21 de agosto de 2006, estabeleceu normas gerais relativas à consolidação das contas públicas aplicáveis aos contratos de PPP, adotando tratamento contábil utilizado pela Comunidade Europeia através da EUROSTAT, agência responsável pelas estatísticas europeias, datado de fevereiro de 2004.[238]

Conforme anota Sérgio Paulo Villaça, foram identificados pela EUROSTAT[239] e adotados pela STN os riscos relevantes de demanda, construção e disponibilidade para o inferimento do balanço de risco da parceria e, por consequência, a forma de registro contábil, como a seguir explicitado:[240]

---

[238] Sobre a Portaria nº 614/06 STN, sugerimos a leitura do excelente trabalho de Kleber Luiz Zanchim: PPP e orçamento público: uma análise da Portaria nº 614/06, da STN, à luz da Lei nº 4.320/64 e da Lei de Responsabilidade Fiscal. *Biblioteca Digital Fórum de Contratação e Gestão Pública – FCGP*, Belo Horizonte, ano 6, n. 68, ago. 2007. Disponível em: http://www.editoraforum.com.br/bid/bidConteudoShow.aspx?idConteudo=46763. Acesso em: 5 jun. 2010.

[239] EUROSTAT é a organização estatística produtora de dados estatísticos para a União Europeia, cujo objetivo é promover a harmonização dos métodos estatísticos entre os estados membros.

[240] Parcerias público-privadas: cuidados para a sua adoção. Disponível em: http://www.cebi.com.br/boletim/boletim_27/editorial.htm. Acesso em: 04 jun. 2010.

- *Risco de Demanda* – associado à possibilidade de variações na receita estimada do empreendimento em função da utilização do bem objeto do contrato de parceria em intensidade maior ou menor do que a frequência estimada ou projetada no contrato. É aplicável tanto a concessões patrocinadas quanto administrativas. Tradicionalmente, os contratos de concessão no Brasil determinam que os riscos de demanda sejam integralmente assumidos pelo concessionário sendo vedada sua transferência aos usuários. A PPP abriu a possibilidade deste risco, que frequentemente decorre de variações na atividade econômica, tendências do mercado ou novas formas de prestação de serviços semelhantes a serem assumidos pelo ente público. Tal pode ocorrer quando este for obrigado a garantir determinado nível mínimo de receita para o parceiro privado, independentemente do volume da demanda pelo bem ou serviço advindo do próprio ente público ou pelo usuário final, diminuindo de forma significativa ou tornando flutuações do volume da demanda pouco relevantes para a determinação da receita do parceiro privado. Por outro lado, considera-se que este risco incida sobre o parceiro privado, se os pagamentos por parte do parceiro público variar proporcionalmente à demanda, sendo a receita mínima garantida pelo parceiro público significativamente menor que o custo razoável de constituição do bem, ou explicitamente identificável com a remuneração apenas da disponibilidade de serviços contratados; também é do parceiro privado o risco que puder ser compensado com a utilização do bem para oferecer serviços a terceiros.
- *Risco de Construção* – associado às variações nos principais custos referentes à constituição ou manutenção do bem utilizado na parceria. Considera-se que este risco incide sobre o parceiro público quando há previsão contratual que lhe atribui responsabilidade pelos encargos financeiros decorrentes de atrasos ou aumentos de custos de construção ou reforma do bem, assim como o repasse de custos de reparos e outros custos de manutenção do

bem. Adicionalmente, a adoção de cláusula contratual de reajuste das contraprestações devidas pelo parceiro público que contenha repasses de custos setoriais configura procedimento que aloca ao ente público o risco de construção. O risco de construção tende a se encerrar após a constituição do ativo associado à provisão do serviço. Não obstante, alguns arranjos contratuais podem permitir que este risco perdure na fase de prestação do serviço, em especial caso a parceria contenha previsão de indenização ao parceiro privado em decorrência de variações nos custos de manutenção e operação, ou ainda previsão de reajuste da contraprestação em função de evolução de índices de preço de itens de custo específico.

- *Risco de Disponibilidade* – associado aos efeitos decorrentes da indisponibilidade do bem, em função de sua apresentação em desacordo com os padrões exigidos ou de desempenho abaixo do estipulado. Ressalte-se que a Lei nº 11.079/2004 impôs restrições à assunção deste risco por parte da Administração Pública, ao determinar que "a contraprestação da Administração Pública será obrigatoriamente precedida da disponibilização do serviço objeto do contrato de parceria público-privada" (art. 7º). Considera-se, portanto, que o risco incide sobre o parceiro público quando este tem a obrigação de pagar as contraprestações contratuais independentemente da efetiva disponibilidade do serviço ou da situação do bem em conformidade com as especificações contratuais como no caso da presença de obrigação de pagamento que tenha como referência apenas a constituição do bem que serve de suporte à prestação do serviço objeto da parceria, assim como de obrigação de pagamento que cubra dívidas do parceiro privado independente de seu desempenho na prestação do serviço. Este risco incide sobre o parceiro privado quando este for penalizado por não estar apto a oferecer o volume de serviços contratualmente estabelecido, satisfeitas normas gerais de segurança ou outros padrões operacionais relacionados à prestação do serviço ao parceiro público ou aos usuários finais, inclusive aqueles contratualmente definidos, resultando em deficiência de desempenho.

Art. 26. O inciso I do §1º do art. 56 da Lei nº 8.666, de 21 de junho de 1993, passa a vigorar com a seguinte redação:

"Art. 56 (...)

§1º (...)

I – caução em dinheiro ou em títulos da dívida pública, devendo estes ter sido emitidos sob a forma escritural, mediante registro em sistema centralizado de liquidação e de custódia autorizado pelo Banco Central do Brasil e avaliados pelos seus valores econômicos, conforme definido pelo Ministério da Fazenda;

(...)" (NR)

Artigo 26

Este dispositivo não possui nenhuma conexão com as Parcerias Público-Privadas, porquanto modifica um inciso do art. 56 da Lei Geral de Licitações, que nenhuma influência tem sobre os acordos dessa natureza.

Comentamos esta alteração na 10ª edição de nosso trabalho *Licitação Passo a Passo*,[241] quando analisamos artigo por artigo a Lei nº 8.666/93, conforme a seguir transcrito:

> A questão dos títulos tem causado, ao longo dos anos, intensa polêmica e, na prática, um sem-número de transtornos para a Administração. Além do questionamento quanto à validade de títulos muito antigos, havia o fator complicador referente ao valor real de cada um. Em novembro de 1997, por exemplo, como informa José Roberto de O. Pimenta Júnior,[242] o Superior Tribunal de Justiça, em autos de uma execução fiscal, determinou que a Fazenda Pública Estadual de São Paulo aceitasse Títulos da Dívida Agrária (TDA) pelo seu valor de face, como garantia de pagamento de débito do contribuinte executado. Ocorre, todavia, que tais títulos são negociados no mercado não pelo valor de

---

[241] *Licitação Passo a Passo*, Belo Horizonte: Ed. Fórum, 2019. p. 633.
[242] Cf. MOEDAS podres? O pagamento de tributos com títulos da dívida pública. *Consultor Jurídico*, São Paulo, 27 maio 1998. Disponível em: http://www.conjur.com.br/1998-mai-27/pagamento_tributos. Acesso em: 1 jun. 2009.

face, mas sim pelo valor calculado de acordo com a data de vencimento, com deságio de 15 a 45%, dependendo do número de anos que faltem para o resgate, o que dificulta por demais a operacionalização. Outro exemplo transcorreu no Paraná, onde o Juiz da 3ª Vara Cível da Comarca de Maricá, Dr. Flávio C. de Almeida, concedeu liminar, aceitando como garantia de uma suposta dívida um título de dívida pública federal de 1956, tendo considerado, em sua decisão, que "a validade do título caucionado é inquestionável, devendo o Tesouro Nacional honrar o regular resgate do seu valor devidamente atualizado".[243]

Como leciona Leon Frejda Szklarowsky, "os títulos da dívida pública derivam de empréstimos contraídos pelo Estado, ou, na expressão de Veiga Filho, o Estado tem o poder de dispor de capital alheio, por meio de empréstimo, comprometendo-se a reembolsar os credores".[244]

Acontece que, como aponta Pimenta Júnior: "(...) no tocante a tais títulos, muito se tem discutido a respeito de sua validade, quando, em meados de 1996 foram descobertos por caçadores de oportunidades, que passaram a negociá-los depois de conseguirem um parecer da Fundação Getúlio Vargas definindo o valor de face destes títulos, lançados em contos de réis. A tentativa de resgate esbarrou, porém, no disposto no Decreto-Lei 263/67, que determinou o prazo para resgate, o que serviu não só para liquidar parte da dívida como para prescrever o lote restante."[245]

Sempre defendemos a tese, entrementes, de que, o mencionado Decreto-Lei é de duvidosa constitucionalidade; pelo que considerávamos tais bônus como dívida pública passível de natural resgate e, por conseguinte, passíveis, também, de serem apresentados como garantias em contratos administrativos. Quanto ao valor efetivo, dispúnhamos que o valor real (e não o de face) deveria ser considerado, para que a garantia surtisse os efeitos desejados.

Tal questão importou em inovações acauteladoras em 2004, por intermédio da Lei nº 11.079, com alterações substanciais neste inciso no tocante aos títulos públicos. O novo regramento determina a necessidade da caução ser moldada na forma escritural, mediante registro em sistema centralizado de liquidação e custódia autorizado pelo Banco Central, com avaliação pelos seus valores econômicos, significando, em consequência, que a aceitação desses títulos só se dará com a certeza da garantia efetiva.

---

[243] Conforme noticiado na *Gazeta Mercantil*, maio 1999.
[244] Títulos da dívida pública e garantia de execução. *Correio Braziliense*, 8 fev. 1999. Caderno Direito e Justiça, p. 7.
[245] MOEDAS podres? o pagamento de tributos com títulos da dívida pública. *Consultor Jurídico*, São Paulo, 27 maio. 1998. Disponível em: http://www.conjur.com.br/1998-mai-27/pagamento_tributos. Acesso em: 1 jun. 2009.

Art. 27. As operações de crédito efetuadas por empresas públicas ou sociedades de economia mista controladas pela União não poderão exceder a 70% (setenta por cento) do total das fontes de recursos financeiros da sociedade de propósito específico, sendo que para as áreas das regiões Norte, Nordeste e Centro-Oeste, onde o Índice de Desenvolvimento Humano – IDH seja inferior à média nacional, essa participação não poderá exceder a 80% (oitenta por cento).

§1º Não poderão exceder a 80% (oitenta por cento) do total das fontes de recursos financeiros da sociedade de propósito específico ou 90% (noventa por cento) nas áreas das regiões Norte, Nordeste e Centro-Oeste, onde o Índice de Desenvolvimento Humano – IDH seja inferior à média nacional, as operações de crédito ou contribuições de capital realizadas cumulativamente por:

I – entidades fechadas de previdência complementar;

II – empresas públicas ou sociedades de economia mista controladas pela União.

§2º Para fins do disposto neste artigo, entende-se por fonte de recursos financeiros as operações de crédito e contribuições de capital à sociedade de propósito específico.

Artigo 27

O artigo diz respeito às operações de crédito efetuadas por empresas públicas e sociedades de economia mista controladas pela União, limitando-as a percentuais do total das fontes de recursos financeiros da Sociedade de Propósito Específico (SPE).

O §2º indica que a expressão "fonte de recursos financeiros" deve ser entendida como as operações de crédito e contribuições de capital à SPE, constituída na forma preceituada no art. 9º da Lei em comento.

O limite normal é de 70% (setenta por cento) desse total; todavia, nas áreas da região Norte, Nordeste e Centro-Oeste, há variação em função do Índice de Desenvolvimento Humano

(IDH).[246] Onde esse índice for inferior à média nacional, essa participação estará limitada a 80% (oitenta por cento).

Quando, entretanto, existir cumulatividade nas operações de crédito ou contribuições de capital entre entidades fechadas de previdência complementar e empresas públicas de economia mista controladas pela União, reza o §1º que não poderão exceder 80% (oitenta por cento) do total das fontes de recursos financeiros da sociedade de propósito específico ou 90% (noventa por cento) nas áreas das regiões Norte, Nordeste e Centro-Oeste, onde o IDH seja inferior à média.

Este aumento de 10 pontos percentuais no limite do total das fontes de recursos públicos para as regiões Norte, Nordeste e Centro-Oeste, denota, como concluíram Arlan Mesquita e Ricardo Martins, que a Lei das PPPs não foi elaborada com a pretensão de promover uma modificação no quadro distributivo da riqueza nacional:

> Em outros termos, o financiamento público da SPE nas regiões Sul e Sudeste pode alcançar 80%, enquanto nas áreas de IDH inferior à média nacional das regiões menos desenvolvidas esse limite é de 90%. Certamente, esse incentivo não é suficiente para alterar o direcionamento da maior parcela dos investimentos logísticos e nem para promover a desconcentração da renda brasileira.[247]

---

[246] O Índice de Desenvolvimento Humano (IDH) mede o nível de desenvolvimento humano adotando como critérios indicadores de educação (alfabetização e taxa de matrícula), longevidade (esperança de vida ao nascer) e renda (PIB per capita). Seus valores variam de 0 (nenhum desenvolvimento humano) a 1 (desenvolvimento humano total). Países com IDH até 0,499 são considerados de desenvolvimento humano baixo; com índices entre 0,500 e 0,799 são considerados de desenvolvimento humano médio; e com índices maiores que 0,800 são considerados de desenvolvimento humano alto (para maiores informações, sugere-se visita ao *site* http://www.pnud.org.br).

[247] Desafios logísticos às redes de negócios no Brasil: o que podem as parcerias público-privadas (PPPs)?. *Revista de Administração Pública*, Rio de Janeiro, v. 42, n. 4, jul./ago. 2008.

Art. 28. A União não poderá conceder garantia e realizar transferência voluntária aos Estados, Distrito Federal e Municípios se a soma das despesas de caráter continuado derivadas do conjunto das parcerias já contratadas por esses entes tiver excedido, no ano anterior, a 3% (três por cento) da receita corrente líquida do exercício ou se as despesas anuais dos contratos vigentes nos 10 (dez) anos subsequentes excederem a 3% (três por cento) da receita corrente líquida projetada para os respectivos exercícios. (*Redação dada pela Lei nº 12.024, de 2009*)

§1º Os Estados, o Distrito Federal e os Municípios que contratarem empreendimentos por intermédio de parcerias público-privadas deverão encaminhar ao Senado Federal e à Secretaria do Tesouro Nacional, previamente à contratação, as informações necessárias para cumprimento do previsto no *caput* deste artigo.

§2º Na aplicação do limite previsto no *caput* deste artigo, serão computadas as despesas derivadas de contratos de parceria celebrados pela administração pública direta, autarquias, fundações públicas, empresas públicas, sociedades de economia mista e demais entidades controladas, direta ou indiretamente, pelo respectivo ente, excluídas as empresas estatais não dependentes. (*Redação dada pela Lei nº 12.024, de 2009*).

§3º (VETADO)

Artigo 28

Também com cautela quanto às finanças públicas, este artigo volta a tratar de concessão de garantias por parte da União, fazendo menção à concessão de transferências voluntárias aos outros entes federativos (estados, Distrito Federal e municípios).

Como é cediço, os repasses de recursos entre entidades federativas, como auxílio financeiro, têm a denominação de transferências voluntárias, que são, por assim dizer, as descentralizações de recursos que visam à concretização de ações que seriam de competência do ente repassador.[248] [249]

---

[248] Sobre convênios e transferências voluntárias, *vide* nosso *Convênios Administrativos e outros instrumentos de transferência de recursos públicos*, Letras Jurídicas, 2019.

[249] Objetivando mais eficiência e transparência nas transferências de recursos da União, mediante convênios e contratos de repasse, para estados, municípios ou organizações

A definição legal de transferência voluntária é encontrada no art. 25 da Lei Complementar nº 101, de 4 de maio de 2000 (Lei de Responsabilidade Fiscal – LRF), que estabelece, *in verbis*:

> Art. 25. Para efeito desta Lei Complementar, entende-se por transferência voluntária a entrega de recursos correntes ou de capital a outro ente da Federação, a título de cooperação, auxílio ou assistência financeira, que não decorra de determinação constitucional, legal ou os destinados ao Sistema Único de Saúde.

O dispositivo em comento prescreve duas regras: uma, vedando as garantias e as transferências voluntárias, caso a soma das parcelas das despesas de caráter continuado, derivadas do conjunto das parcerias já contratadas por entes federativos, houver ultrapassado, no ano anterior, a 3% (três por cento) da receita corrente líquida do exercício; outra, da mesma forma, proibindo garantias e as transferências voluntárias, caso as despesas anuais dos contratos vigentes, nos 10 (dez) anos subsequentes, ultrapassem a 3% (três por cento) da receita corrente líquida projetada para os respectivos exercícios.

Impende frisar que, para a aplicação da regra, hão de ser somadas todas as despesas oriundas de PPPs contratadas pelo estado, DF ou município, tanto da Administração direta quanto indireta.

Por conseguinte, verifica-se que há uma proibição indireta dos entes contratarem PPPs, uma vez que, apesar da inexistência de vedação direta, a lei estabelece o sancionamento caso assim o façam.

Sobre a questão, comentam Maria Virgínia Mesquita e Gabriel Mundim:

> É sabido que a concessão de garantias e a não-realização de transferências voluntárias são restrições suficientes para fazer com que a proibição indireta seja acatada tanto por Estados de maior quanto de menor capacidade econômica e financeira.[250]

---

não governamentais (ONGs), o governo federal editou o Decreto nº 6.170, de 25 jul. 2007 (alterado pelos Decretos nºs 6.428/08, 6.497/08 e 6.619/08), no qual estabelece exigências para melhor definição dos bens e serviços a serem custeados com tais recursos, e maior acompanhamento de cada etapa do processo por parte dos órgãos gestores e de controle.

[250] Lei das PPPs invade competência de Estados ao legislar sobre questões fiscais, dificultando a contratação de PPPs. Disponível em: http://revistavisaojuridica.uol.com.br/advogados-leis-jurisprudencia/35/artigo131961-1.asp. Acesso em: 6 maio 2010.

Arlan Mesquita e Ricardo Martins também põem em dúvida a regra:

> Uma medida também questionável é a submissão prévia dos projetos dos governos subnacionais (Estados, Distrito Federal e Municípios) à análise da União, com o objetivo de verificar o seu enquadramento fiscal pela Secretaria do Tesouro Nacional (STN) e de proceder à sua devida hierarquização e autorização pelo comitê gestor (CGP). Essa obrigatoriedade contraria o princípio constitucional de administração autônoma dos entes federados e cria uma elevada demanda de trabalho ao CGP, inclusive porque a PPP admite o enquadramento de um número significativo de projetos, o que pode provocar a burocratização do procedimento administrativo com o consequente engessamento do fluxo de PPP.[251][252]

Nesse ponto, retoma-se a questão das tais normas gerais emanadas pela União. Estariam enquadradas as regras deste preceptivo nessa seara? Cremos que não, pois, como bem obtemperaram Maria Virgínia Mesquita e Gabriel Mundim, ao adentrar em detalhes a respeito do endividamento de Estados e Municípios, a União, por intermédio da Lei Federal de PPPs, embrenhou-se em particularidades socioeconômicas que lhe são alheias, e, por conseguinte, não lhe cabem.[253]

Em função disso, Floriano de Azevedo Marques considera a inconstitucionalidade flagrante:

> Chega a causar estranhamento que numa lei voltada a possibilitar parcerias público-privado na Administração Pública tenha se inserido um

---

[251] Desafios logísticos às redes de negócios no Brasil: o que podem as parcerias público-privadas (PPPs)?. *Revista de Administração Pública*, Rio de Janeiro, v. 42, n. 4, jul./ago. 2008.

[252] De forma diversa, Rogério Furquim Werneck considera a fiscalização por parte da STN uma cautela necessária: "(...) pelo menos cerca de cuidados o respeito a esse limite para gastos adicionais, com a exigência de que os compromissos assumidos em projetos de PPP sejam fiscalizados pela Secretaria do Tesouro Nacional. A precaução já deu lugar a protestos veementes de prefeitos e governadores. Na falta de melhores argumentos, alega-se até quebra da autonomia dos estados e municípios (...). Na esteira do relaxamento fiscal que a aprovação das PPPs implica, a exigência de acompanhamento pela Secretaria do Tesouro Nacional passou a ser medida elementar de prudência, para manter os danos sob controle e limitar o tamanho dos inevitáveis esqueletos" (PPP, sol e peneira. *O Estado de S. Paulo*, sexta-feira, 19 nov. 2004).

[253] O que caracteriza o chamado abuso de *spending power*, ou seja, indução ilegítima por parte da União, inviabilizando o exercício de competência privativa dos demais entes federativos.

dispositivo que na verdade é regra de vedação das PPP na maioria dos entes federados. A regra é, porém, rematadamente inconstitucional. Explico. É sabido que a União somente pode disciplinar as PPP utilizando-se de sua competência para editar normas gerais sobre contratação administrativa. Pode-se discutir aqui ou ali se as regras contratuais atendem ou não o pressuposto de generalidade, se num ou noutro dispositivo não houve exorbitância ou excessivo detalhamento. A discussão ai é interminável. Porém, ninguém há de desconhecer que o atributo central de uma norma geral é a sua generalidade. Chega a ser acaciano. Uma norma geral não pode servir para diferençar seus destinatários desarrazoadamente, escolhendo aqueles para os quais se aplica e outros que de seu regime (que se pressupõe geral) restam excluídos. [254]

> Cabe ressaltar que, em face da manobra redacional que mencionamos, há interpretação diversa na doutrina. Fernão Justen de Oliveira, por exemplo, conclui pela legitimidade da regra:

> > De resto, o art. 28 não será inconstitucional em relação à negativa de garantia da União a PPP dos demais entes federados. O art. 28 não impede que os Estados, Municípios e Distrito Federal celebrem as suas PPP, mas sim veda que a União figure como garantidora de pessoa jurídica de direito público interno ou para esta realize transferência voluntária cuja previsão de despesas a longo prazo destoe dos parâmetros que a Lei estabelece como suportáveis para a União. A regra é direcionada para a União e estipula o limite nominal de risco que a União admite assumir ao garantir os outros entes federativos. Nesse caso, a decorrência direta para o Estado ou Município cuja despesa continuada com PPP, contratada no ano anterior ou prevista para os 10 anos seguintes, ultrapasse (...) 3% da receita corrente líquida nos respectivos períodos é que o seu programa de PPP não será garantido pela União. Não existe nisso — nem pela indução de condutas alheias pela União — desvirtuamento quanto à generalidade da norma ou invasão de competência privativa dos outros entes federativos. [255] [256]

---

[254] As parcerias público-privadas no Saneamento Ambiental. *Revista Eletrônica de Direito Administrativo Econômico* – REDAE, Salvador, Instituto de Direito Público da Bahia, n. 2, maio/jul. 2005. Disponível em: http://www.direitodoestado.com.br. Acesso em: 4 jun. 2010.

[255] O limite de comprometimento fiscal das parcerias público-privadas. *Informativo Justen, Pereira, Oliveira e Talamini*, Curitiba, n. 15, maio 2008. Disponível em: http://www.justen.com.br/informativo. Acesso em: 14 maio 2010.

[256] Paulo Modesto, por seu bordo, considera o dispositivo totalmente inconstitucional: "O artigo 28 da lei contrasta com seus demais dispositivos. Chega a causar estranhamento que numa lei voltada a possibilitar parcerias público-privado na Administração Pública tenha se inserido um dispositivo que na verdade é regra de vedação das PPP na maioria dos entes federados. A regra é, porém, rematadamente inconstitucional. Explico. É sabido que a União somente pode disciplinar as PPP utilizando-se de sua competência para editar normas gerais sobre

Na prática, vislumbra-se que o dispositivo intenciona impedir que estados, Distrito Federal e municípios comprometam a sua saúde fiscal com o uso irresponsável das PPPs.

---

contratação administrativa. Pode-se discutir aqui ou ali se as regras contratuais atendem ou não o pressuposto de generalidade, se num ou noutro dispositivo não houve exorbitância ou excessivo detalhamento. A discussão aí é interminável. Porém, ninguém há de desconhecer que o atributo central de uma norma geral é a sua generalidade. Chega a ser acaciano. Uma norma geral não pode servir para diferençar seus destinatários desarrazoadamente, escolhendo aqueles para os quais se aplica e outros que de seu regime (que se pressupõe geral) restam excluídos." (Reforma do Estado, formas de prestação de serviços ao público e parcerias público-privadas. Disponível em: http://www.direitodoestado.com/revista/ REDAE-2-MAIO-2005-PAULO%20MODESTO.pdf. Acesso em: 10 out. 2009).

Art. 29. Serão aplicáveis, no que couber, as penalidades previstas no Decreto-Lei nº 2.848, de 7 de dezembro de 1940 – Código Penal, na Lei nº 8.429, de 2 de junho de 1992 – Lei de Improbidade Administrativa, na Lei nº 10.028, de 19 de outubro de 2000 – Lei dos Crimes Fiscais, no Decreto-Lei nº 201, de 27 de fevereiro de 1967, e na Lei nº 1.079, de 10 de abril de 1950, sem prejuízo das penalidades financeiras previstas contratualmente.

Artigo 29

O texto do artigo permite-nos aduzir, apesar da questionável qualidade redacional, que estão elencados os diplomas legais que carregam em seu bojo as penalidades aplicáveis por descumprimento do avençado nos contratos de parceria público-privada. Aduz-se, como mencionamos, uma vez que o legislador esqueceu-se dessa "insignificante" informação.

Embora não tenham sido listados, é evidente que os crimes prescritos na Lei nº 8.666/93 também são aplicáveis à espécie, uma vez que, como já fartamente comentado, indubitavelmente a lei geral de licitações se impõe às PPPs.

Assim, estão elencados o Código Penal (Decreto-Lei nº 2.848/40), a Lei de Improbidade Administrativa (Lei nº 8.429/92), a Lei de Crimes Fiscais (Lei nº 10.028/00), o Código de Conduta de Prefeitos e Vereadores (Decreto-Lei nº 201/67) e a Lei de Crimes de Responsabilidade (Lei nº 1.079/50).

Mesmo com enorme esforço, parece impossível decifrar o enigma que o legislador instalou no texto legal ao mencionar "sem prejuízo das penalidades financeiras previstas contratualmente". Se havia a intenção de se referir às sanções pecuniárias (econômicas) do acordo, a infelicidade da menção é tão flagrante, diante da total desnecessidade da menção, que custamos a acreditar que tenha sido esse o propósito.

Art. 30. Esta Lei entra em vigor na data de sua publicação.

Artigo 30

Encerrando a Lei das PPPs, este artigo define sua vigência a partir da data de publicação na imprensa oficial, a qual ocorreu em 31 de dezembro de 2004. Por fim, depois de tantos desacertos, acertou o legislador ao não mencionar o velho jargão "revogam-se as disposições em contrário", tão desnecessário e sem sentido que, felizmente, vem sendo banido dos textos das leis mais recentes.

REFERÊNCIAS

ACSELRAD, Henri; VIEIRA, Liszt; GUARANY, Reinaldo. *Ecologia*: direito do cidadão. Rio de Janeiro: Gráfica JB; Secretaria de Estado de Educação do Rio de Janeiro, 1993.

ALCALÁ ZAMORA, Niceto. *La concesión como contrato y como derecho real*. Madrid, 1918.

ALMEIDA, Aline Paola de. A remuneração nos Contratos de PPP. *In*: MEDINA, Osório Fábio; SOUTO, Marcos Juruena V. (Coord.). *Direito administrativo*: estudos em homenagem a Diogo de Figueiredo Moreira Neto. Rio de Janeiro: Lumen Juris, 2006.

ALVARENGA, José Eduardo de. Parcerias público-privadas: breves comentários. *Revista Eletrônica de Direito Administrativo Econômico – REDAE*, Salvador, Instituto de Direito Público da Bahia, n. 2, maio/jul. 2005. Disponível em: http://www.direitodoestado.com.br. Acesso em: 20 mar. 2010.

ALVARENGA, José Eduardo de. *Parcerias público-privadas*: comentários à lei brasileira. São Paulo: M.A. Pontes, 2005.

ARAGÃO, Alexandre Santos de. As Parcerias Público-Privadas: PPPs no Direito Positivo Brasileiro. *Revista Eletrônica de Direito Administrativo Econômico – REDAE*, Salvador, Instituto de Direito Público da Bahia, n. 2, p. 23, maio/jul. 2005. Disponível em: http://www.direitodoestado.com.br. Acesso em: 6 jun. 2010.

ARAGÃO, Joaquim José Guilherme. *Parcerias sociais para o desenvolvimento nacional e fatores críticos para o seu sucesso*. Natal: EDUFRN, 2004.

BANDEIRA DE MELLO, Oswaldo Aranha. *Princípios gerais de direito administrativo*. Rio de Janeiro: Forense, 1969. 2 v.

BANDEIRA DE MELLO, Celso Antônio. *Curso de direito administrativo*. 21. ed. São Paulo: Malheiros, 2005.

BANDEIRA DE MELLO, Celso Antônio. *Curso de direito administrativo*. 27. ed. São Paulo: Malheiros, 2010.

BAPTISTA, Luiz Olavo. *Dos contratos internacionais*: uma visão teórica e prática. São Paulo: Saraiva, 1994.

BARCELOS, Dawison; TORRES, Ronny Charles Lopes de. *Licitações e contratos nas empresas estatais*. Salvador: Juspodivm, 2018.

BARELLA, Rodrigo Maluf. Características e limitações das PPP. *Gazeta Mercantil*, Rio de Janeiro, 21 mar. 2005.

BINENBOJM, Gustavo. As parcerias público-privadas (PPPS) e a Constituição. *In*: BINENBOJM, Gustavo. *Temas de direito administrativo e constitucional*: artigos e pareceres. Rio de Janeiro: Renovar, 2008.

BINENBOJM, Gustavo. *Temas de direito administrativo e constitucional*: artigos e pareceres. Rio de Janeiro: Renovar, 2008.

BITTENCOURT, Sidney. *A nova lei de direito autoral brasileira anotada*: Lei nº 9.610, de 19.2.1998: com comentários às inovações e indicações de mudanças em relação à lei anterior, anexando toda a legislação complementar sobre o assunto. Rio de Janeiro: Lumen Juris, 1998.

BITTENCOURT, Sidney. *Comentários à nova Lei de Crimes Contra o Meio Ambiente e suas sanções administrativas*: Lei nº 9.605, de 12.2.1998, alterada pela Medida Provisória nº 1.710, de 7.8.1998. Rio de Janeiro: Temas & Ideias, 1999.

BITTENCOURT, Sidney. *Comentários à lei dos crimes contra o meio ambiente e suas sanções administrativas*. 2. ed. rev. e atual. Rio de Janeiro: Temas & Ideias, 2001.

BITTENCOURT, Sidney. *Licitação de informática*: de acordo com o estabelecido na Lei nº 8.666/93, considerando as alterações determinadas pela Lei nº 10.176/01 à Lei nº 8.248/91. Rio de Janeiro: Temas & Ideias, 2003.

BITTENCOURT, Sidney. *Pregão passo a passo*: nova modalidade de licitação para a União, Estados, Municípios e Distrito Federal: Lei nº 10.520, de 17.7.2002: comentários aos artigos do diploma legal que instituiu a nova modalidade de licitação pregão para todos os entes da federação. 3. ed. atual. e ampl. Rio de Janeiro: Temas & Ideias, 2004.

BITTENCOURT, Sidney. *Manual de convênios administrativos*: comentando toda a legislação que trata da matéria, com destaque para a IN STN nº 1/97. Rio de Janeiro: Temas & Ideias, 2005.

BITTENCOURT, Sidney. *Licitação passo a passo*. 4. ed. Rio de Janeiro: Temas & Ideias, 2006.

BITTENCOURT, Sidney. *Licitação de registro de preços*: comentários ao Decreto nº 3.931, de 19.9.2001. 2. ed. Belo Horizonte: Fórum, 2008.

BITTENCOURT, Sidney. *Licitação passo a passo*. 6. ed. Belo Horizonte: Fórum, 2010.

BITTENCOURT, Sidney. *Licitação de Tecnologia da Informação*. Leme: JH Mizuno, 2015.

BITTENCOURT, Sidney. As licitações públicas na nova Lei das Estatais: Lei Federal nº 13.303/2016. *Revista Síntese Direito Administrativo – RSDA*, n. 130, set. 2016.

BITTENCOURT, Sidney. *Comentários à Lei de Crimes Contra o Meio Ambiente e suas infrações administrativas*: 4. ed. rev. e atual. Leme: JH Mizuno, 2016.

BITTENCOURT, Sidney. *A Nova Lei das Estatais*: Novo Regime de Licitações e Contratos nas Empresas Estatais. Leme: JH Mizuno, 2017.

BITTENCOURT, Sidney. *Comentários à Lei nº 13.460, de 26 de junho de 2017*: Novo Código de Defesa dos Usuários de Serviços Públicos. Curitiba: CRV, 2018.

BLANCHET, Luiz Alberto. *Parcerias público-privadas*: comentários à Lei 11.079, de 30 de dezembro de 2004. Curitiba: Juruá, 2005.

BORGES, Alice Maria Gonzalez. *Normas gerais no estatuto de licitações e contratos administrativos*. São Paulo: Revista dos Tribunais, 1991.

BOTTARI, Elenice. Encantos (e problemas) mil. *O Globo*, Rio de Janeiro, 10 maio 2010.

BRITO, Bárbara; SILVEIRA, Antônio. Parceria público-privada: entendendo o modelo. *Revista do Servidor Público*, Brasília, n. 1, v. 56, p. 7-21, jan.-mar. 2005.

CAETANO, Marcelo. *Princípios fundamentais do direito administrativo*. Rio de Janeiro: Forense, 1977.

CÂMARA, Alexandre Freitas. *Arbitragem*: Lei n. 9.307/96. Rio de Janeiro: Lumen Juris, 1997.

CAMPINHO, Amaury. *Manual de títulos de crédito*: doutrina e legislação. 3. ed. Rio de Janeiro: Lumen Juris, 1997.

CARVALHO FILHO, José dos Santos. *Manual de direito administrativo*. 15. ed. rev. ampl. e atual. Rio de Janeiro: Lumen Juris, 2006.

CASELLA, Paulo Borba (Coord.). *Arbitragem*: a nova lei brasileira 9.307/96 e a praxe internacional. São Paulo: LTr, 1997.

CHARLES, Ronny. Programa de Parcerias de Investimentos (PPI), prorrogação e relicitação. Disponível em: https://www.editorajuspodivm.com.br/cdn/arquivos/69771 05d167fb21852d9e018160b3c3d.pdf. Acesso em: 10 out. 2019.

CHIAVENATO, Idalberto. *Teoria geral da administração*. 5. ed. São Paulo: Makron Books, 1998. 2 v.

CINTRA, Antônio Carlos de Araújo; DINAMARCO, Cândido Rangel; GRINOVER, Ada Pellegrini. *Teoria geral do processo*. 11. ed. rev. e atual. São Paulo: Malheiros, 1995.

COSTA, José Augusto Fontoura; TUSA, Gabriele. Expectativas e âmbito de aplicabilidade da nova lei da arbitragem. *In*: CASELLA, Paulo Borba (Coord.). *Arbitragem*: a nova lei brasileira 9.307/96 e a praxe internacional. São Paulo: LTr, 1997.

CRETELLA NETO, José. *Comentários à lei de Parcerias Público-Privadas*. 2 ed. Rio de Janeiro: GZ, 2010.

DI PIETRO, Maria Sylvia Zanella. *Parcerias na Administração Pública*: concessão, permissão, franquia, terceirização, parceria público-privada e outras formas. 5. ed. São Paulo: Atlas, 2005.

ENCICLOPÉDIA Saraiva do Direito. Coordenação do Prof. R. Limongi França. São Paulo: Saraiva, 1977/1982. 78 v.

ENEI, José Virgílio Lopes. A experiência internacional em parcerias público-privadas. *Valor Econômico*, p. E2, 9 mar. 2004.

ENEI, José Virgílio Lopes. *Project finance*: financiamento com foco em empreendimentos: parcerias público-privadas, leveraged buy-outs e outras figuras afins. São Paulo: Saraiva, 2007.

FERRAZ, Luciano. Parcerias público-privadas: sistemática legal e dinâmica de efetivação. *Revista da Procuradoria-Geral do Município de Belo Horizonte – RPGMBH*, Belo Horizonte, ano 1, n. 1, p. 209-217, jan./jun. 2008.

FERREIRA, Aurélio Buarque de Hollanda. *Novo dicionário da língua portuguesa*. 2. ed. rev. e aumen. Rio de Janeiro: Nova Fronteira, 1988.

FERREIRA, Luiz Tarcísio Teixeira. *Parcerias público-privadas*: aspectos constitucionais. Belo Horizonte: Fórum, 2006.

FERREIRA, Sergio de Andréa. *Comentários à Constituição*. Rio de Janeiro: Freitas Bastos, 1990. v. 3. arts. 37 a 43.

FORTINI, Cristina. Mudanças na disciplina nacional das PPPs: uso intensificado, riscos não abordados. Disponível em: https://www.conjur.com.br/2018-fev-08/interesse-publico-recentes-mudancas-disciplina-nacional-ppps. Acesso em: 10 out. 2019.

FREIRE, André Luiz. Comentários aos arts. 1º, 2º e 3º da Lei das PPPs. *In*: *Parcerias Público-Privadas: teoria geral e aplicação nos setores de infraestrutura*. Coordenação de Augusto Neves Dal Pozzo, Rafael Valim, Bruno Aurélio e André Luiz Freire. Belo Horizonte: Fórum, 2014.

FURTADO, Lucas Rocha. *Curso de Direito Administrativo*. 5. ed. Belo Horizonte: Fórum, 2016.

GARCIA, Flávio Amaral. *Licitações & contratos administrativos*: casos e polêmicas. 3. ed. Rio de Janeiro: Lumen Juris, 2010.

GARCIA, Flávio Amaral. *Concessões, Parcerias e Regulação*. São Paulo: Malheiros, 2019.

GASPARI, Elio. Com as PPPs, Vanderlei ganha medalha de plástico. *O Globo*, Rio de Janeiro, 1º set. 2004.

GRAU, Eros Roberto. *Licitação e contrato administrativo*: estudo sobre a interpretação da lei. São Paulo: Malheiros, 1995.

GUIMARÃES, Bernardo Strobel. As *joint ventures* das empresas estatais na Lei 13.303/16: inexigibilidade de licitação. Disponível em: http://www.zenite.blog.br/as-joint-ventures-das--empresas-estatais-na-Iei-I3-30316-inexigibilidade-de-licitacao/#.V7b-5fkrLlU. Acesso em: 10 out. 2019.

HUPSEL, Edite Mesquita. *Parcerias Público-Privadas*. Curitiba: Juruá, 2014.

JUSTEN FILHO, Marçal. A contratação sem licitação nas empresas estatais. *In*: _____ (Org.). *Estatuto jurídico das empresas estatais*: Lei 13.303/2016. São Paulo: Revista dos Tribunais, 2016.

LOHBAUER, Rosane; GALLACCI, Fernando; SANTOS, Victor. PPP Legislativa. Disponível em: http://www.madronalaw.com.br/artigo/ppp-legislativa/. Acesso em: 5 ago. 2016.

LOPES, Pedro C. Raposo. Anotações preliminares à Lei nº 11.079/04: parceria público-privada. *Boletim de Licitações e Contratos – BLC*, v. 18, n. 7, p. 508-512, jul. 2005.

MACHADO JR., J. Teixeira; REIS, Heraldo da Costa. *A Lei 4.320 comentada*. 25. ed. Rio de Janeiro: IBAM, 1995.

MARQUES NETO, Floriano de Azevedo. As parcerias público-privadas no Saneamento Ambiental. *Revista Eletrônica de Direito Administrativo Econômico – REDAE*, Salvador, Instituto de Direito Público da Bahia, n. 2, maio/jul. 2005. Disponível em: http://www.direitodoestado.com.br. Acesso em: 4 jun. 2010.

MARQUES NETO, Floriano de Azevedo; ZAGO, Marina Fontão. O aporte de recursos: evolução na busca de maior eficiência para as PPP. *In*: JUSTEN FILHO, Marçal; SCHWIND, Rafael Wallbach. *Parcerias Público-Privadas*: Reflexões sobre os 10 anos da Lei 11.079/2004. São Paulo: RT, 2015.

MEIRELLES, Hely Lopes. *Direito de construir*. São Paulo: Malheiros, 1983.

MENDES, Taís. Estado e empresas vão investir R$8 milhões em esgoto na Barra: obras de saneamento fazem parte de uma Parceria Público-Privada. *O Globo*, Rio de Janeiro, p. 20, 15 maio. 2010.

MESQUITA, Arlan Mendes; MARTINS, Ricardo S. Desafios logísticos às redes de negócios no Brasil: o que podem as Parcerias Público-Privadas (PPPs)?. *Revista de Administração Pública*, Rio de Janeiro, v. 42, n. 4, jul./ago. 2008.

MESQUITA, Maria Virgínia; MUNDIM, Gabriel. Lei das PPPs invade competência de Estados ao legislar sobre questões fiscais, dificultando a contratação de PPPs. Disponível em: http://revistavisaojuridica.uol.com.br/advogados-leis-jurisprudencia/35/artigo131961-1.asp. Acesso em: 6 maio 2010. MORAES, Alexandre de. *Direito constitucional*. 7. ed. rev. ampl. e atual. com a EC n. 24/99. São Paulo: Atlas, 2000.

MOREIRA NETO, Diogo de Figueiredo. Direito administrativo da segurança pública. *In*: CRETELLA JÚNIOR, José (Coord.). *Direito administrativo da ordem pública*. Rio de Janeiro: Forense, 1987.

MOREIRA NETO, Diogo de Figueiredo. *Curso de direito administrativo*: parte introdutória, parte geral, parte especial. 8. ed. rev. aum. e atual. pela Constituição de 1988. Rio de Janeiro: Forense, 1989.

MOREIRA NETO, Diogo de Figueiredo. Arbitragem nos contratos administrativos. *Revista de Direito Administrativo – RDA*, n. 209, p. 81-90, jul./set. 1997.

MOREIRA NETO, Diogo de Figueiredo. *Curso de direito administrativo*: parte introdutória: parte geral: parte especial. 15. ed. rev. e atual. Rio de Janeiro: Forense, 2009.

MOREIRA, Egon Bockmann. Breves notas sobre a parte geral da Lei das Parcerias Público-Privadas. *In*: CASTRO, José Augusto Dias; TIMM, Luciano Benetti (Org.). *Estudos sobre parcerias público-privadas*: breves notas sobre a parte geral da Lei das Parcerias Público-Privadas. São Paulo: Thomson-Iob, 2006.

MOREIRA, Igor A. G. *O espaço geográfico*: geografia geral e do Brasil. 38. ed. São Paulo: Ática, 1998.

MOTTA, Carlos Pinto Coelho. *Eficácia nas licitações & contratos*. 10. ed. Belo Horizonte: Del Rey, 2005.

MOURA, Marcelo Viveiros de; CASTRO, Décio Pio Borges de. A importância das garantias para o sucesso da Parceria Público Privada ("PPP"). Disponível em: https://www.migalhas. com.br/dePeso/16,MI9749,91041A+importancia+das+garantias+para+o+sucesso+da+Parce ria+Publico. Acesso em: 10 out. 2019.

MUKAI, Toshio *et al*. *Parcerias público-privadas*: comentários à lei federal n. 11.079/2004, às leis estaduais de Minas Gerais, Santa Catarina, São Paulo, Distrito Federal, Goiás, Bahia, Ceará, Rio Grande do Sul e à lei municipal de Vitória-ES. Rio de Janeiro: Forense Universitária, 2005.

MUKAI, Toshio. *Estatutos jurídicos de licitações e contratos administrativos*. São Paulo: Saraiva, 1988.

NAPOLI, Ivana Maria. Arquitetura jurídica dos contratos do Programa de Submarinos da Marinha – PROSUB. *Revista da Intendência*, 2010.

NIEBUHR, Pedro de Menezes. Licenciamento ambiental nas parcerias público-privadas. *Revista Governet – Boletim de Licitações e Contratos*, Curitiba, ano 4, n. 38, jun. 2008.

OLIVEIRA Renata de; GRUENBAUM, Daniel Sociedades de propósito específico nas parcerias público-privadas. *In*: SOUZA, Mariana Campos de (Coord.). *Parceria público privada, aspectos jurídicos relevantes*. São Paulo: Quartier Lantin, 2008.

OLIVEIRA, Fernão Justen de. O limite de comprometimento fiscal das parcerias público-privadas. *Informativo Justen, Pereira, Oliveira e Talamini*, Curitiba, n. 15, maio 2008. Disponível em: http://www.justen.com.br/informativo. Acesso em: 14 maio. 2010.

OLIVEIRA, Ivo Ferreira de. *Licitações*: formalismo ou competência?: apreciando todo o processo licitatório, sob a perspectiva das dificuldades das comissões de licitação e dos pregoeiros na avaliação documental. Rio de Janeiro: Temas & Ideias, 2002.

OLTRAMARI, Alexandre; PERES, Leandra; GASPAR, Malu. Pragas urbanas: desperdício, desvio e corrupção. *Veja*, v. 37, n. 17, p. 40-46, 28 abr. 2004.

PEREIRA JÚNIOR, Jessé Torres. *Comentários à Lei das Licitações e Contratações da Administração Pública*: Lei nº 8.666/93, com a redação da Lei nº 8.883/94. 3. ed. rev. atual. e ampl. incluindo texto, vetos e anotações à Lei nº 8.987/95, Lei das Concessões e Permissões de Serviços Públicos. Rio de Janeiro: Renovar, 1995.

PEREIRA, Bruno. Situação e perspectivas das PPPs para 2016. *Revista Brasil Construção*, n. 10, fev. 2016.

PEREIRA, Maria Marconiete Fernandes. O procedimento de manifestação de interesse e a assimetria de informação: uma perspectiva dialógica. Disponível em: http://www.publicadireito.com.br/artigos/?cod=de4d4ada2968c13a. Acesso em: 15 jun. 2016.

PESSOA, Robertônio; NÓBREGA, Airton Rocha. Licitação na modalidade pregão. *L&C – Revista de Licitações e Contratos*, v. 3, n. 23, p. 6-9, maio 2000.

PINTO, José Emilio. A percepção de risco nas parcerias público-privadas e a lei nº 11.079 e seus mitigantes. *ILC – Informativo de Licitações e Contratos*, maio 2005. Doutrina.

PINTO, Marcos Barbosa. A função Econômica das PPPs. *Revista Eletrônica de Direito Administrativo Econômico – REDAE*, Salvador, n. 2, maio/jul. 2005. Disponível em: http://www.direitodoestado.com.br. Acesso em: 10 out. 2019.

PIOVESAN, Flávia. Biodiversidade na Amazônia. *Opinião Jurídica*, n. 2, p. 6-7, set./out. 1997.

QUEVEDO VEGA, Florentino. *Derecho español de minas*: tratado teórico practico. Madrid: Editorial Revista de Derecho Privado, 1964. 2 v.

RIBEIRO, Maurício Portugal; PRADO, Lucas Navarro. *Comentários à Lei de PPP* – Parcerias Público-Privada: fundamentos econômico-jurídicos. São Paulo: Malheiros, 2007.

RIGOLIN, Ivan Barbosa. As PPP: parcerias público-privadas: breve análise jurídica. *Fórum de Contratação e Gestão Pública – FCGP*, v. 4, n. 40, p. 5312-5329, abr. 2005.

RIGOLIN, Ivan Barbosa. *Comentários às leis das PPPs, dos Consórcios Públicos e das Organizações Sociais*. São Paulo: Saraiva, 2008.

RIGOLIN, Ivan Barbosa. *Licitações menos comuns*. São Paulo: SINICESP, 2013.

ROCHA, Gustavo Eugenio Maciel; HORTA, João Carlos Mascarenhas. *Parcerias público-privadas*: guia legal para empresários, executivos e agentes de governo. Belo Horizonte: Prax, 2005.

ROCHA, João Luiz Coelho da. Afinal as parcerias público-privadas. *Gazeta Mercantil*, Rio de Janeiro, 27 jan. 2005.

ROCHA, Lucas Martins da. As alternativas para o desenvolvimento das PPPs no Brasil. *Valor Econômico*, 14 abr. 2010.

ROSENBERG, Luís Paulo. O governo e o impasse das PPP. *Gazeta Mercantil*, Rio de Janeiro, 25 out. 2004.

SADDY, André. Acionamento do fundo garantidor nas PPPS brasileiras. *BLC – Boletim de Licitações e Contratos* n. 1063. São Paulo: NDJ, 2014.

SANT'ANNA, Lucas de Moraes Cassiano; SAULLO, Pedro Romualdo. Step-in rights e o regime da administração temporária no âmbito da Lei de Concessões. *ILC – Informativo de Licitações e Contratos*, Curitiba: Zênite, n. 255, 2015.

SANTOS, Moacyr Amaral. *Primeiras linhas de direito processual civil*. 12. ed. atual. nos termos da Constituição Federal de 1988. São Paulo: Saraiva, 1989. v. 1.

SILVA, Christiane. O dique pode estourar: medidas salvam ex-prefeita e facilitam a vida de estados e municípios endividados. *Veja*, v. 38, n. 12, p. 42-44, 23 mar. 2005.

SOUTO, Marcos Juruena Villela. *Aspectos jurídicos do planejamento econômico*. Rio de Janeiro: Lumen Juris, 1977.

SOUTO, Marcos Juruena Villela. *Direito administrativo das parcerias*. Rio de Janeiro: Lumen Juris, 2004.

SOUTO, Marcos Juruena Villela. *Direito administrativo regulatório*. Rio de Janeiro: Lumen Juris, 2002.

SOUTO, Marcos Juruena Villela. *Licitações e contratos administrativos*: Lei nº 8.666, de 21.6.1993, comentada. 3. ed. rev. ampl. e atual. pela EC nº 19/98 e pela Lei nº 9.648, de 27.5.1998. Rio de Janeiro: Esplanada; Adcoas, 1998.

SPITZCOVSKY, Celso. *Direito administrativo*. 10. ed. São Paulo: Método. 2008.

SUNDFELD, Carlos Ari. Desafios do Governo Temer para Recuperar a Regulação e as Parcerias: as respostas da MP 727. Disponível em: http://www.direitodoestado.com.br/colunistas/carlos-ari-sundfeld/desafios-do-governo-temer-para-recuperar-a-regulacao-e-as-parcerias-as-respostas-da-mp-727. Acesso em: 18 jun. 2016.

SUNDFELD, Carlos Ari. Os contratos de concessão e sua anulação. *ILC – Informativo de Licitações e Contratos*, v. 8, n. 85, p. 186-189, mar. 2001.

TÁCITO, Caio. O poder de polícia e seus limites. *Revista de Direito Administrativo – RDA*, n. 27, p. 1-11, jan./mar. 1952.

TALAMINI, Eduardo. Idioma e local da arbitragem. *In*: _____. *PPPs:* parcerias público-privadas. Campinas: Millennium, 2005 (Conexão Migalhas, v. 1).

THEODORO JÚNIOR, Humberto. *Curso de direito processual civil*. 4. ed. Rio de Janeiro: Forense, 1988. v. 1.

TOLEDO JR., Flávio; ROSSI, Sérgio. *Lei de Responsabilidade Fiscal comentada artigo por artigo*. São Paulo: NDJ, 2001.

TOLOSA FILHO, Benedicto de. *Comentários à nova Lei de Responsabilidade Fiscal*: Lei Complementar nº 101, de 4.5.2000: comentada e anotada. 2. ed. ampl. e atual. Rio de Janeiro: Temas & Ideias, 2001.

TOLOSA FILHO, Benedicto de. *Lei das concessões e permissões de serviços públicos comentada e anotada*: Lei nº 8.987, de 13.2.1995, Medida Provisória nº 890, de 13.2.1995, referências às leis nº 8.666/93 e nº 8.893/94, licitações, nº 8.078-90: Código de Defesa do Consumidor. Rio de Janeiro: Aide, 1995.

WALD, Arnoldo. *Estudos e pareceres de direito comercial*: problemas comerciais e fiscais da empresa contemporânea. São Paulo: Revista dos Tribunais, 1972.

WALD, Arnoldo. Validade das convenções sobre foro do contrato. Parecer. *In*: WALD, Arnoldo. *Estudos e pareceres de direito comercial*: problemas comerciais e fiscais da empresa contemporânea. São Paulo: Revista dos Tribunais, 1972.

WALD, Arnoldo. O projeto das PPP. *Valor Econômico*, 11 dez. 2003. Legislação.

WERNECK, Rogério Furquim. PPP, sol e peneira. *O Estado de S. Paulo*, sexta-feira, 19 nov. 2004.

ZANCHIM, Kleber Luiz. PPP e orçamento público: uma análise da Portaria nº 614/06, da STN, à luz da Lei nº 4.320/64 e da Lei de Responsabilidade Fiscal. *Biblioteca Digital Fórum de Contratação e Gestão Pública – FCGP*, Belo Horizonte, ano 6, n. 68, ago. 2007. Disponível em: http://www.editoraforum.com.br/bid/bidConteudoShow.aspx?idConteudo=46763. Acesso em: 10 out. 2019.